THE CEO WITHIN

火重生

——杰出领导者如何走出职场灾难

〔美〕 杰弗里·索南费尔德 著
　　　安德鲁·沃德

迟美娜　李持恒　译

商务印书馆
2012年·北京

Jeffrey Sonnenfeld　Andrew Ward

Firing Back

How Great Leaders Rebound After Career Disasters

Original work copyright © Harvard Business School Publishing Corporation.

Published by arrangement with Harvard Business School Press.

图书在版编目(CIP)数据

浴火重生——杰出领导者如何走出职场灾难/〔美〕索南费尔德，〔美〕沃德著；迟美娜，李持恒译. —北京：商务印书馆，2012
ISBN 978-7-100-08653-0

Ⅰ.①浴… Ⅱ.①索…②沃…③迟…④李… Ⅲ.①领导能力　Ⅳ.①C933

中国版本图书馆 CIP 数据核字(2011)第 200991 号

所有权利保留。
未经许可，不得以任何方式使用。

浴 火 重 生
——杰出领导者如何走出职场灾难

〔美〕杰弗里·索南费尔德　著
　　　安德鲁·沃德
　　　迟美娜　李持恒　译

商 务 印 书 馆 出 版
(北京王府井大街36号　邮政编码 100710)
商 务 印 书 馆 发 行
北京瑞古冠中印刷厂印刷
ISBN 978-7-100-08653-0

2012 年 5 月第 1 版　　开本 710×1000　1/16
2012 年 5 月北京第 1 次印刷　印张 21¼
定价：45.00 元

商务印书馆—哈佛商学院出版公司经管图书翻译出版咨询委员会

（以姓氏笔画为序）

方晓光　盖洛普（中国）咨询有限公司副董事长
王建铆　中欧国际工商学院案例研究中心主任
卢昌崇　东北财经大学工商管理学院院长
刘持金　泛太平洋管理研究中心董事长
李维安　南开大学商学院院长
陈国青　清华大学经管学院常务副院长
陈欣章　哈佛商学院出版公司国际部总经理
陈　儒　中银国际基金管理公司执行总裁
忻　榕　哈佛《商业评论》首任主编、总策划
赵曙明　南京大学商学院院长
涂　平　北京大学光华管理学院副院长
徐二明　中国人民大学商学院院长
徐子健　对外经济贸易大学副校长
David Geohring　哈佛商学院出版社社长

致中国读者

哈佛商学院经管图书简体中文版的出版使我十分高兴。2003年冬天,中国出版界朋友的到访,给我留下十分深刻的印象。当时,我们谈了许多,我向他们全面介绍了哈佛商学院和哈佛商学院出版公司,也安排他们去了我们的课堂。从与他们的交谈中,我了解到中国出版集团旗下的商务印书馆,是一个历史悠久、使命感很强的出版机构。后来,我从我的母亲那里了解到更多的情况。她告诉我,商务印书馆很有名,她在中学、大学里念过的书,大多都是由商务印书馆出版的。联想到与中国出版界朋友们的交流,我对商务印书馆产生了由衷的敬意,并为后来我们达成合作协议、成为战略合作伙伴而深感自豪。

哈佛商学院是一所具有高度使命感的商学院,以培养杰出商界领袖为宗旨。作为哈佛商学院的四大部门之一,哈佛商学院出版公司延续着哈佛商学院的使命,致力于改善管理实践。迄今,我们已出版了大量具有突破性管理理念的图书,我们的许多作者都是世界著名的职业经理人和学者,这些图书在美国乃至全球都已产生了重大影响。我相信这些优秀的管理图书,通过商务印书馆的翻译出版,也会服务于中国的职业经理人和中国的管理实践。

20多年前,我结束了学生生涯,离开哈佛商学院的校园走向社会。哈佛商学院的出版物给了我很多知识和力量,对我的职业生涯产生过许多重要影响。我希望中国的读者也喜欢这些图书,并将从中获取的知识运用于自己的职业发展和管理实践。过去哈佛商学院的出版物曾给了我许多帮助,今天,作为哈佛商学院出版公司的首席执行官,我有一种更强烈的使命感,即出版更多更好的读物,以服务于包括中国读者在内的职业经理人。

在这么短的时间内,翻译出版这一系列图书,不是一件容易的事情。我对所有参与这项翻译出版工作的商务印书馆的工作人员,以及我们的译者,表示诚挚的谢意。没有他们的努力,这一切都是不可能的。

哈佛商学院出版公司总裁兼首席执行官

万季美

致谢	……………………………………………………………	i
第一章	失败的沮丧或失望的打击 ……………………	1
第二章	悲剧、失败与挫折——灾难的本质 …………	29
第三章	妨碍东山再起的社会障碍 ……………………	57
第四章	妨碍东山再起的企业文化 ……………………	87
第五章	妨碍东山再起的离职原因 ……………………	125
第六章	妨碍东山再起的心理压力 ……………………	149
第七章	战斗，而不是逃避——正视问题 ……………	177
第八章	招募他人参与战斗——社交网络与间接损害	199
第九章	重建英雄地位 …………………………………	219
第十章	证明你的勇气 …………………………………	239
第十一章	重新发现英雄使命 ……………………………	255
第十二章	从悲剧中创造成功——得自传奇和失败者的经验教训	273
注释	……………………………………………………………	289
作者简介	……………………………………………………	321

致　　谢

本书讲述的是如何走出毁灭性的职场灾难。在本书的策划及写作过程中,我们有幸与许多来自商业及其他领域的杰出人士一起探讨了他们的失败经历。其中有些人能够成功地开始新事业,有些人则一蹶不振。我们与之面谈时,一些人已经重获辉煌,一些人则正处于挫败后最灰暗的时期,甚至其中一些人策划了别人的垮台。仅仅为了分享他们所学到的经验教训,他们向我们讲述了自己的经历,回顾了对他们而言无比痛苦的记忆,对此我们非常感激。他们的许多故事都将在本书中出现,我们向他们致以诚挚的谢意。同样感谢其他许多在书中没有出现姓名的人——他们希望不具名,或者受限于禁止诽谤公司协议或保密协议,不能向公众公开他们的故事,但是在我们的调查中,他们同样提供了宝贵的观点。虽然我们不能在此提及他们的姓名,但是他们知道自己是谁,我们在此对他们表示感谢。

在首席执行官协会(CELI)举办的50届CEO峰会(CEO Summit)上发生的许多会谈为本书提供了深刻的见解。我们非常感谢CELI以往与现有的全部人员及研究员,特别是乔·德利洛(Joe DeLillo),他的存在使得每一届CEO峰会都能顺利召开。

许多人通过他们的爱、智慧与忠诚,以亲身的真实经历帮助我们理

致谢

解这个题材。为了使这些经历真实再现,让读者感同身受并吸取经验教训,大多数人做出了无私的奉献:罗谢尔·索南费尔德(Rochelle Sonnenfeld)、马克·索南费尔德(Marc Sonnenfeld)、克拉克·索南费尔德(Clarky Sonnenfeld)、安·索南费尔德(Ann Sonnenfeld)、索菲·索南费尔德(Sophie Sonnenfeld)、劳伦·索南费尔德(Lauren Sonnenfeld)、杰夫·沃德(Jeff Ward)、玛丽·沃德(Mary Ward)、海伦·沃德(Helen Ward)、萨莉·沃德(Sally Ward)、塞缪尔·沃德(Samuel Ward)、托马斯·沃德(Thomas Ward)、乔·安·加勒特(Jo Ann Garrett)、特德·加勒特(Ted Garrett)、巴特·加勒特(Bart Garrett)、本·康辛斯基(Benn Konsynski)、亚当·阿伦(Adam Aron)、特德·基洛瑞(Ted Killory)、乔·德利洛、唐娜·德利洛(Donna DeLillo)、乔治·本斯顿(George Benston)、安德烈亚·赫尔沙特(Andrea Hershatter)、芭芭拉·马斯肯特(Barbara Maaskaant)、伯尼·马库斯(Bernie Marcus)、帕蒂·马克思(Patty Marx)、奥兹·纳尔逊(Oz Nelson)、吉姆·凯利(Jim Kelly)、乔·莫德罗(Joe Moderow)、迈克尔·埃斯丘(Michael Eskew)、利娅·苏帕达(Leah Soupata)、内尔·米诺(Nell Minow)、杰克·达菲(Jack Duffy)、乔·施耐德(Joe Schneider)、卡伦·卡普勒(Karen Kapler)、特里·多诺万(Terry Donovan)、唐·莱登(Don Layden)、艾伯特·H.戈登(Albert H. Gordon)、卡罗尔·赫伦(Carol Herron)、乔治·霍宁(George Horning)、琼·霍宁(Joan Horning)、阿文·贝汉巴里(Arvind Bhambri)、金·戴维斯(Kim Davis)、马蒂·佩森(Marty Payson)、厄休拉·布卢门撒尔(Ursula Blumenthal)、戴维·布卢门撒尔(David Blumenthal)、约翰·艾勒(John Eyler)、迈克尔·利文(Michael Leven)、前白宫发言人纽特·金里奇(Newt Gingrich)、总统比尔·克林顿(Bill Clinton),总统乔治·H.W.布什(George H. W. Bush),约翰·塞弗林(John Seffrin)、杰夫·柯普兰(Jeff Koplan)、鲍勃·霍金斯

致谢

(Bob Hawkins)、弗兰克·洛凯姆(Frank Louchheim)、阿尔·戈尔茨坦(Al Goldstein)、迈克尔·麦卡斯基(Michael McCaskey)、德里克·史密斯(Derek Smith)、玛莎·埃文斯(Marsha Evans)、A. D. 弗雷泽(A. D. Frazier)、唐·伯尔(Don Burr)、汤姆·詹姆斯(Tom James)、马克·克劳福德(Mac Crawford)、沃伦·本尼斯(Warren Bennis)、芭芭拉·巴比特·考夫曼(Barbara Babbit Kaufman)、吉姆·克利夫顿(Jim Clifton)、前国会议员辛西娅·麦金尼(Cynthia McKinney)、杰弗里·普费弗(Jeffrey Pfeffer)、保罗·赫什(Paul Hirsh)、戴维·艾利森(David Allison)、戴维·鲁宾格(David Rubinger)、妮科尔·西普里亚尼(Nicole Cipriani)、菲尔·韦斯(Phil Weiss)、彼得·卡普兰(Peter Kaplan)、莫利·塞弗(Morley Safer)、唐·休伊特(Don Hewitt)、杰夫·科尔文(Geoff Colvin)、凯茜·奥里安(Cathy Olian)、奥尔登·伯恩(Alden Bourne)、丹·拉维夫(Dan Raviv)、迈克尔·戈尔登(Michael Golden)、阿瑟·苏兹贝格(Arthur Sulzberger)、保罗·斯泰格尔(Paul Steiger)、琼·鲁布林(Joann Lublin)、卡罗尔·希莫威茨(Carol Hymowitz)、史蒂夫·福布斯(Steve Forbes)、里奇·卡尔高(Rich Karlgaard)、约翰·伯恩(John Byrne)、彼得·艾普勒鲍姆(Peter Applebome)、凯文·萨克(Kevin Sack)、比尔·兰金(Bill Rankin)、亚当·莫斯(Adam Moss)、库尔特·安德森(Kurt Andersen)、吉姆·克拉默(Jim Cramer)、马克·霍夫曼(Mark Hoffman)、乔·诺塞拉(Joe Nocera)、汤姆·斯图尔特(Tom Stewart)、斯科特·考恩(Scott Cowan)、杰基·亚当斯(Jackie Adams)、约翰·波特(John Porter)、沃伦·萨姆斯(Warren Sams)、威廉·布朗(William Brown)、基根·费德勒尔(Keegan Federal)、迈克尔·鲍尔(Michael Bower)、乔希·阿彻(Josh Archer)、杰格迪什·谢斯(Jagdish Sheth)、乔治·伊斯顿(George Easton)、艾伦·梅因斯(Allen Maines)、吉姆·罗森菲尔德(Jim Rosenfeld)、乔

致谢

治·伊斯顿、奥利弗·库珀(Oliver Cooper)、马克·斯科特(Mark Scott)、艾伦·达比尔(Alan Dabbiere)、杰夫·坎宁安(Jeff Cunningham)、比尔·罗伯蒂(Bill Roberti)、托尼·切尔内拉(Tony Cernera)、桑迪·克利曼(Sandy Climan)、理查德·埃德尔曼(Richard Edelman)、斯蒂芬·伯杰(Stephen Berger)、埃德·马塞厄斯(Ed Mathias)、斯蒂芬·施瓦茨曼(Stephen Schwarzman)、克里斯·耐达扎(Chris Nedza)、马克·耐达扎(Mark Nedza)、汤姆·图雅拉(Tom Tuyala)、阿尼尔·阿斯纳尼(Anil Asnani)、杰米·哈吉(Jamie Hajj)、帕迪·斯彭斯(Paddy Spence)、凯特·埃利斯(Kate Ellis)、温达·米勒德(Wenda Millard)、塔拉·怀特黑德(Tara Whitehead)、安·穆尼(Ann Mooney)、乔尔·克莱因(Jeol Klein)、乔纳森·马克斯(Jonathan Marks)、菲尔·拉德(Phil Lader)、斯泰西·乔尔纳(Stacy Jolna)、卡伦·乔尔纳(Karon Jolna)、阿尼尔·梅农(Anil Menon)、杰基·蒙塔格(Jackie Montag)、托尼·蒙塔格(Tony Montag)、保罗·罗森伯格(Paul Rosenberg)、奎因·米尔斯(Quinn Mills)、布伦达·布雷顿(Brenda Brayton)、迈克·博齐克(Mike Bozic)、斯蒂芬·格雷瑟(Stephen Greyser)、拉克什·库拉纳(Rakesh Khurana)、约翰·奎尔奇(John Quelch)、保罗·赫希(Paul Hirsch)、埃米莉·赖克曼(Emily Reichman)、比尔·克罗克(Bill Crocker)、保罗·拉皮德斯(Paul Lapides)、卡尔顿·怀特黑德(Carlton Whitehead)、安德烈·德尔贝克(Andre Delbecq)、乔·怀特(Joe White)、劳里·柯克伍德(Laurie Kirkwood)、迈克尔·费德(Michael Feder)、马克·阿德勒(Marc Adler)、道格·多尔蒂(Doug Dougherty)、罗布·希尔(Rob Hill)、埃琳·斯蒂尔(Erin Steele)、丹·马林斯(Dan Mullins)、金·特纳(Kim Turner)、丹尼丝·韦斯特(Denise West)、拉维·拉马默蒂(Ravi Rammamurti)、里卡多·马丁内斯(Ricardo Martinez)、查尔斯·哈彻(Charles Hatcher)、巴里·纳莱巴夫

(Barry Nalebuff)、朱迪·希瓦利埃(Judy Chevalier)、西加尔·巴萨德(Sigal Barsade)、维克托·弗鲁姆(Victor Vroom)、斯坦·加斯特卡(Stan Garstka)、乔尔·波多尔尼(Joel Podolny)、杰弗里·加滕(Jeffrey Garten)、黛安娜·帕尔默里(Diane Palmeri)、邦妮·布莱克(Bonnie Blake)、本杰明·吕比克(Benjamin Loebick)、艾拉·米尔斯坦(Ira Millstein)、多萝西·鲁宾逊(Dorothy Robinson)、琳达·洛里默(Linda Lorimer)、里克·莱文(Rick Levin)、艾伦·阿马森(Alan Amason)、贝丝·奥尔(Beth Auer)、尼尔·奥尔(Neal Auer)、伊丽莎白·贝利(Elizabeth Bailey)、吉吉·贝尔(Gigi Bair)、托德·贝尔(Todd Bair)、杰里米·贝克威思(Jeremy Beckwith)、萨莉·贝克威思(Sally Beckwith)、乔治·本森(George Benson)、卡罗尔·毕晓普(Carol Bishop)、杰夫·科恩(Jeff Cohn)、米歇尔·卡明斯(Michelle Cummings)、史蒂夫·卡明斯(Steve Cummings)、里奇·丹尼尔斯(Rich Daniels)、哈尔·法恩斯沃思(Hal Farnsworth)、丹尼尔·费尔德曼(Daniel Feldman)、斯科特·格拉芬(Scott Graffin)、乔·哈德(Joe Harder)、安妮·亨德森(Anne Henderson)、马歇尔·亨德森(Marshall Henderson)、罗伯特·赫什菲尔德(Robert Hirschfield)、查克·霍弗(Chuck Hofer)、科里·琼斯(Cory Jones)、汤米·琼斯(Tommy Jones)、约翰·金伯利(John Kimberly)、梅勒尼·兰考(Melenie Lankau)、查尔斯·兰考(Charles Lankau)、佩姬·李(Peggy Lee)、乔恩·利维(Jon Levy)、阿什利·利维(Ashley Levy)、吉迪恩·马克曼(Gideon Markman)、格雷格·马丁(Greg Martin)、洛丽·马丁(Lori Matin)、卡伦·拿破仑(Karen Napoleon)、布莱恩·米勒(Bryan Miller)、莉萨·米勒(Lisa Miller)、萨拉·米勒(Sarah Miller)、艾莉森·诺里斯(Alison Norris)、布莱恩·诺里斯(Blaine Norris)、曼迪·奥尼尔(Mandy O'Neill)、珍妮弗·彭德格斯特(Jennifer Pendergast)、卡特·拉克哉斯基(Kat Raczynski)、凯文·拉

致谢

克哉斯基（Kevin Raczynski）、哈根·拉奥（Huggy Rao）、汤姆·里夫（Tom Reeve）、鲁思·里夫（Ruth Reeve）、克里斯·赖尔登（Chris Riordan）、黛安娜·罗伯逊（Diana Robertson）、卡丽·休厄尔（Carrie Sewell）、埃里克·休厄尔（Eric Sewell）、安杰拉·斯纳普（Angela Snapp）、迈克·尤西姆（Mike Useem）、鲍勃·范登堡（Bob Vandenberg）以及其他许多人。

同样，还有许多人为深入挖掘背景信息做出了细致周到的工作，帮助提供了案例中的细节。我们最为感激的是林赛·格迪斯（Lindsay Gerdes），她是最专注、最热情细致的，总而言之，她是人们能够期望遇到的最棒的研究助理。我们也从以下这些人的研究支持中受益颇多：谢尔登·贝克（Sheldon Baker）、莉萨·弗赖尔（Lisa Fryer）、托马斯·杰格尔（Thomas Geggel）、蒂法妮·麦仑（Tiffany Mailen）、利·麦克拉肯（Leigh McCracken）、洛里·纳丹（Lorie Nadan）、阿拉希·纳拉西姆汉（Arathi Narasimhan）、丹妮拉·佩德隆（Daniela Pedron）、凯特娜·莱萨撒（Ketna Raithatha）与阿曼达·斯卡特维特（Amanda Skartvedt）。

我们与哈佛商学院出版社的同仁们经历了一段愉快的工作时光。我们的编辑，雅克·墨菲（Jacque Murphy）表现非凡。雅克在我们这本书诞生期间，生了两个小孩。我们不清楚哪件事让她更加痛苦，但我们知道，在她循循善诱我们写出底稿并敦促我们不断推敲时，我们令她极其痛苦。我们知道她会成为一位优秀的母亲，与我们一起工作培养出来的耐心一定能使她的孩子们受益颇多！谢谢你，雅克！同样感谢霍利斯·海姆鲍奇（Hollis Heimbouch）、马西·巴恩斯-亨利（Marcy Barnes-Henrie）、季纳·波提亚（Zeenat Potia）、布赖恩·苏特（Brian Surette）、克里斯蒂娜·特尼尔-瓦雷西诺（Christine Turnier-Vallecillo）与哈佛商学院出版社团队的其他成员，以及哈佛商学院出版社原成员卡罗尔·佛朗哥（Carol Franco），他们都表现出了惊人的耐心与想象力。

致谢

最后,雅克与哈佛商学院出版社的其他同事对我们表现出远远超出职责之外的耐心,与此同时,我们的家人、朋友与同事首当其冲,在本书写作期间,每天都要忍受着我们的冷落。自然,对我们的妻子和孩子而言尤其如此,尽管我们不配拥有,但克拉克、索菲、劳伦·索南费尔德、萨莉、塞缪尔、托马斯·沃德仍然给予我们全力支持。

本书献给五位豁达乐观的人生导师,他们永远没有机会读到这本书了,他们是伯顿·索南费尔德(Burton Sonnenfeld)、卡尔·帕瓦(Cal Pava)、丹尼·珀尔(Danny Pearl)、贾尼丝·拜尔(Janice Beyer)和迈克尔·拉克斯戴德(Michael Rukstad)。我们非常怀念他们。

第一章　失败的沮丧或
　　　　失望的打击

　　这就是生活,每个人都这么说。
　　不久前你还高高在上,
　　难料几时挫折将你击倒。
　　但我相信我将改变这首歌,
　　不久后我将重回巅峰,重回巅峰。
　　我说这就是生活,看起来似乎滑稽,
　　践踏别人的梦想,
　　一些人以此为乐,
　　但是我不会因此沮丧,
　　因为这个世界依旧旋转不息。
　　——迪安·凯(Dean Kay)和凯利·戈登(Kelly Gordon)作词作曲,弗兰克·西纳特拉(Frank Sinatra)录制,《人生之歌》("That's Life")。

在遭遇各种失败时,我们常常面对各种陈词滥调,像什么即使生活不尽如人意,也不要抱怨,自己尽力做到最好之类。然而,对于领导者而言,人生挫败会将辛苦赢得的资产转变为难以跨越的巨大障碍。领

第一章

导者可以享受广泛的公众认可、庞大的人脉支援和源源不断的资金来源等。但是,名声、知名度与财富并不能使他们远离厄运。

领导者们没有定速控制器,不能以现在的成功势头惯性前行,今天的好运可能明天就蒸发殆尽。正如弗兰克·西纳特拉在《人生之歌》中提醒我们的那样,我们可能站在世界的巅峰,紧接着,被人踩在脚下。并且,正如弗兰克·西纳特拉所言,对于杰出领导者和公众人物,很多人"以践踏别人的梦想为乐",乐于见到原本高高在上的人物被打倒在地。问一下玛莎·斯图尔特(Martha Stewart),你就不会怀疑当被嫉妒的人受到屈辱时我们内心所感到的快意,或者说那种幸灾乐祸所产生的影响有多大。

媒体的头版头条一次又一次戏剧化地证实了这一点。无论是电影还是媒体明星、艺术家、政治家、企业巨头甚至学者,他们的堕落或从高高在上的宝座上跌落,无论是因为他们自己的失误还是外界的打击,都能极大地吸引人们的注意。对于很多人而言,脱离成绩卓著的事业轨道简直就是灾难,因为通向成功之路的消耗如此之大,在追求成功的过程中牺牲颇多。个人梦想成为公众财产,然后被薄情寡义的大众傲慢地抛弃。弗·斯科特·菲茨杰拉德(F. Scott Fitzgerald)有一个著名的忠告,美国人的人生没有第二幕,这使得领导者以及那些追求创意的人一旦事业脱轨必然会陷入一片黑暗之中。

但是,的确有些人以更耀眼的成就复出,而一些人则在流星一闪之后归于黯然。想一下约翰·欧文(John Irving)、迈克·尼科尔斯(Mike Nichols)、罗伯特·奥尔特曼(Robert Altman)、卡洛斯·桑塔纳(Carlos Santana)和约翰·特拉沃尔塔(John Travolta)的复出,再想一想库尔特·冯内古特(Kurt Vonnegut)、J. D. 赛林杰(J. D. Salinger)、艾伦·杰伊·勒纳(Alan Jay Lerner)、朱迪·加兰(Judy Garland)和奥森·韦尔斯(Orson Welles)的隐退。一些人愈挫愈勇,而另一些人则永远受到早期成就的困扰。那些无视挫折、决心重建受损事业的人和那些垂头丧气、永远无法重现往日辉煌的人区别何在？

本书中，我们将以各界名流的方式来分析那些脱离事业轨道的杰出领导者和CEO们，展示各界领导者们在受挫后又重获成功的恢复力，例如唐纳德·特朗普(Donald Trump)、摩根大通(JP Morgan Chase)CEO杰米·戴蒙(Jamie Dimon)、先锋(Vanguard)创始人杰克·博格尔(Jack Bogle)、家得宝(Home Depot)创始人伯尼·马库斯、摩根士丹利(Morgan Stanley)CEO约翰·麦克(John Mack)和玛莎·斯图尔特。与之形成鲜明对比的是一些有才华但已陨落的CEO们，他们曾经家喻户晓，但是陨落之后再也不曾获得显要的领导职位，大部分都从公众视野中消失，如惠普(Hewlett-Packard)的卡莉·菲奥里纳(Carly Fiorina)、柯达(Kodak)的乔治·费希尔(George Fisher)、IBM的约翰·埃克斯(John Akers)、苹果(Apple)的约翰·斯卡利(John Sculley)、福特(Ford)的雅克·纳塞尔(Jacques Nasser)、美国联合航空公司(United Airlines)的理查德·费里斯(Richard Ferris)、价格在线(Priceline)的杰伊·沃克(Jay Walker)和医学博士网(WebMD)的杰夫·阿诺德(Jeff Arnold)。

2004年6月10日，内维尔·伊斯戴尔(Neville Isdell)接替道格·达夫特(Doug Daft)担任可口可乐(Coca-Cola)CEO职位的数天之后，他简洁地宣布了可口可乐总裁史蒂文·海尔(Steven Heyer)的退出："在过去一周中，史蒂文与我探讨了在我当选公司董事长和CEO的前提下，他如何才能最佳地实现他的个人目标……我们一致认为，史蒂文寻求公司外的机会能更好地实现他的抱负。"51岁的海尔，是美国商业领袖中闪亮的明星。除了担任可口可乐公司三年的总裁之外，他曾任博思艾伦咨询公司(Booz Allen Hamilton)常务董事、智威汤逊广告公司(J. Walter Thompson)总裁、特纳广播电视公司(Turner Broadcasting)总

第一章

裁。海尔对公司的决定深感失望,觉得自己的贡献和经验在可口可乐董事会的政治迷雾中被低估了。然而,就在四个月之后,海尔复出,作为CEO接管了世界最大连锁酒店之一的喜达屋酒店集团(Starwood Hotels),该集团旗下拥有圣·瑞吉(St. Regis)、喜来登酒店(Sheraton)、威斯汀酒店(Westin)以及W酒店(W hotels)。

在我们的一次会议上,前总统吉米·卡特(Jimmy Carter)请CEO们考虑在被美国公众解雇之后他们如何才能东山再起。尽管在连任选举中落败,卡特在全世界不知疲倦地继续他的人道主义、公众健康及外交使命,极大地促进了全世界的民主改革,他作为美国最伟大的前总统深受世人尊敬,并最终获得诺贝尔和平奖。对于领导者的评价,不是依据他们的成就给他们带来了多少满足感,而是在命运夺走他们艰苦赢得的胜利喜悦时,他们是如何反应来进行评估的。他们能否重新振作,重返赛场?

浴火重生

在领导者和艺术家这类创造性人才的生命中,恢复力的品质极为重要。领导者和艺术家都会经历事业上升、下降和恢复阶段。早在20世纪30年代,奥托·兰克(Otto Rank)是将这些非凡贡献者联系到一起的第一人。他指出,领导者和艺术家的成就源于对于永恒的不懈追求,正是这种追求点燃了他们非凡的创造欲望。

霍华德·加德纳(Howard Gardner)的《非凡头脑》(Extraordinary Minds)一书对艺术家和领导者也有类似的看法。[1]他提出了"影响者"共有的一系列特征,这些影响者是各专业领域中真正杰出的历史人物。在研究了沃尔夫冈·莫扎特(Wolfgang Mozart)、维吉尼亚·吴尔夫(Virginia Woolf)、西格蒙德·弗洛伊德(Sigmund Freud)和圣雄甘地(Mahatma Gandhi)这些富有创造性的人物之后,加德纳得出结论,比起超凡的智力、幸运的环境乃至充沛的精力,这些人物拥有更为强大的能力:(1)对自身优缺点的公正评价,(2)敏锐的情景分析能力,(3)将过去的挫折转化为未来成功的能力。战败只能使他们以更大的热情重返战场。这些影响者与我们其他人的区别,并不在于失败所占的比例,而在于他们如何分析自己的失败。

事实上,认为逆境使人偏离杰出之路的这种看法是错误的。从挫折中恢复的能力对于英雄人物的性格形成是至关重要的,并使其区别于平庸之辈。人类学家约瑟夫·坎贝尔(Joseph Campbell)通过研究各种文明以及各个时代的宗教与民间英雄,例如耶稣(Jesus)、摩西(Moses)、穆罕默德(Mohammed)、佛陀(Buddha)、库弗林(Cuchulain)、奥德修斯(Odysseus)、埃涅阿斯(Aeneas)和阿兹特克人泰兹凯特力波卡(Aztecs' Tezcatlipoca),发现这些英雄的生命阶段普遍具有"同一神话"经历。[2]第一阶段包括对伟大的感召,使其脱离过去,实现超凡的才能。之后,他们会遭遇一系列持续不断的考验和影响深远的挫折,而这一切将使其获得最终的胜利,并重新融入社会之中。

显然,失败完全可以转化为财富。这些胸怀梦想的领导者有能力通过自救的传奇鼓舞他人。他们对改革型领导才能的信心,部分来源于身处逆境时他们惊人的卓越表现。

三思而后行

具有讽刺意义的是,CEO们以往的领导经验、声誉和对不朽的追求,有可能成为包袱。杰弗里·索南费尔德(Jeffrey Sonnenfeld)对已经卸任的一代杰出CEO的研究表明,个人名望或英雄地位,以及对永久贡献或英雄使命的追求,都可能成为令人退缩的障碍。[3]他在《英雄的谢

第一章

幕》(The Hero's Farewell)一书中指出，事业灾难常导致英雄地位的丧失，因为对这些人而言，个人失败将众所周知。文学大师利奥·布劳迪（Leo Braudy）在《声名癫狂》(The Frenzy of Renown)中指出，社会上有一部分人渴望生活在公众的视线之中。[4]他们全身心追求名望和认可，如此一来，突出的地位使他们承担更大的风险。一味追求赞誉是要付出代价的。当超凡成就者遭遇毁灭性的事业重挫时，他们的感受会更为尴尬，因为他们失去自尊、失去影响力、失去实力会广为人知。

纽约时报（New York Times）上毗邻的两篇文章恰巧是两位隐退的加利福尼亚CEO的传记，两人同样出色而且富有，同为58岁，但这两篇小传揭示出两位企业领袖面对逆境时的不同表现。其中一篇题为《一位杰出领袖的晚年生活》("The Afterlife of a Powerful Chief")的文章，乐观地描述了惠普前CEO刘易斯·普拉特（Lewis Platt）和他的新角色，他享受着管理肯德尔杰克逊酒园（Kendall-Jackson Wine Estates）的葡萄酒商生活，尽管他以前领导过124,000人，而今员工总数仅为1,200人。[5]而另一篇为《一位过时的将军》("A General Whose Time Ran Out")的文章，描述了镜报公司（Times Mirror）前CEO马克·威尔斯（Mark Willes）的惨痛心声和挫败，董事会对他的战略不信任，并背着他将整个公司卖给了媒体竞争者——芝加哥的美国论坛公司（Tribune Company of Chicago）。[6]

普拉特，是一位深受欢迎的以聪明才智和正直可信而著称的工程师，是精通"惠普之道"33年的行家里手，他以重视公司广泛推崇的核心价值观而著称，此价值观注重人的价值、服务水平、产品质量和公民责任。1993年，他继任了约翰·扬（John Young）的CEO职位和传奇人物、公司的共同创始人戴维·帕卡德（David Packard）的董事会主席职位。然而在良好的开端之后，因为对个人电脑价格下移、亚洲销售额萎缩以及互联网机会激增的反应迟钝，到1999年，惠普的收入增长和产品创新都出现了下滑。在向董事会建议找人替代他的同时,普拉特宣布了新的电子商务战略和大范围重组。在他的新角色中,普拉特亲自负责葡萄酒厂的产品质量。之后,在接连两任波音 CEO 因个人言行不当被辞退,而波音董事会还未招募 GE 和 3M 出身的吉姆·麦克纳尼(Jim McNerney)重建这一航空巨人之前,普拉特出任了波音董事会主席,使公司平稳度过了这一困难时期。在 2005 年秋普拉特去世之前,他向我们坦承,他事业上唯一的真正遗憾是错误地选择了卡莉·菲奥里纳作为继任者,她在 2005 年离任之前给惠普带来了毁灭性的损害。

与此相反,1995 年马克·威尔斯从通用磨坊(General Mills)来到镜报,在很多人看来,他一直在与镜报的传统文化作战。他宣布难以实现的发行目标,并且无视新闻业编辑的客观性和独立性与报纸商业性的冲突。这一行为引发了洛杉矶时报(*Los Angeles Times'*)记者的反抗,他最终被自己的首席财务官汤姆·安特曼(Tom Unterman)暗中出卖。安特曼背着他与镜报董事会和美国论坛公司谈判。在交易公布的当天,威尔斯情绪激动地向员工发表讲演,诉说他内心的失落:没给他时间证明他的战略。

战斗,而不是逃避:正视问题

我们早就知道,职场压力是人生最大的压力来源之一。例如,在压力最大的人生事件中被解雇名列第八位——仅次于家庭成员的死亡、坐牢以及受伤或生病。[7] 头衔的丧失和社会角色的模糊同样也是巨大的职场压力源。[8] 心理和生理上的压抑将会造成极大的损害,而心理咨询师的陈词滥调并不能有效解决许多创造性人物和领导者面临的压力。压力是面对一系列要求时无助的感觉,没有客观存在的压力。压力是对人、地点和事件做出的反应,而我们是否有能力面对这一切则是我们做出反

第一章

应的依据。

如上所述,因为压力是根据你的能力和承受力的大小来解释的一种现象,所以通常开出的处方,如休假和隐退,不可能再让创造性人物拥有大权在握的影响力。对心理耐压性的研究表明,受压者必须重新掌权、参与外界事件、应对挑战、勇于采用不同凡响的建议,而且必须对恐惧视而不见。[9]应对压力并不意味着适应并接受压力。经常会鼓励受压者通过否定、回避、心理投射以及退出,来降低压力的重要性,或者通过锻炼、节食、沉思和互助小组,减轻压力的影响,但是同样值得研究的是如何减少压力的来源,或许通过直面压力能够实现这一点。

胜腾(Cendant)的 CEO 亨利·西尔弗曼(Henry Silverman),曾是华尔街宠儿、耀眼的交易缔造者。他建立过一家名为餐旅连锁加盟的公司,集合了众多品牌:不动产中介 21 世纪(Century 21)、华美达酒店(Ramada Hotels)、豪生饭店(Howard Johnson Hotels)、戴斯酒店(Days Inn)与艾维斯租车公司(Avis Rent A Car),带来超过 20% 的增长率和高涨的股票价格。在丑闻爆发前,股票从 1992 年的每股四美元上涨到 77 美元以上。在与营销商 CUC 本以为巧妙的合并之后,西尔弗曼的王国和名声都崩溃了,这次合并导致公司在 1997 年年末更名为胜腾。之后的一系列调查揭露出前 CUC 公司有大量会计违规行为,这些违规行为导致过去三年中收入被夸大至七亿美元。随后的股灾导致了胜腾公司 130 亿美元的市值损失。

西尔弗曼,作为一家商业金融公司的 CEO 之子,渴望摆脱他父亲成功的影子。"你希望通过自己取得的成就,而不是靠你的父母而得到大家的认可。"[10]与声名狼藉的企业狙击手和阔绰的投资银行家们一起高调地工作之后,西尔弗曼通过建立自己的王国也成为了一个传奇人物。在 CUC 丑闻之后,他的勤奋和管理风格都遭到了抨击。愤怒和耻辱逐渐毁掉了他。对于西尔弗曼而言，个人损耗非常巨大。他回忆说："我的自我价值感被降低了。"

亲近的朋友担心愤怒会毁掉他。看一下这则报道："（同为金融家的）达拉·D.穆尔（Darla D. Moore）回忆起丑闻爆发后不久的一次宴会。她坐在西尔弗曼身旁，作为嘉宾的亨利·基辛格（Henry Kissinger）站起来致辞时，她看着她的朋友，突然之间他显得很阴郁。'虽然情况很糟糕，但至少没人死掉，'她侧过身对他低语道，'不过如果你不放松些（减轻压力），你将是第一个垮掉的人。'"[11]

遵从咨询过几次的心理医生的建议，西尔弗曼找到了发泄怒气的方法。他开始热衷于体育锻炼，每天都去健身房，严格地进行有氧健身操、网球和举重的锻炼。一年后，他的卧推重量从65磅上升到150磅。然而，这对他而言还不够，因为他的目标是赢回信誉。政府调查员开始调查时，他明确指出谁是罪犯。同时，西尔弗曼更换了CUC全部领导层，并起诉了他们的会计公司——安永会计师事务所（Ernst & Young），由此西尔弗曼最终为自己洗脱了几分冤屈，并在他的努力下，终于将CUC几个高级主管以欺诈罪送入监狱。因为没有必要在社交场合经常重温同样的情景，他和家人减少了社交生活，宁愿与金融家利昂·布莱克（Leon Black）和达拉·穆尔等朋友在一起。

然而，社交上的隐退并不意味着逃避问题。实际上，他将全部精力投入到拯救公司的积极战斗中。在一次私人访谈时——我们将在第四章详细讨论这次访谈，西尔弗曼告诉我们："我从未想过离开或不想解决问题。"西尔弗曼卖掉了非核心业务，用来回购20%的非原始股票，以抬高股价。他开始关注小型收购，最终，通过与约翰·马隆（John Malone）的自由传媒等公司的结盟，他开始重建信誉。这也为他的服务业务增加了电子商务内容。这一举动帮助西尔弗曼重获信任，重建公司，同样使他重建自尊和声誉。不幸的是，到2005年后期，面对飞涨的油价和恐怖

第一章

主义,他仍然没有完全赢回原有的势头;不过,西尔弗曼把公司重新分割成四部分的努力得到了分析师们的赞誉。[12]

招募他人参与战斗:在关注间接受害者的同时寻求机会

在拯救股东之前,西尔弗曼需要先拯救自己的感觉,而且他觉得对受到影响的家人、同事和朋友也负有责任。他没有用什么独门法宝让其他人和他一起战斗。只有获得其他人的协助,才有可能照顾到那些无辜的职业危机受害者。这有助于补充人们的维持生计资源,对于应对压力极其关键。而要得到那些值得信赖的顾问的支持,更是至关重要。霍华德·加德纳发现,能够迅速重新振作的非凡人物拥有自我反省的能力,这种说法之所以正确,部分原因在于,这些人物在上升和从挫折中恢复的过程中积极地利用人际网络。[13]职业危机的受害者想从那些值得信赖的顾问口中得到的不仅仅是安慰之词。他们举起反思之镜,为下一步行动开动脑筋。

也许没有什么比家得宝创始人伯尼·马库斯和共同创始人阿瑟·布兰克(Arthur Blank)东山再起的经历更具启发性。1978年,马库斯和布兰克在经营巧手丹家具装饰中心(Handy Dan Home Improvement Centers)时,被当时母公司戴林(Daylin)的CEO桑迪·西哥洛夫(Sandy Sigoloff)解雇。西哥洛夫是一位强硬的改革经理,常被称为"冷酷的明"。在马库斯的书中,他揭示了西哥洛夫的动机:

> (西哥洛夫)十分需要一笔能够扭转戴林局势的贷款,以便从债权人手中解救戴林,为股东挽救它,使它免于破产倒闭。但是戴林唯一拥有大量现金流的部门是巧手丹——我的部门……就在戴林董事会讨论继任人选的那一天,我就知道我和桑迪·西哥洛夫之间

失败的沮丧或失望的打击

彻底完了。一位西哥洛夫任命的董事会成员说："我不明白,关于继任人选还有什么问题,这不明摆着吗,因为这房子里就有你的继任者——伯尼·马库斯"……我飞快地看了西哥洛夫一眼,他的苍白脸色让我明白,这件事绝不可能发生。董事会中有人支持我继任的这一举动使我成为西哥洛夫的真正威胁。我们之间的情形从很差变成极其糟糕。[14]

马库斯相信他是西哥洛夫怒气的主要目标,然而在他被解雇的同时,他的高级助理阿瑟·布兰克和罗恩·布里尔(Ron Brill)也相继在不同房间很快被解雇了。"罗恩,也与阿瑟和我一样,不知道什么地方得罪了他。"西哥洛夫在星期五下午的报纸截稿时间向新闻界发表了一则声明,这样报纸只能马上刊登这件事。马库斯解释说:"但是事情不仅仅是失去高薪、高端的工作以及几则令人尴尬的报道那么简单。西哥洛夫主要是针对我,阿瑟和罗恩更多是受到了株连。在向家人和朋友解释所发生的这一切时我们内心都很痛苦。"[15]

马库斯指控说,在解雇之后,西哥洛夫为了进一步打击受害人,竟然建议当局追究组织工会过程中的违法行为。马库斯和布兰克说,这些说法是捏造的,当局从未予以认定,只不过是西哥洛夫为阻止他们反驳,编造出来羞辱和中伤他们的。马库斯告诉我们:"他向我挑衅,想让我以诬告和非法解雇控告他,他知道我当时没有足够的证据反击,不能让真相水落石出;但是我找到了关键的朋友,后来又将此公之于众。"

马库斯拥有忠诚的合作者。他的另一位好友金融家肯·兰格恩(Ken Langone),与他站到了一起,他说:"这是我听过的最好的消息……你刚刚被金马掌踢中了屁股。"[16]然后兰格恩鼓励马库斯创办他一直梦想的新型商店,并主动提供帮助。同样,当马库斯向他的朋友,价格会员店的共同创始人索尔·普赖斯(Sol Price)吐露心事时,除了安慰之

11

第一章

外他得到了如下反馈:"在宴会上,我告诉普赖斯,西哥洛夫如何把我赶出门。我颇为自怜,为什么这种事会发生在我身上?我沉浸在悲哀之中,度过了好几个不眠之夜。我成年之后第一次不是在建立什么,而是在关心能否幸存下来。"[17]普赖斯问马库斯,是否相信他自己有能力,是否认为他具有"建立什么,或创造什么的才能"。[18]这时,马库斯才真正意识到,是时候继续自己的人生了。

这些同事和朋友信任马库斯,加入了他的战斗,同样也鼓励其他许多人加入进来。他预想的商店是巨型仓库,雇佣受过良好训练的员工,为自己动手的家装维修爱好者提供更多的选择、更优秀的服务并直接从制造商处进货。他们从洛杉矶迁移到亚特兰大,并在1979年开创了第一家商店。截至1990年,他们拥有17,500名员工,27亿美元的销售额。如今,家得宝拥有820亿美元的销售额和345,000名员工。它的创始人成为世界上最富有的人之一,与此同时,他们忠于危机时诞生的座右铭:"我们照料顾客和彼此。"

重建英雄地位:让灾难的本质流传开来

如此,我们注意到伯尼·马库斯并不是为了减轻所受到的伤害,只与阿谀奉承的支持者交往,而是他的朋友和同事向他提出挑战、赋予他灵感并加入他的事业。杰出领导者拥有英雄人格,这赋予他们重于生命的存在感。当其失去英雄人格时,观众消失,合作者不再簇拥身畔,领导者会失去他们的身份。仅仅作为茫茫人海中的一员会令他们感到不舒服。正如伟大的艺术家一样,杰出领导者追求个人梦想,并将梦想作为公众财富贡献出来。如果被公众接受,他们将声名鹊起,但如果最终被公众遗弃,他们不仅失去了个人梦想,同样也失去了公众认同。当人们簇拥在马库斯身边时,他们使他赢回了熟悉的角色。他们之所以簇拥在他身边,是因为他告诉了他们真相,而他们依然信任他和他的英雄身份。当英雄人物遇到挫折时,公众会感到困惑,考虑到英雄拥有重于生命的存在感,怎么会发生这种事呢。

马库斯将他的故事讲给朋友、投资者、员工以及无数的读者,和他一样,需要重整旗鼓的其他人也是这么做的。玩具"反"斗城(Toys "R" Us)的首席执行官约翰·艾勒,施瓦茨公司(FAO Schwarz)的前CEO,曾在圣诞前夜被一家服装零售店解雇。他觉得自己东山再起的关键在于他没有让其他人因此对他形成偏见,因为偏见一旦形成,他说:"我很可能也开始怀疑自己。"研究名声管理的学者们早就认识到名声作为公司和个人资产的价值。[19]它是通过经验、业绩和人脉建立起来的。

要想成功恢复形象,流传开来的新解释必须包括几个关键因素:
- 清晰地否认有过错
- 将责任推给意外事故
- 减轻行为的攻击性
- 表现出合情合理的行为
- 提供让人容易接受的动机

马库斯对被巧手丹解雇的解释满足了以上几个方面。

另一位优秀的零售商,伦纳德·罗伯茨(Leonard Roberts),唐德无线电器(Tandy/Radio Shack)的CEO,之前担任肖内餐饮(Shoney's restaurants)CEO时被解雇。终其一生他都是个标新立异的人,他17岁上高中时结婚,19岁当了父亲。他获得了几个谷物专利和一个法律学位。1985年,罗伯茨卸任罗尔斯顿·普里纳公司(Ralston Purina)食品服务部门主管,成为陷入困境的阿比烤牛肉餐饮连锁公司(Arby's roast beef restaurant chain)的CEO。罗伯茨通过团队管理、积极的市场营销和新产品开发一系列行动,给公司带来了翻天覆地的深刻变化。1989年罗伯茨离开这家公司,去面对自身的法律问题——运营价值15亿美

第一章

元、拥有1,600家餐厅的肖内连锁。罗伯茨大幅度改善了顾客服务和经销商关系。店面设计、采购和市场营销快速地得到了整治。在三年内,肖内餐饮的利润从1,550万美元上升至5,000万美元。

但是,罗伯茨是从外部招聘的第一位CEO,一些人认为他的离开是保守派在政治上反感罗伯茨风格的结果。[20] 不过,就在肖内刚刚解决一宗10,500万美元的种族歧视诉讼之后的六个星期,华尔街日报(Wall Street Journal)刊登了一则报道,一些董事会成员认为罗伯茨在反歧视方面做得太过火了。据说,创始人雷蒙德·丹纳(Raymond Danner)对一位经理说,黑人雇员太多了,并且威胁道:"如果你不解雇他们,我就解雇你。"作为290万美元遣散费的部分约定,罗伯茨不能发表公开评论,但是关于他的才能和性格的谣言四起。一些招聘人员认为,他在肖内的成功使得他太具争议了。然而,1994年,唐德CEO约翰·罗奇(John Roach)开始寻找继任者,他对罗伯茨的勇气和整体管理技巧印象深刻,他让罗伯茨,一个终生从事餐饮业的人,成为拥有7,000个商店的电子零售商的总裁。1998年,罗伯茨接替罗奇,继续开创与斯普林特(Sprint)、美国无线电公司(RCA)、康柏(Compaq)及微软(Microsoft)等供应商的店内店的合作方式。

证明你的勇气:重获信任和信誉

艺术家和表演者需要展示他们的作品,但是展览和连接观众的途径经常由其他人控制。通常,演员听到他们太老了,音乐家们听到他们已过盛年,艺术家们听到美术馆将不再展出他们的作品。同样地,首席执行长们在展示他们的技巧时,也会面对把关人。

一旦身处争论之中,并且要与准备就绪的后起之秀同台竞争时,领导者们可能会像去年的旧款商品一样被丢在一旁。在挫折之后,他们必须证明自己仍具有杰出的才能。罗伯茨、马库斯和西尔弗曼都急切地投入战斗,以证明他们依然拥有曾成就他们事业的才干。

特朗普本来很可能重蹈20世纪80年代其他房地产巨头的覆辙,如赖克曼(Reichmann)兄弟和罗伯特·康波(Robert Campeau)。唐纳德·特朗普1968年从沃顿商学院(Wharton)毕业之后,加入了家族的房地产事业。在二十几岁时,他已经被认为是纽约的主要开发商,他的名字可与传奇人物威廉·泽肯多夫(William Zeckendorf)相提并论。26岁时,他建立了特朗普大楼(Trump Tower),纽约城中最高最昂贵的钢筋混凝土结构的建筑。特朗普的大名公然出现在他的建筑项目上,但是到了1990年,他却因一起房地产危机被捕,背负了97,500万美元的沉重债务。

数年后,据报道他的资产净值重新达到35亿美元,他的赌场兴旺发达,他和以前一样,仍在推动并从事房地产开发业。他和金融分析家们都认为他的大西洋城赌场(Atlantic City casinos)、特朗普大厦(Trump Plaza)、泰姬陵(the Taj Mahal)和特朗普城堡(Trump's Castle)是他东山再起的原因。[21]然而,在处理个人资产之外,他还将受尽嘲笑的自尊和名声变为可承兑的资产。1997年的《特朗普:东山再起的艺术》(Trump: The Art of the Comeback)是他在数年前大胆写就的《特朗普:交易的艺术》(Trump: The Art of the Deal)的自豪的后继之作。[22]而他的名声已经与每一季都引起轰动的NBC电视系列热播节目《实习生》(The Apprentice)联系在一起,这个节目将他描绘成一群有抱负的商业领导者机智诙谐的良师益友。他的拥有110亿美元销售额的王国继续成长。他收购了通用汽车大厦(GM Building)和半个帝国大厦(the Empire State Building),并修建了世界最高的住宅建筑——90层的特朗普世界大厦(Trump World Tower)。

20世纪80年代的标志性金融家迈克尔·米尔肯(Michael Milken)

第一章

的东山再起更加令人印象深刻。很多人都认为米尔肯的一生体现了美国神话的精髓。他于 1946 年 7 月 4 日出生在一个普通的加利福尼亚家庭,到 20 世纪 80 年代中期,他已经成为亿万富翁,是世界上最具影响力的投资银行家之一。他无视华尔街的自命不凡之辈,把笨重的中型德崇证券公司(Drexel Burnham Lambert)建成高收益率(垃圾债券)债券之都。截至 1987 年,垃圾债券的价值从一文不值上升到大约 2,000 亿美元。然而,由美国司法部的鲁道夫·朱利亚尼(Rudolph Giuliani)领头的司法部调查,让米尔肯承认违反了证券法的六项指控。他被罚款十亿多美元并被判入狱两年,他变得声名狼藉——一纸终身禁令阻止他重返证券市场。持有垃圾债券的很多机构都卷入了财务危机。这一负面报道使得借助垃圾债券创建的公司,如美国有线电视新闻网(CNN)、联邦快递(FedEx)和 MCI 电讯公司(MCI)的形象蒙上了一层阴影。更为糟糕的是,出狱后不久,米尔肯被告知患上了前列腺癌,还有 18 个月可活。

虽然如此,米尔肯现在依然健在。他的癌症处于缓解期,他写了几本通过膳食抗癌的食谱。他正在发展壮大他与他的兄弟以及甲骨文(Oracle)总裁拉里·埃利森(Larry Ellison)建立于 1997 年的一家终生学习公司。他有一家名为下世纪(Nextera)的咨询公司,并为一家名为米尔肯研究所(Milken Institute)的经济研究所提供资金。他的慈善基金前列腺癌治疗学会(CaP CURE),更名为前列腺癌基金会(the Prostate Cancer Foundation),筹集了超过 26,000 万美元的善款,并为全世界超过 1,200 名研究员提供资金,这些研究员研发了对抗前列腺癌的疫苗和治疗方法,并创造了基因疗法。

米尔肯不愿沉溺于悲伤之中,不接受任何外部强加于他的阻止他创造并重返辉煌的障碍。在他重新展示出商业才干之时,新旧合作人蜂拥而至加入了他的事业。

失败的沮丧或失望的打击

重新发现英雄使命：告别过去，规划未来

对永恒的追求驱使艺术家和领导者不断向前，这种追求要求通过他们的工作看到不朽的传世之物。比起杰出人物在挫折后遇到的外部障碍，因自信的破碎或缺少新鲜的主意和能量而自己设置的障碍更富有挑战性。在前面讨论的许多案例中，这意味着让他们的形象跌至原有水平之下。马库斯和米尔肯不得不重新从零开始，西尔弗曼和特朗普必须重建自己破损的帝国，而罗伯茨则就职于需要学习新技能的挑战性环境之中。

另一位零售业的传奇，迈克尔·博齐克（Michael Bozic）发现事业危机能使人解放思想接受新的想法。1990年，在为之工作了28年之后，他被赶下西尔斯商品零售集团（Sears Merchandise Group）总裁的宝座。很多人认为他在西尔斯取得的革新成功没有被给予充分的肯定，例如他以西尔斯品牌为中心的商品开发和销售规划概念，事实上可以肯定的是，他为他的老板，行动迟缓的董事长爱德华·布伦南（Edward Brennan）挡了一枪。

在数个月的求职之后，博齐克成为希爱士百货公司（Hills Stores Company）的CEO，希爱士百货是位于马萨诸塞州坎顿镇（Canton）的一家破产折扣零售商——而西尔斯是当时世界上最大的零售商，博齐克不异于从云端跌入尘埃之中。从濒死境地拯救了希爱士之后，博齐克在价值投资人（competing value-investors）对股东代理权（proxy battle）的疯狂争夺战中失去了对公司的控制权。[23]因此，在成功扭转了希爱士的局势之后，博齐克动身前往佛罗里达，领导对列维兹家具店（Levitz Furniture）的改造。博齐克前往列维兹时风趣依旧，宣称"好心没好报"。1998年11月，博齐克成为凯马特（Kmart）的副董事长，以及有望赢得

第一章

CEO 职位的有力竞争者。[24]

在通讯界,迈克尔·布隆伯格(Michael Bloomberg)几乎一夜成名。他作为华尔街经纪人被解雇,然后建立起世界上成长最快的媒体王国之一。他的电视台一天 24 小时无间歇地用七种语言向 40 个国家播放节目。他的无线电通信网络、出版王国、在线业务和通讯社组成了一个价值近 20 亿美元、拥有 4,000 名员工的王国。他称自己为挑战证券新闻巨人歌利亚(Goliath)的大卫。1981 年,布隆伯格被高级投行所罗门兄弟公司(Salomon Brothers)解雇,他在那儿持续辉煌了 15 年,从始至终仅有一名下属。被解雇的当晚,他给妻子买了一件紫貂皮衣,说:"无论有没有工作,我们还得继续生活。"[25] 第二天早晨,他在惯常的 7 点钟开始工作,用他的 1,000 万美元解雇赔偿金启动了布隆伯格王国。

最后,如果不提到苹果电脑创始人史蒂夫·乔布斯(Steve Jobs)神奇的东山再起经历,那么对东山再起能力的回顾就算不上完整。32 岁时,在被迫退出他 11 年前创办的公司两年之后,他与出自苹果的五名追随者一起开创了 NeXT 公司,开发一种用于大学教学的强大电脑。最终他将这家公司以超过四亿美元的价格卖给了苹果,并且作为交易的一部分,游说苹果当时的 CEO 吉尔·阿梅利奥(Gil Amelio)让他以"顾问"身份重返苹果。乔布斯在公司里对阿梅利奥表现出公开的蔑视,并对管理团队中的许多成员加以嘲笑。[26] 阿梅利奥 1997 年 7 月辞职后,乔布斯同意担任过渡 CEO。他削减了承继下来的许多项目,并提议了许多成功的新产品,如 iMac、G3 台式电脑、钛金笔记本(PowerBook laptops)和图像化的 iPod,这些新产品创造了新市场并恢复了苹果的名声。

并不是每一位有所成就的创造性人物都能够接受地位的倒退并重新开始。在 30 岁前后,艾伦·杰伊·勒纳创作过或与他人共同创作过许多伟大的百老汇经典剧目,如《南海天堂》(*Brigadoon*)、《粉刷你的车》(*Paint Your Wagon*)、《琪琪》(*Gigi*)、《窈窕淑女》(*My Fair Lady*)和《卡米洛特》(Camelot)。到五六十岁的时候,他自己的作品扼杀了他的创造灵感。"随着作家年龄的增长,写作变得越来越艰难。并不是因为他的大脑变迟钝了;而是他的批判能力变得更为敏锐。如果你还年轻,你觉得自己无所不能,你相信自己才华横溢。年轻人即使暗中惊恐,也会表现出一种外在的信心,披荆斩棘勇往直前。"[27]

让勒纳坚持苛刻标准的并非公众,而是他自己。相比之下,我们前面描述的很多人都持有一种更为积极的观点,遵循尼采(Nietzsche)的格言:"凡是不能毁灭我的,都使我变得更坚强。"尽管生活需求很沉重,这些优秀人物从逆境中浴火重生,事实上变得更加强大,而不是更加弱小。战胜灾难取得成功的能力依赖于我们刚刚概括出来的五个基础。

我们在致力于寻求东山再起的方法时,不能孤立地来做这件事。我们首先要理解需要跨越的逆境的性质以及障碍的本质,通过深入全面地论述灾难的前因后果来为成功奠定基础。

东山再起的障碍:灾难的本质和人类的恢复能力

本书仔细分析了杰出领导者如何突兀地从高处跌落,以及他们如何恢复并通过新冒险继续曾经的辉煌。虽然我们主要关注的是商业领导人,但各行业的领导者从挫折中恢复时,面临着同样的挑战并经历着同样的过程,因此我们也选取了体育、媒体、娱乐、政治以及社会运动界的许多案例。

在第二章中,我们将重新回顾从灾难中恢复的五个等级,以揭示维系东山再起条件的坚实的研究和理论基础。通过将调查扩大到职场之外,包括自然灾害的受害者、战争难民、毁灭性健康危机的幸存者——他们克服了人类种种残酷行为带来的苦难——我们得到了一些如何从职场挫折中恢复的观点。与此同时,本章揭示了行为科学研究中明显不同

第一章

的传统领域,如何统一在单一的恢复力综合模型之中,包括以下研究:
- 创伤后的压力反应
- 与他人的亲密关系及归属需求
- 不公正、形象恢复和印象管理的属性
- 自尊、自我力量、控制权、能力
- 悲痛、人类意志及寻求存在的意义

迄今为止,这些针对恢复能力的研究领域所产生的重要但孤立的见解,对恢复的必要条件全集而言,是重要而片面的。因此,除了来自幸存者的第一手材料的有力证明之外,我们提出了恢复能力的第一个综合理论模型。在此基础之上,我们将展示对一百多位 CEO 的原始采访分析和其他许多人的案例研究;另外,后面的章节是对被解雇的、退休的 CEO 的原始数据分析,以及对美国众多杰出的 CEO 招聘主管的调查研究。

理解失败和灾难

因此,在第二章中,依靠多学科经验,我们通过在不幸和灾难条件下的广泛应用,进一步发展出首个完整的恢复力模型。我们希望对灾后恢复现象予以全新的多方面领悟,而不是像航空杂志那样讲述令人窒息的战争故事,或者像学术期刊论文那样进行狭隘的假设检验。

然后在第三章中,我们将重返职场,将注意力转向倒台的领导者所面临的挑战。我们将仔细分析极为成功的人物接受失败时的特殊影响、依赖领导者的人们的选民期望、名誉的双刃剑以及怎样从病理学中学习。

在某些方面,领导者的事业、生活乃至挫折都远远不同于普通人的日常事件和挫折。许多倒台的领导者,尤其是商业领导者,从财务的观点而言都得到了充分的赔偿,因此,对许多人而言,职场挫折引发的最大压力源——由挫折导致的财务危机,对领导者而言是几乎不存在的。然而,领导者失势的特殊性质制造了某些障碍,要想全面恢复必须克服这些障碍。

对失势者的蔑视可能会树起可观的社会障碍,影响他们的复出。我们的社会,正如媒体所示,倾向于帮助人们成名、庆祝成功、将成功人士作为偶像崇拜——然后迅速践踏那些失势者。这导致失势的领导者选择避开闪光灯隐退,而不是通过长期攀登,重登领导者事业的下一个高峰。

虽然人们普遍经历过失败与挫折,但是在成功广受赞美的现代社会它们仍是一个禁忌的话题。其中一些行为模式是我们面对挫折时自身防御系统的一部分,避免我们沉浸于自己的悲伤之中,否认自己处于困境。一些行为模式是为了保护我们的社会身份,努力将与他人的关系维持在控制和常态的感觉之中。但是,更多的是为了他人的社交舒适。由于对失败的社会禁忌,人们不知道如何对他人的失败做出反应。他们要么出于某种对失败可能会传染的非理想恐惧,避开此人,要么为了减轻可能会由失败引发的痛苦,表现出一种反常的兴高采烈的态度。

但是无法与失败者交谈会有反作用,它会以几种方式扼杀恢复能力。首先,人们难以从挫折中学到经验。你是否犯过未来能避免的错误?你需要认识并避免什么情况、环境或讯号,或者需要了解如何反应才好吗?第二,除非勇敢面对并驱除心魔,否则人们难以从感情上接受失败。不能面对失败的话,会严重损害人的自尊心和信心。第三,失败将成为难以启齿的沉重负担。也就是说,每个人都看到了问题,他们知道失败的事,他们倾向于曲解失败的原因,并且因为担心说错话而难以与你交谈。

无法谈论失败,就不能将失败用作东山再起的跳板。领导者东山再起的关键在于勇敢接受已经发生的事实——他们所经受的毁灭性重

第一章

挫——并反省这对于他们的英雄自我意识意味着什么,并且他们将如何跨越这一挫折,重新制定通向不朽之路的路线,调整他们的英雄使命。坦率地谈论失败和挫折为所有面对挫折的人都提供了经验,包括那些想帮助他人走出失败的人在内。

妨碍东山再起的企业文化

第四章将告别受害者的内部心理和对领导者的外在期望,转而考虑不同工作内容的影响。想一下这些例子,对不正当性丑闻的处理方式毁掉了电视布道者吉姆·巴克(Jim Bakker)和吉米·史华格(Jimmy Swaggart)、美国总统民主党竞选中的领跑者加里·哈特(Gary Hart)、总统顾问迪克·莫里斯(Dick Morris)以及英国政治家约翰·普罗富莫(John Profumo)的事业,而电视比赛播报员马夫·艾伯特(Marv Albert)或洛杉矶湖人队的篮球明星科比·布莱恩特(Kobe Bryant)的类似性丑闻对他们的事业并无致命影响。高调的房地产与旅馆业巨头利昂娜·赫尔姆斯利(Leona Helmsley)因税务指控入狱七个月之后完全消失了,而媒体巨头玛莎·斯图尔特入狱五个月获释之后,反而为她的多媒体企业赢取了更大的公众热情,时尚设计师及零售商史蒂夫·马登(Steve Madden)在因税务指控入狱期间见证了他的企业腾飞。

在前面的例子中,决定恢复能力不同的关键之处,在于公众对神职或公职人员的信任值要远远大于体育、零售和娱乐业从业人员,因此,比起私生活和职业生活相互独立的其他领域,对那些领域的信任破坏,更具毁灭性。对于神职人员或政治家而言,他们的工作是建立在具有值得信赖的品格之上的,性丑闻被认为是品德恶劣的反映,因此会毁掉公众对他们能否胜任工作的信任。然而,对体育或媒体明星而言,个人的行为不当似乎与他们的工作能力没有关系,因此也不会带来同样的毁灭性效果。

在职场恢复中一个被忽略的因素，是遭遇职场挫折的人所在的组织和部门的类型。在原因并不明显时，企业文化可能对领导者的东山再起造成巨大的障碍。在职业生涯系统理论中，可以从两个方面对公司进行分析：供应流向，包括进入或离开公司，实际上决定了公司是从内部寻求管理人才还是全部层级都利用更广泛的人才市场；分配流向，关注员工在公司内部的发展，重点在于培养功能性专家或者能够在公司内部各职位上流动的通才。

对失势领导者的职业前景而言，尤为重要的是供应流向这个方面。严重依赖内部培养人才的公司和行业往往不对外部人才市场开放，特别是高层，因此，对被免职的领导者重新进入公司或行业制造了巨大的障碍。另一方面，经常依靠外部人才市场来满足各层人才需要，而不是自己培养人才的公司和行业，对职场恢复设立了一个较低的门槛，因为他们经常寻找合适的可用之才。

因为一个行业内的所有公司都遵循特定的类似职业生涯体系战略，从拥有专业技能但不对外部人才市场开放的行业的一家公司被免职，可能严重限制了领导者的未来就业机会。

妨碍东山再起的离职原因

随后，在第五章我们将讨论失去立足点的原因是否重要。他们是坏人还是受害者是否重要？当其他人由于他们胡作非为的恶劣性质受到永久性创伤，坏人们能通过忏悔享有恢复原状的权力吗？当看到其他人在无辜受难时永远失去了他们的能力和自信，受害者能对他们被削弱的杰出氛围重获信心吗？

直面失败，继而将其用作将来成功的跳板，这种想法的关键在于理解失败的原因。在第五章，我们展开对失败类型的讨论，将涉及领导者失势的全部原因。在很多时候，这些失败并不是由于领导者的堕落或能

第一章

力不足引起的,相反,正如伯尼·马库斯的经历所表明的那样,可能是其他人不择手段的政治阴谋造成的。

在研究中,我们发现那些在攀登成功阶梯过程中精通政治游戏的人经常觉得一旦登上顶峰,他们就拥有了对公司政治免疫的地位。然而,他们没有意识到周围旋动的政治暗流,而且他们其实是最大的箭靶。他们就像恺撒(Caesar)一样,在倒在自己人布鲁图(Brutus)手下时,被曾经的助手捅进了致命的一刀,这让他们感到非常惊讶。在这样的案例中,被击败的领导者最有价值的财富就是他或她的名声,特别是在掌握着重新进入管理高层钥匙的关键把关人中的名声。在这章中,我们展示的原始数据总结了猎头行业的关键把关人的观点,清晰地显示了CEO离开管理高层时,他的名声受到了怎样的影响。

为了保护名声,领导者们面临着家得宝的伯尼·马库斯曾经面临的选择——是忙于代价高昂的长期诉讼,从精心策划了这次倒台行动的对手那里索取高昂的赔偿;还是将其作为一个跳板,认识到政治失败并不能反映领导者的能力。事实上,其他人对领导者的杰出能力和取得不朽成功的潜能的嫉妒很可能是隐藏在倒台背后的最终原因。在这种情况下,领导者们应该对赢回之前乃至更高地位的能力保持信心,并只在名声受到威胁时才参加战斗。

妨碍东山再起的心理压力

在我们最后一章的基础篇中,我们重新分析CEO的心思,而非环境,并思考失去工作的不利心理后果,尤其是对领导者的健康而言。领导者对创造传世之作并在世上留下自己印记的这种与众不同的需求,可能对东山再起造成重大的心理障碍。对于许多人而言,这种对不朽遗产的需要,通过生育小孩并把他们的价值观传递给下一代而实现,或者参与一个在他们身后仍会延续的机构。然而,领导者们比大多数人更大程度地受到这种需求的折磨。出于对永恒的追求,他们将事业和贡献置于一个非同寻常的重要地位,并与他们领导的组织紧密地联系在一起,甚至到了不能将他们的个人身份与公司地位分开的程度。因此,当他们被迫与组织分离时——大多数人会将其看作重大的职业挫折——会对领导者的自我形象和认知造成毁灭性的影响,同样的事件对他们造成的心理损害会比组织中的其他人更为严重。

失势的领导者必须面对由此而来的种种遭遇,作为一个非常骄傲的人,遭受巨大的自尊损失,面临精力和心灵流失殆尽的危险,突然在受害者的世界里丧失影响力和他人的尊敬,背负着眼睁睁看着人生机会流失和英雄使命脱离轨道的挫败感,并且由于受损的名声导致最高端的职位锦标赛的准入资格有可能被否决。[28]另外,受害者必须意识到对自身支持系统的影响。还有不曾预料到的对关系亲近的无辜第三方的生活的附带损害,例如亲爱的家庭成员、忠实的朋友和受到惊吓的同事。[29]这些是未来东山再起的潜在支持和优势的宝贵来源,除了对本人的直接伤害之外,对他们的损害也可能成为需要克服的一个障碍。

从失败的基础到东山再起的执行步骤

一旦了解了东山再起的障碍,我们将更深入地检验通往东山再起之路,尤其是我们前面预示的东山再起的五个关键因素。因此我们将在第七章到第十一章详述各个因素,探究它们影响恢复过程的性质。我们在第十二章通过概述得出结论,分析从灾难性挫折中成功东山再起的那些领导者,以及那些被失败击倒的人,这些经历不仅为领导者而且为任何经历过意外挫折的人提供了什么样的经验教训。事实上,遭遇挫折的所有人从中所学到的经验教训,在于领导者从经历过的可能更为严峻的心理挫折中恢复的能力,这也正是我们关注领导者的命运的原因。这些失

第一章

势而又重新崛起的过程说明了从各种挫折中恢复的必要步骤。

嗨,只不过是份工作——还是不仅如此?

在结束之前,必须得承认领导者失去职位的职场挫折仅仅是许多人生失意中的一种。其实,即使是灾难性的事业脱轨也不能与天灾人祸的受害者所面对的恐怖相比较。与此同时,接下来的一章将展示领导者们从各种形式的人类苦难中学到的经验。从人生规划和领导者使命所遭遇的各种挫折下振作起来的智慧中,可以找到职场挫折的复原之路。因此,我们下一步将深入分析灾难自身的本质。

当好领导者遇到了坏事:对未来英雄的思索

人们发现,如果想在生活中取得成功,你应该首先选择伟大的父母。大部分人生不受我们控制,但是,崛起的领导者能够预见他们将经历一系列的人生苦难。挫折的性质和发生的时机绝不会恰如人意,可能付出的代价包括事业脱轨、名誉受损、资金枯竭、健康状态恶化、梦想破碎,以及给无辜家人和朋友同事带来了痛苦。

与此同时,这些痛苦时刻很可能是镶着银边的乌云。正是通过这样的失败,我们发现真正可以信任的人;正是通过这样的失败,我们展现自己性格的新方面。英雄人物只能通过战胜悲伤和不幸才得以涌现。

当新的领导者看到他们的成功曲线已经碰壁,他们将退居不重要的位置,稍作休息,然后将障碍作为一次迎接陌生挑战的新机会。同时,他们必须意识到不能独自完成自己的使命。他们需要利用早期积累的全部职业经验和人脉。当毁灭性危机来袭时,才去结交朋友、建立专业信誉并树立诚恳正直的名声为时已晚。正如法国微生物学家(fieldbased scientist)路易斯·巴斯德（Louis Pasteur）所说的那样："机遇青睐有准备的人。"在接下来的几章中，我们寻求帮助做好准备的方法。我们通过分析灾难的本质实现此目的，并通过对杰出领导者恢复能力的分析以及对数个研究领域的调查，说明这五个经验教训如何帮助领导者从事业和人生悲剧中重现成功。

当网球选手步入网球界最神圣的赛场，温布尔登（Wimbledon）的中心球场（Centre Court）时——他们将在此成就或终止事业——他们都得到了拉迪亚德·吉卜林（Rudyard Kipling）的告诫，它就雕刻在通向球场的甬道上方：

> 如果你遇到成功和失败
> 请对这两个骗子平等相待……
>
> ——（《如果》"If"）

因此，正如吉卜林提示的那样，恢复能力来源于应对成功和失败的能力，既要抵抗神话中伊卡洛斯（Icarus）面对成功妄自尊大的诱惑，又不能在遇到人生不可避免的失败时永远沉浸在绝望中。在此我们关注的是失败的不合理负担以及成功如何从悲剧中脱颖而出。我们将通过大量的私人会谈和几十年的学术研究积累的智慧、独创的数量分析以及有力的成功案例，解释真正恢复的多层面因素。我们首先深入研究失败的本质，以及当你掌握了吉卜林的双关语时，失败是如何播下了未来成功的种子的。

第二章 悲剧、失败与挫折
——灾难的本质

> 我们必须拥抱痛苦,并将痛苦作为旅途的燃料。
>
> ——宫泽贤治(Kenji Miyazawa)

本章中,我们将暂时离开工作、职业和 CEO 们的领域,仔细考虑从令人恐惧的人类苦难中吸取的经验教训,这将有助于正确看待职业生涯中的挫折。我们将说明从灾难中恢复的五要素是如何植根于以下几个完全不同的学术领域的:创伤后压力反应、归属需要、印象管理与形象恢复、丧亲之痛、归因理论、自尊、控制与效能动机、存在的目的。

本章开头所引用的是深受爱戴的日本作家宫泽贤治写于 20 世纪 20 年代的话,不久之后他就在 37 岁时辞世,身后广受好评。同样的思想火花也可能来自五岁的兰吉卡·德·席尔瓦(Rangika De Silva),这位斯里兰卡小姑娘,眺望着海滨自己家的残骸,为了让身心受创的家人高兴起来,委婉动听地唱起英文摇篮曲《一闪一闪亮晶晶》("Twinkle, Twinkle, Little Star")。大人们自动爆发出热烈的掌声。之前,大人们聚集在兰吉卡身畔,听她讲述仅在几天前(2004 年 12 月 26 日)发生的海啸中,当一人高的巨浪将她吞噬时,她是如何获救的。"海水袭来,我

第二章

哥哥把我放到可多波(Kotombe)树上很高的地方,我在那儿是安全的,"她两只胳膊向上伸,说,"他像这样用胳膊把我举过头顶。"看到住在残破不堪的家园附近的难民营里的孩子们在玩耍欢笑时,救灾人员对他们的恢复力感到吃惊。斯里兰卡南方省省督金斯利·威克拉马拉南(Kingsley Wickramaratne)宣布,两周内在毁坏的学校附近搭建帐篷,恢复上课。联合国儿童基金会主任卡罗尔·贝拉米(Carol Bellamy)在参观过这一地区后,评论说:"常规重建工作是必不可少的,这样孩子们才能够玩耍,孩子们喜欢这样,去上学,这是最棒的事。"[1]

几十年前,哈佛心理学家罗伯特·科尔斯(Robert Coles)在他的经典之作《危机中的儿童:勇气与恐惧的研究》(*Children of Crisis: A Study of Courage and Fear*)中,研究了20世纪60年代的民权运动对黑人和白人儿童的影响。[2]他发现,他所研究的年轻实验者中没有人寻求或进行精神病护理——让他吃惊的是,压根没人需要!在他们经历的暴力和不公正之间没有发现任何的相关性,让人出乎预料的是,这些儿童成长为正常的、无创伤痕迹的人。他得出结论说,这种从灾难中恢复的不寻常能力挑战了自己专业的相关性:"强者的兴衰更替不能用记录患者痛苦的语言适当地描述出来。"[3]

事实上,童年的灾难激发出美国社会一些最伟大的成功故事。105个国家的2,500万观众收看媒体企业家及顶级电视主持人奥普拉·温弗里(Oprah Winfrey)的节目,她管理自己庞大而成功的多媒体制作公司,但是在取得这样的成就之前,早年的她不得不战胜一些可怕的挑战。她在密西西比郊区的农场上度过了一周岁,她的祖母养育她并在很小的时候就教她读书。六岁之后,她与母亲一起搬到密尔沃基(Milwaukee),在那儿她受到表哥和其他男性亲属的性骚扰,这时阅读成为她的逃避之道。十四岁时她怀孕了。因为母亲认为她野性难驯、无可救药,奥普拉搬去纳什维尔(Nashville)与父亲生活在一起。在那儿,她得到了训练、找到了自信,最终找到了一份地区电视台记者的工作,这份工作开始了她令人眼花缭乱的职业生涯。

音乐家、作曲家以及企业家昆西·琼斯(Quincy Jones)在母亲因精神分裂症而被收容时,同样只有六岁。因为父亲无法照料琼斯和弟弟,他们与贫困的祖母一起生活。42岁时,在经历了事业的辉煌之后,他被确诊患有脑动脉瘤,并进行了需要冷冻大脑的危险手术。没人想到他能活下来,但他恢复过来与朋友们一起举办了自己的追悼会,然后继续自己的事业,赢得了29次格莱美奖(Grammys),七次学院奖(Academy Award)提名,一次奥斯卡奖(Oscar),以及一次艾美奖(Emmy)。

还有其他许多成功人物战胜童年灾难的例子。人们推测,总统比尔·克林顿极其重要的与众不同及动力,是童年时期与酒鬼继父共同生活的结果。星巴克创始人霍华德·舒尔茨(Howard Schultz)将自己作为雇主的宽宏大量和同情心归功于自己炙手可热的记忆:九岁的他回到父亲位于纽约公共住房项目的公寓时,发现父亲因为工伤丧失了行为能力,没有收入,没有保险,没有安全网。

从灾难中恢复的能力不是仅为儿童所有的奢侈品。2005年救灾人员报告了在印度尼西亚(Indonesia)的亚齐(Aceh)等被严重毁坏的地区进行的非同寻常的社区重建工作,在那里,就在完全被从地图上抹去的村落旁边,被洪水冲蚀过的社区迅速开展重建工作。在国际救援大量涌入之前,他们立即展开了自救。个人、印度尼西亚红新月会(Red Crescent)、军队医疗队、本土企业,以及地方政府跨越了政治与意识形态的界线做出了反应。[4]

自行车运动员兰斯·阿姆斯特朗(Lance Armstrong)同样可能写出宫泽那样鼓舞人心的话语。在描述他与癌症战斗的严峻经历的《重返艳阳下》(*It's Not About the Bike*)一书中,他揭示了自己是如何拥抱痛苦的。[5] 24岁时,阿姆斯特朗是世界排名第一的自行车运动员,但是在赢

第二章

得这一排名的1996年,他却因巨大的疼痛无法移动。疼痛的来源确诊为晚期睾丸癌,并且已经扩散到肺和大脑,他只有20%的存活几率。经过了五个月的积极化疗和饮食调整,阿姆斯特朗重返自行车赛场。

然而,他把这次健康危机视为紧急唤醒电话,来祝贺他的家人、他的朋友和他的健康。正如他所说:"也许听起来奇怪,比起自行车赛优胜者的头衔,我更喜欢癌症康复者这个称号,因为它对身为人、男人、丈夫、儿子以及父亲的我所做的一切。"[6] 2003年阿姆斯特朗恢复得活力充沛,第五次赢得环法自行车赛。第二年,也就是2004年,他以令人难以置信的魄力,破纪录地第六次赢得了环法自行车赛,比赛的最后阶段被认为并不激烈,因为他能够一边骑车一边轻松地品尝香槟。

本章中,我们将审视大范围的极端灾难,从自然灾害和战争灾祸到恐怖分子的暴行和健康危机。虽然这些情况的强烈程度、持续时间、可预见性以及无辜程度有很大的不同,但是受害者赖以恢复的方法与解雇及其他职场挫折极其相似,并且可以相互借鉴。

从希望到绝望

宫泽鼓励人们拥抱痛苦,这是不是有点误导人?的确,兰斯·阿姆斯特朗坚决的康复努力并没有凌驾于严格治疗和无数癌症患者的坚韧之上,而那些患者可能没那么幸运。例如,回忆一下麦当劳CEO查利·贝尔(Charlie Bell)的惨死。贝尔的前任吉姆·坎塔卢波(Jim Cantalupo)在任期内死于心肌梗塞,而他在刚刚接任CEO九个月后的2005年1月16日故去。接任不过几个月,贝尔就确诊患上了结肠直肠癌。尽管他积极治疗,并拥有领导麦当劳的坚忍不拔的决心,11月份,他发现自己的医疗战役使他无法继续任职,两个月后他就辞世了。[7] 小说家约翰·沃尔夫冈·冯·歌德(Johann Wolfgang von Goethe)说过,"凡事抱希望为佳，不应悲观而失望"，但是不可能通过一个简单的任务清单找到希望之光。

也许就连救灾人员和政府官员有时也会选择性地说些乐观的话，以鼓励捐赠者和幸存者困难是可以战胜的。我们不知道宫泽所指的生命旅程的长度，我们也不能真的提倡拥抱别人经历的痛苦。拥抱痛苦可能听起来冷淡而天真，即使宫泽的人生也是戛然而止的。事实上，不仅灾难的路径不可预测、通常不由我们掌控，而且我们的痛苦也是一种非常私人的经历，向我们提供建议的人并不能真正地理解。

当然，作为总统，比尔·克林顿满怀同情地倾听遭遇不公正的那些人的诉说，表示"你的痛苦我感同身受"，但他得忍受午夜喜剧演员对那一口头禅的无情嘲弄。事实上，本书的作者之一收到了总统克林顿在执政期间表示关心的一张正式照会，上面写的就是那些出于好意的话。一些人认为，父母能够感受到孩子的痛苦，而另一些人声称，观察者绝不可能理解别人的苦恼。只有曾经经历过那些灾难的人才能真正理解。文学家哈罗德·布卢姆（Harold Bloom）解释说："最终在文学上至关重要的是特殊性、人物、韵味或特定的人类痛苦的风格。"[8]

因此，苦难的经历具有不能被外部标准衡量的重要性和意义。对灾难、压力和精神病理学的广泛研究表明，客观的严峻考验越严重，创伤后压力越大，符合所谓的剂量—反应方式。压迫越大，创伤后压力症越严重。而恢复是另外一回事。人们通常不能选择自己遇到的危机，因为它们通常不期而至。

更重要的是，从压力中复原的能力会因人而异。[9]是的，从理论上讲，职场压力应该比灾难性损失、人身折磨和死亡造成的精神创伤要远远小得多。但是，压力研究者们的确将被解雇列为人生最具压力的事件中的第八位，仅次于家庭成员的死亡、入狱服刑和人身伤害或生病。[10]但对一些人而言，如金融家迈克尔·米尔肯、家政与媒体企业家玛莎·斯图尔

第二章

特，人狱服刑对个人的东山再起、事业成功乃至公众名望并没有形成障碍。[11] 与此同时，对其他人而言，事业脱轨可能会导致自尊受损、丧失方向、难以前行。

很快，我们将为领导者们分析从战乱、自然灾害的幸存者和难民的恢复中得到的经验教训，包括纳粹对犹太人的大屠杀、"9·11"世贸中心恐怖袭击以及2004年亚洲海啸。在此之前，我们想要强调这一观点，职场灾难明显没那么严重，肯定远不如毁灭性的自然灾害或者战争的残酷性那么恐怖，但是个人痛苦的特殊性质是无法标准化的。不管事件的外在规模如何，绝望都能产生不利影响。莎士比亚告诫说："从来不抱什么希望的人永远也不会失望。"[12] 然而，一旦希望破碎，我们如何填满失望的空虚呢？

毁灭性的亚洲海啸发生一个月后，当受海啸袭击的国家在损失了成千上万的生命的基础上开始重建之时，《纽约时报》报道了本书作者之一的一位同班同学的自杀事件：菲利普·弗里德曼（Philip Friedman），一位失势的政治顾问。弗里德曼，在还是一位青涩的哈佛大学生时，帮助指导了纽约市长埃德·科克（Ed Koch）、纽约州长休·凯里（Hugh Carey）以及西弗吉尼亚参议员杰伊·洛克菲勒（Jay Rockefeller）等政治家的主题竞选活动。因为报酬高昂，1986年他能够买下慈善家帕梅拉·哈里曼（Pamela Harriman）55英亩的地标性房产。仅仅数年之后，他遇到了经济挫折，背负了沉重的债务，失去了他的房产，在纽约为安德鲁·科莫（Andrew Cuomo）竞选州长以及为安德鲁·斯坦（Andrew Stein）竞选市长进行的高调竞选活动以失败告终。[13]

迫在眉睫的骄傲和自尊损失以及对眼下取得的生活目标的失范性抑郁导致了传媒之父、企业家特德·特纳（Ted Turner）的死亡。1963年3月5日，特德·特纳，一位非常成功的室外广告巨头，吃过丰盛的早餐之后，离开他的家人，从中央盘梯走上楼，进入主卧室，开枪射中太阳穴。在过分扩张公司的一次大规模收购之后,经济减速,加上逐渐增多的限制广告牌的意见,特德·特纳预见到前景黯淡。据一位密友及竞争者说:"特德担心会失去一切。"[14]

同样,失败的阴霾让金融家利昂·布莱克的父亲、企业狙击手伊莱·布莱克(Eli Black)无力承受。伊莱·布莱克,在近55岁时,购买了联合水果公司(United Fruit)(现名奇吉塔(Chiquita))的控制权并担任公司总裁,1975年该公司在世界500强名单上名列第84位。然而,到那年为止,他已经使公司陷入了非常困难的境地,并且有人试图夺取公司的控制权。1975年1月,他冲出纽约的泛美大厦(Pan Am Building)(现大都会保险公司大厦(MetLife Building))44层的窗户,摔死在林荫大道(Park Avenue)北路上。据他的前公关副总裁说:

> 布莱克深知,在对于他非常重要的几乎每个领域,他都远远没有达到成功。曾经的拉比卷入了贪污贿赂之中。他商业人生的伟大成就,联合商标(United Brands),在负债累累之下挣扎求生。他的董事们群起反抗,他的管理层失去了对他的尊重,他的朋友们抛弃了他,他的个人财务至少和公司财务一样糟糕,他赢得人们信任的能力已经消失,并且他无处可逃。[15]

这些对逆境的极端反应说明了焦虑和绝望两者的组合会让人们为了不再感到痛苦而选择放弃。音乐人库尔特·柯本(Kurt Cobain)是这样解释涅槃乐队(Nirvana)的名字的:"涅槃意味着从痛苦、苦难和外部世界中解脱,这与我对朋克摇滚(Punk Rock)的定义非常接近。"也许这就是他终止音乐生涯而最终获得的东西。据说,乐队的早期成就让他不知所措,他觉得自己已经迷失了方向。他的自杀遗言引用了尼尔·扬(Neil Young)的歌词:"嘿嘿嘿,与其苟且偷生,不如从容燃烧。"[16]

第二章

永悲之人:"好的悲伤"VS 坏的悲伤

早在朋克摇滚出现之前,音乐已经拥抱并着眼于不幸这个主题。经典的阿巴拉契亚(Appalachian)挽歌《我独自一人满怀悲伤》("I Am a Man of Constant Sorrow"),被认为出自盲人小提琴家理查德·伯内特(Richard Burnett)之手,已经在蓝草音乐(bluegrass)和民谣圈里流行了大约一个世纪之久。伯内特吟唱道:

> 哦,经过漫长的六年,
> 只有痛苦,没有欢笑,在人世间,
> 因为,在这世上,我注定流浪,没有朋友,可以依靠。

而经典的蓝调歌曲《我破产了》("I'm Busted")则呼喊道:

> 我去找我兄弟借钱,我破产了
> 我厌恶像狗求骨头一样摇头摆尾,但是我破产了
> 我兄弟说"我无能为力
> 我妻子和孩子都感冒倒下了
> 我刚想打电话告诉你我破产了"
>
> 上帝我不是贼,只是个在破产时误入歧途的人
> 我们去年夏天储存的食物都没了,我破产了
> 田地荒芜,棉花不再生长
> 我和我的家人就要收拾行囊上路
> 只有上帝知道我将在哪里谋生,但是我破产了!

表达悲伤之情的歌曲是沉浸于痛苦之中的蓝调音乐与乡村以及西部音乐流派的核心主题。在前面讲述的所有悲剧案例中悲伤是常见的，那些遭遇致命疾病、自然灾害和战争荼毒的人们千方百计地避免让他们的失落从正常的哀痛变成病态的哀伤。分离之苦是父母和孩子们在不同的生命阶段必须与之搏斗的痛苦，在哀悼逝者之时哀伤在不同的正常级别之间移动。当然，表现形式包括悲哀、焦虑、沮丧、失眠、情感麻木、强行入侵的死亡形象、专注于已逝的关系、哭泣、梦、幻觉以及厌食。[17]

更令人虚弱的病理性悲伤打败了那些无法摆脱自己的失落感继续前行的人们。简而言之，就是上述症状在强度上异常上升至不堪忍受的级别。弗洛伊德是在对悲恸和精神忧郁症的划分中，把病理性悲伤和正常的悲伤区分开来的第一人，忧郁症患者无法中止对失去的人或物的依恋。[18]奇怪的是，其症状之一，可能是缺乏显性的悲伤，因此情感无法得以排遣。约翰·鲍尔比（John Bowlby）对悲伤层次的较新研究影响了一代治疗专家和学者，包括伊丽莎白·库布勒·罗斯（Elizabeth Kubler-Ross）广为流传的著作在内。他确定了多种症状，如失去亲人的病患的全新医学疾病症状——机能亢进、大发雷霆、精神分裂行为、与近亲的社交疏离、激越性抑郁症，以及如滥赌、酗酒甚至自杀等自毁行为。罗伯特·默顿（Robert Merton）和罗伯特·布劳纳（Robert Blauner）等社会学家在对因哀伤和失去控制权导致的精神错乱的研究中也发现了类似的对生活逃避的现象。[19]

在推卸责任的比赛中败北——公平世界的属性

伴随着从自我怨恨而来的绝望感的通常是自责。失去希望就是丧失了我们人生梦想中最私人的财富。这样的失败和挫折是绝望的主要来源，甚至目标的实现也会使人丧失令人鼓舞的方向感，空余失范或无

第二章

规范感的状态。奇怪的是,在截然相反的另一端,对于那些突然天降横财的人们,成功的症状同样可能挑战他们的情绪。这在互联网繁荣时期被称为"暴富效应"(sudden wealth effect),同样也是彩票赢家臭名昭著的生活特征。[20] 早在1897年,在先锋社会学家埃米尔·涂尔干(Emile Durkheim)进行的人口研究中,不论是失败的重创或者成功的狂喜导致的失范性抑郁都被认为是自杀的主要起因。[21]

我们在想,我们要求的是否比我们应得的要多,或者我们把命运的惩罚引到自己身上,我们也许要寻求精神指引。有时候,由于希望看到世界拥有合理的秩序,朋友们将我们的不幸归咎于我们自身。数个研究团体认为,如果大家倾向于责怪受害者,那么受害者也将自责。当别人认为我们是造成自己不幸的原因时,即使不是我们的错,如果我们开始相信也许世界是正确的而我们是错误的,这也会开始损害我们的自尊和骄傲。

对心理归因的研究表明,当我们让自己失望时,我们责怪他人,但是我们周围的人责怪我们。简而言之,比如一个沿街散步的人自己摔倒却责怪他人或别的东西,例如人行道的路面或者有人挡路。然而,观察者得出的结论正好相反:这是个笨拙的人。研究者爱德华·琼斯(Edward Jones)和罗伯特·尼斯比特(Robert Nisbett)发现,当一个人成功时,错误的暗示会有所保留。[22] 因此,如果我们做得好,我们归功于自己,但是周围的人会认为是其他人帮助了我们或者我们撞上了好运。有人指出,在竞争环境中这一倾向尤为严重。回忆一下温斯顿·丘吉尔(Winston Churchill)对他的对手的评论,他说克莱门特·艾德礼(Clement Attlee)是"一位谨慎的人,对很多事都很谨慎",是"一只披着羊皮的羊"。

40年前,心理学家梅尔文·勒纳(Melvin Lerner)的研究解释了对受害者的指责是我们头脑中固有的过分简化的公平观念的结果,并称其为"公平世界假设(just world hypothesis)"。[23] 其本质在于人们强烈渴望看到受难者只是得到他们应得的惩罚,因为世界秩序本质上是公平的。在特意设计的实验中,受害者完全无辜却受到了惩罚,人们往往倾向于责怪受害者。事实上,即使拥有无辜的证据,受害者遭受的痛苦越多,越是受到指责。[24]此外,强烈相信公平世界的人们往往更为虔诚和保守。[25]因此,人们应该不会感到惊奇,像奥萨玛·本·拉登(Osama bin Laden)这样的伊斯兰极激进分子与像杰里·福尔韦尔(Jerry Falwell)和帕特·罗伯逊(Pat Robertson)这样的信福音主义者都会同意,"9·11"发生的杀害了成千上万无辜受害者的恐怖主义袭击是上帝之作。事实上,在2001年9月13日,"9·11"袭击后第二天,全国哀悼日的前夜,福尔韦尔出现在罗伯逊的《700俱乐部》电视节目上,声称上帝允许"美国的敌人给予我们应得的惩罚",继而得到了罗伯逊的赞同。后来,在引起公愤之后,他们都退缩了,声称他们无意指责受害者。[26]

找到出路

对遭受极端人生灾难的幸存者的广泛调查——如遭受人类暴行的受害者,像大屠杀中幸存的欧洲犹太人、遭受波尔·布特(Pol Pot)折磨的柬埔寨难民,以及自然环境灾难(如地震)和人类环境灾难(如切尔诺贝利(Chernobyl))的受害者——似乎都能证明,创伤后压力影响根据遭受灾难的强度而变化,而不是根据个人在受难前不同的背景和性格。[27]不同类型的灾难之间重要而明显的区别,除了强度之外,是灾难持续的时间。暴露于高强度辐射下或者与退行性疾病作斗争的人,可能会面对持续性的生理疼痛和对即将发生的损失的焦虑。与亚伯拉罕·马斯洛(Abraham Maslow)的需求层次一致,一旦紧迫的暴风雨威胁已经过去,对身体安全的担心通常优先于感情需求。[28]

有些人能够将恶魔驱逐出他们的人生,而其他人则在恐惧中麻痹,

第二章

永远为恶魔所困。伊利·威塞尔(Elie Wiesel)用了 60 年的时间讲述并撰写了他所经历过的大屠杀的恐怖。诗人普里莫·利瓦伊(Primo Levi)选择结束自己的生命,而不是继续记录他亲眼目睹过的类似恐惧,这些恐惧持续地纠缠着他。从遭受并战胜了灾难的那些人那里能够得出可借鉴的经验教训。埃莉诺·罗斯福(Eleanor Roosevelt)曾经说过:"从别人的错误中汲取教训。穷其一生,你也不可能把所有的错都犯一遍。"同样,也可以学习别人的成功经验。以下对灾难反应的五种类型并不是根据重要性排序,也不是按照先后次序,但是它们的确代表了个人坚忍的范畴。

图 2-1 对灾难的反应

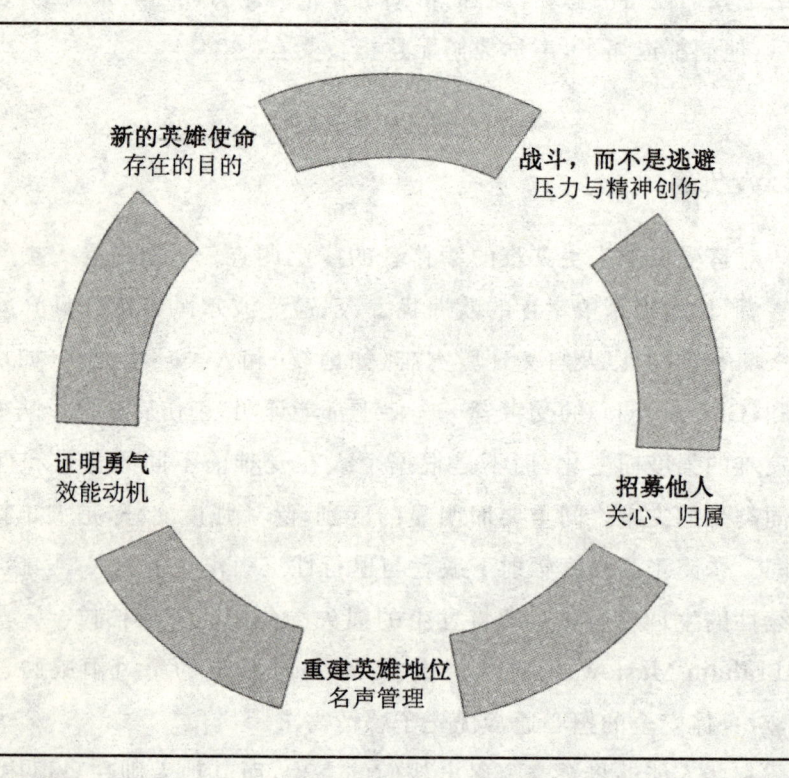

- 新的英雄使命　存在的目的
- 战斗,而不是逃避　压力与精神创伤
- 招募他人　关心、归属
- 重建英雄地位　名声管理
- 证明勇气　效能动机

1. **压力与精神创伤**：不要适应灾难或者胆怯地放弃，而是要与之战斗。
2. **归属**：不要让自己在悲伤中孤立无援，保证与别人彼此支持。
3. **自尊，归因理论，印象管理，名声管理**：不要责怪自己或者让别人责怪你，要主动提供价值和解释。
4. **效能动机**：维护你的优势和竞争力。
5. **存在的目的**：在未来设定一个目标，给予自己活下去的理由和人生目的。

这五个挑战自然而然地严密符合我们在第一章中讨论过的经历过职场灾难的领导者东山再起的五要素。图2-1对这些挑战与东山再起的要素之间的联系进行了说明。其实，我们已经把经历过各种人生灾难的成功幸存者所积累的智慧应用在面临职场重挫的领导者身上。

不要适应灾难——要与之战斗

忘掉垫子上的呼吸练习和你的秘密咒语吧。民谣歌手及社会活动家琼·贝兹(Joan Baez)曾经说过："行动是绝望的解药。"研究表明，失败的耻辱可以通过蔑视它得到改善。精神病学研究已经发现，轻蔑感能在疗效上帮助将耻辱感降到最低。[29] 回忆一下现任J. Crew公司的CEO米基·德雷克斯勒(Mickey Drexler)，在Gap零售连锁成功地工作了约20年之后卸任CEO，他告诉我们："我当然很生气，而且现在仍然很生气，这激发了我现在的成就。"[30] 关键在于略过目光短浅的行为和芳香疗法，而去追寻问题的根源。2006年7月，在被Gap解雇刚好四年之际，德雷克斯勒正在为时装零售商J. Crew筹备受到疯狂追捧的价值36,700万美元的首次公开发行工作。接下来是八个季度的同店销售增长。

相应地，研究表明在应激反应中接受压力，并努力强迫性格类型适

第二章

应压力,这既不是唯一的方法,也不是最有效的方法——尽管治疗计划重点强调建议这样去适应。关于适应压力还是作用于压力源以减少压力,对此类文献的重点回顾得出结论:"适应策略能够改善高压经历影响的这一假设,其相应的具有判断力的实证研究记录出人意料地少……在应对压力时所观察到的自我效能感也许是在应激情境下的最情绪化的防御因素。"[31]

大多数压力应对程序让你,而不是外部威胁,成为问题的根源,实际上使你失去了曾经的辉煌。将受害者变为"患者",自我效能通常被减弱而不是被增强了。相应地,如果你已经被解雇,当然调查证实这是一个高压事件。大量调查同样也证实,一旦获得新工作,大部分压力就消失了。[32]因此,对于很多人而言,比起冗长地分析人格中的什么因素导致他们被解雇,找到一份工作也许是更为重要的第一步。

类似地,当广受尊敬的商业新闻记者尼尔·卡夫托(Neil Cavuto)在1987年被查出患有霍奇金病(Hodgkin's disease)时,他没有向疾病低头。他勇敢地与这种癌症搏斗,通过积极的治疗使其屈服,同时继续全力以赴地工作。然而十年之后,一位给他做彻底检查的医生开门见山地说:"卡夫托先生……你似乎是世上最不幸的人。你得了多发性硬化症(MS)。"

当时,卡夫托目瞪口呆地坐在检查室里,心中默想着亲眼见过的这种重病患者迅速恶化的情况,"医生说明了我可以选择的方法。我将不得不减少工作,如果我还能继续工作的话。我的疲劳感会持续增加,眩晕和腿脚不便的时间也会增加。我的多发性硬化症的种类被暂列为一种'缓和进行性形式'的疾病。我知道这意味着什么:我的多发性硬化会越来越严重……治疗能减缓它的进程,但是不能治愈。他冷静的,几乎完全罔顾我的感受的冷冰冰态度,真的激怒了我。"[33]

因此卡夫托征求了国内 MS 专家的意见,开始了治疗,通知了他的老板和同事们。现在过去了八年,他继续运作福克斯新闻(Fox News)的商业节目,同时要应对巨大的压力,为每晚在电视上出现的广受欢迎的一个小时现场采访秀做好准备,节目上出现的世界著名嘉宾是当日头条新闻中的人物。

不要让自己在悲伤中孤立无援;与他人一起相互支持

卡夫托,2005年8月在他的系列电视秀上与我们谈论起他书中所揭示的勇气时,说道:"我原想与人们坦诚地谈论我自己的境况,但真正的英雄是我在书中描写的其他人和我的家人以及我在福克斯的同事们。"[34]事实上,卡夫托谈起先前在美国公共广播公司(PBS)工作时,他努力掩盖在与癌症搏斗的秘密,但是后来发现,在不为他所知的情况下,同事们捐献出自己的病假时间帮他遮掩。十年后他开始治疗MS时,他发现自己拥有一位富有同情心的老板和一群伟大的同事。

"我的员工是伟大的,他们组成了一个精英团队(SWAT team)来处理我无法处理的细节,上我的秀的嘉宾调查会更早提交,本应由我日常处理的文字会有人悄悄地替我做了,甚至我的智囊团……也自愿地随时随地投入工作。"[35]

正如卡夫托的经历一样,人们强烈地需要属于自己的群体以寻求支持。躲起来私下独自疗伤会对恢复起到反作用。[36]20世纪30年代,哈佛的性格心理学家亨利·默里(Henry Murray)强调,对群体中归属关系的需要是一个核心的人类动机。同在哈佛的戴维·麦克莱兰(David McClelland),在20年后也强调此需要为人类动机的关键所在。[37]因为失败的耻辱,或者担心显得虚弱和悲惨,人们通常不愿意加强支持系统或寻求帮助。[38]在困难时期,高层领导者们经常发现自己与董事会和管理层越来越隔绝,不愿意让自己变得敏感。具有讽刺意味的是,他们不该与拥护者隔绝或者在困难时期躲躲闪闪,而是非常需要依靠他人。

第二章

不要为无辜受难而自责

在寻求团队支持之外，我们也求助于团队来创造事件的共享意义。我们甚至帮助彼此明确我们亲眼目睹的那些事件。[39] 1996年7月27日，一个打给亚特兰大911号码的匿名电话警告说，在世纪奥林匹克公园（Centennial Olympic Park）举行的异常拥挤的奥运会上将有一枚炸弹爆炸。凌晨1点25分，炸弹爆炸，造成两人死亡、数百人受伤。当爆炸发生时，一个名为杰克·麦克与心脏病（Jack Mack and the Heart Attacks）的乐队刚好结束一首歌的演奏。我们当时就在现场，亲眼目睹了当人们意识到爆炸并不是舞台演出的一部分时，街头出现的恐慌。

这次长期策划的赛事——投入了上亿美元，整个国家，更不用说整个世界，都在观看——突然之间陷入了危机。几天之后，50万人紧张地重新挤满奥林匹克公园，重返被炸的废墟来庆祝公园的重新开幕以及赛事的继续进行。我们也在现场，看到大胆而忧虑的陌生人群从彼此身上寻求支持和意义。台上都是政府、国家和城市要人，但是似乎没有人急于讲话。奥运会副主席、前市长安德鲁·扬（Andrew Young）——前民权领袖、前联合国大使，以及，可能最重要的是，前传道者——站了出来，没有讲稿，他告诉我们这是一场即席讲演。

首先向遇难者及他们悲伤的家人致敬之后，他换了一种令人意外的积极乐观的语气：

> 我们在此宣布一场胜利。我们在此，并非沉溺于悲剧，而是宣布一场胜利——人类精神的胜利……非常不幸，在大多数情况下，我们的人生都是由我们经历过的苦难悲剧而定义的。但，这是因为苦难让我们清醒，然后我们记起了我们是谁……在此你能见到全世界的人们。我们并非遭遇了一次暴力事件，一次战斗，人们甚至还

没有烂醉!我们学会了庆祝人性的快乐。我们学会了庆祝我们都是兄弟姐妹,不论种族、宗教或者民族血统……忍受不应遭受的痛苦是一种救赎。[40]

不可思议的是,仿佛是好莱坞的布景一般,安德鲁·扬开始讲话时天空阴云密布、薄雾笼罩,他结束讲演时,天空在希望的光芒照射下晴朗无云。几乎要流下眼泪的忧虑脸庞,在温顿·马萨利斯(Winton Marsalis)用独奏小号演奏起奥运会主题曲时,布满了微笑。那天早晨,人们离开时心中充满了崭新的希望。安德鲁·扬告诉我们,他唯一的凭借是一张写着遇难者姓名读音的卡片,其他的话语作为公共服务和私人痊愈的一生的总结,突然出现在他脑海之中。

因此与牧师福尔韦尔和罗伯逊相反,安德鲁·扬,求助于精神性来提供意义,这样既没有损害自尊,也没有因为指责受害者而带来分歧。在一定程度上,安德鲁·扬说明了,如果不是因为苦难,关于整个世界和谐地共享体育竞技的一切美好都会被视为理所当然。

同样,犹太教拉比哈罗德·库什纳(Rabbi Harold Kushner)的畅销书《当坏事落到好人身上》(When Bad Things Happen to Good People)对不应遭受的痛苦提出了一种受欢迎的观点,与安德鲁·扬的观点非常相似。本质上,他也相信灾难并非因行为不当而招致的惩罚,而是通过一种精神上的系统观点提供意义,这种精神体系不指责无辜受难的受害者。援引圣经的《约伯记》,他解释说,上帝没打算让人类理解所有的苦难来适应我们自己的公正体系。[41]库什纳认为,我们不应该傲慢地声称,我们总是知道我们痛苦的根源,并为我们自身的不幸承担自我贬低的责任。

对于库什纳来说,正如我们在海啸受害者迅速重建社区的努力中、"9·11"幸存者或大屠杀难民毫不畏缩的斗争中看到的一样,上帝的存

第二章

在就是让我们能够继续面对灾难的绝望感的那个火花。在勒纳的"公平世界假设"中,受害者为自己的不幸受到指责,为克服该假设所警示的二次受害的人性倾向,安德鲁·扬和库什纳提供了方法。他们号召我们,与其因为灾难的次级后果贬低我们的自我价值,不如欢庆鼓舞我们继续前行的事件。

坚持自身能力和信心的优势

令人崩溃的失意和悲剧通常会给我们带来彻底的无助感。因此,战胜灾难的另一方面在于显示我们仍然对周围的世界具有影响力。心理学家罗伯特·怀特(Robert White)将这种为确立延续优势的动力命名为效能动机——显示我们对周边环境具有影响力而不仅仅是生活的旁观者的一种需求。[42]这一具有深远影响的研究成果影响了致力于竞争力的研究整整40年。兰斯·阿姆斯特朗必须重新骑上他的自行车,就像骑术表演中落马的牛仔重回马鞍,才能表明他还能参赛。电视新闻工作者尼尔·卡夫托对MS诊断的反应向福克斯新闻和他的观众表明,他仍然精力充沛,仍能胜任工作。同样地,20世纪90年代,例如福陆(Fluor)的莱斯·麦格劳(Les McGraw)和阿尔文工业公司(Arvin Industries)的吉姆·贝克(Jim Baker)等CEO,在成功战胜脑癌的同时继续领导公司。贝克和麦格劳都屡次与我们接触,向与我们一起工作的面临健康危机的CEO们慷慨地予以指导。1996年,英特尔(Intel)CEO安迪·格罗夫(Andy Grove)迈出了开创性的一步,他在《财富》(Fortune)杂志的封面故事中分享了他对前列腺癌最佳疗法的研究,当时他正在与这一疾病战斗。与此相反,TLC倍顺(TLC Beatrice International)的主席雷金纳德·刘易斯(Reginald Lewis),在公司披露他的疾病仅仅一天之后,死于脑癌。[43]

与此同时,44岁的麦当劳CEO查利·贝尔,与50岁的天纳克

(Tenneco)CEO迈克尔·沃尔什（Michael Walsh），拥有董事会和同事们的热情支持，也进行了同样的努力，但是十年后还是输掉了这场战役。1993年沃尔什被诊断出患有不宜手术的脑癌。深受尊敬的二把手，达纳·米德（Dana Mead）证实，在沃尔什继续留任的数月中，癌症损害了沃尔什的体力和短期记忆，由他密切辅助沃尔什的工作。更广为人知的是，卡夫食品公司（Kraft）50岁的CEO罗杰·德罗米迪（Roger Deromedi），专注地与危及生命的疾病战斗时，奥驰亚（Altria）董事长路易斯·卡米勒里（Louis Camilleri）代替他领导了这一包装货物巨人的战略转向。奥驰亚拥有卡夫85%的股份。[44]

一个尤为引人注目的传奇是欧特克软件公司（Autodesk）CEO卡罗尔·巴茨（Carol Bartz）的故事，她接管了一个庞大、快速成长但管理混乱的计算机辅助设计公司。这位43岁的前太阳微系统公司（Sun Microsystem）的销售经理开始成为技术领域最为杰出的女性之一。迅速地投入工作的她必须平息程序员的反抗，他们忠于的一位共同创始人决心要让她出丑。一位记者评论说："更糟糕的是，巴茨引进的第一个主要产品是个彻底的失败，把欧特克带到了崩溃的边缘，引发了关于她能否胜任的问题。"[45]这也许已经足够令人痛苦了，但就在上任的第二天，她被诊断出患有乳腺癌。

在四年后的一次会议上，巴茨告诉我们，她清楚地意识到自己作为技术界突破高级管理层级的女性所扮演的重要角色。巴茨，现年55岁，说她从未考虑过退出。"我承诺过……我认为中西部农场传统的一部分就是你要做一项工作，那么你就去做。奶牛不会仅仅因为你早上不想挤奶就等在那儿。"[46]在切除乳房手术的一个月之后，她回到了办公室。巴茨八岁时，她母亲过世了，她由绝不拖泥带水的祖母养育成人。在进入3M公司和太阳公司之前，她在数字设备公司（Digital Equipment Corporation）扶摇直上。欧特克的销售额是她接任时的两倍，尽管经历了

第二章

2001年和2002年的业务衰退。总统布什任命她为科学与技术顾问委员会成员,并且她还在例如BEA系统有限公司(BEA Systems)与思科(Cisco)等重要技术公司的董事会任职。最重要的是,她的癌症消失了,而她继续活跃于为患有乳腺癌的人们提供服务的信息网。

在因乳腺癌进行乳房切除手术仅仅九天之后,2005年1月,康涅狄格州州长乔迪·瑞尔(Jodi Rell)踏上演讲台发表州议会开幕词。原本易怒的议员们以疯狂跺脚和呐喊来欢迎她。前一年,她接替了深陷丑闻的前任,决心传递一个鼓舞人心的信念。因其能力和宽容,她深受尊敬。[47]像瑞尔和巴茨这样的领导者为了给他人树立勇气的榜样,以公开方式克服了这样的个人危机,同样也证明了她们自身的价值。面对人生苦难,她们身为不屈不挠的斗士,显示出自身的能力和决心。这既鼓舞了她们自身的恢复,同样也激励了她们的追随者。

以未来的目标明确你的使命

许多时候,如果我们能够重建明天的目的感,眼前的绝望是可以忍受的。正如心理学家埃里克·埃里克森(Erick Erickson)描述的那样,人生发展所面临的最大挑战之一就是在"完整"或圆满与"绝望"或无望之间的挣扎。在希腊神话中,众神给予西西弗斯(Sisyphus)最极端的惩罚就是每天进行毫无意义的任务,把巨石推上山顶,结果又眼睁睁地看着它滚落山脚。无效又无望的劳动被认为是对人进行的最严重的折磨。然而,存在主义作家艾伯特·卡默斯(Albert Camus),1955年在一部经典的散文《西西弗斯的神话》("The Myth of Sisyphus")中重新讲述了这个故事。在书中他暗示了受害者如何忍受其命运。卡默斯认为,相对于永恒的宇宙而言,我们短暂人生中的痛苦和认识是毫无意义的,这使得我们因损失而感到的绝望显得无比荒谬。对他而言,西西弗斯是这一荒谬中的英雄,因为西西弗斯宣告,他下山时摆脱了石头,正是因为众神的嘲笑,他才到达了众神的高度,并胜利地离去:"我把西西弗斯留在了山脚下!人总是会重新找到自己的重负。但是西西弗斯教育了更忠诚的人,要否认众神、举起石头。他也得出结论说,一切安好。今后没有主人的宇宙对他来说似乎既不乏味也不徒劳无功。在夜晚堆满山谷的每个石头原子、每一个矿层,自身都形成了一个世界。它自身向高处的挣扎足够充满一个人的心灵。必须要想象西西弗斯是幸福的。"[48]

不是专注于失去的目的,而是创造一个新的目的,正如我们认识到的那样,夜晚赋予白天意义。我们也看到了,新闻工作者尼尔·卡夫托、CEO 卡罗·巴茨与州长乔迪·瑞尔是如何通过公开行为在情绪上征服了纠缠他们的个人健康挑战;生存之外更大的人生使命的重要性在于,给予苦难的受害者和其生命中的其他人对明天的信仰。

在绝大多数情况下,巨大的哀伤和绝望会让我们深陷伤痛与恐惧的流沙中。使命自身充当了连结目前的痛苦之外的世界的救生索。维克托·弗兰克尔(Viktor Frankl)的励志书《追寻生命的意义》(*Man's Search for Meaning*)开篇记录了他被关押在奥斯维辛(Auschwitz)集中营的五年中亲身经历的痛苦以及亲眼目睹的囚犯伙伴所遭遇的极度痛苦。[49]无法减少同伴所经历的日常折磨和大屠杀,弗兰克尔讲述了那些能够在当时的环境下生存下来的人,都是能够将自己凌驾于痛苦之上,在恶劣环境下仍能找到人生意义。1942 年,新婚的年轻医生弗兰克尔,与他的妻子、母亲、父亲和兄弟一起被捕,但是与他们隔离关押在战俘集中营中,并被给予一个新的身份:囚犯 119104。即使战后发现所有的家庭成员都被害了,他仍抱有希望。在战俘集中营中,他秘密地写下手稿,靠着想象与家人团聚作为继续挣扎下去的理由。让他人参与其中、避免自我贬低,以及确定能力与控制权,与前面提到的面对不幸的因素同样重要的是决心创造意义或目的以填补"存在虚无"。为了在恐怖中幸存下来,人们必须面向未来。"失去了对未来——他的未来——的信念的

第二章

囚犯难逃一死。"[50]沃伦·本尼斯与罗伯特·托马斯（Robert Thomas）将这样的恐怖事件称为"严酷的考验"，借此人们被测试能否在困难的人生事件中创造价值。[51]

彼得·贝尔（Peter Bell），国际人道主义机构美国援外合作社（CARE）的CEO，通过平衡工作的个人使命和公共使命，来克服由于英勇的救灾工作人员不时失败所带来的悲伤。在圣诞节期间南亚海啸的毁灭性灾难之后，2005年开头的几个星期里他都在尽力平衡相互冲突的优先顺序。各种捐赠蜂拥而至，与此同时，绝望的灾民需要大量的食物、水、衣服和避难场所，这使彼得·贝尔遭遇到了CARE半个世纪援助历史中前所未有的物流和领导力挑战。与此同时，贝尔不能对其他地方的援助义务置之不理："我的一个深切担心在于，我们对东南亚灾难的重点关注，可能会挤占对发生在其他地方深不可测的苦难的注意力和资源——在苏丹达尔富尔（Darfur, Sudan）地狱般的难民营里，海地人仍然挣扎着从热带风暴珍妮（Tropical Storm Jeanne）带来的泥石流中恢复过来；遍布撒哈拉以南的非洲大陆的艾滋病肆虐的村庄里生活着成千上万的人。"[52]

这并不是他必须要平衡的唯一痛苦。他还必须处理CARE组织自身作为一个大家庭的悲痛，因为CARE的尼泊尔国家主任罗宾·尼达姆（Robin Needham）在出访泰国期间溺于海啸。贝尔最初停留的地方之一，就是前往加德满都（Kathmandu）安慰尼达姆的家人。

不幸的是，这种个人悲痛对于贝尔和他英勇的团队来说并不是绝无仅有的。玛格丽特·哈桑（Margaret Hassan），一位嫁给了伊拉克人、拥有爱尔兰及英格兰血统的女性，最终成为CARE巴格达办公室的领导人，她在那里工作了30年，致力于改善伊拉克人的生活质量。当地的联合国总部遭遇炸弹袭击之后，很明显暴动者对待为人道主义救援帮助而来的人和那些为战争而来的人没有什么区别。2004年秋，她在上班的路上被绑架并受到死亡的威胁。她受到的拷问和可怕的处决过程被绑架者用录像记录了下来。

"在过去几十年中,因为池鱼之殃,我们很可能已经失去了一百多位CARE工作人员。这是唯一一个因为她的人道主义行为而被精心地单独挑选出来并加以攻击的情况。玛格丽特非比寻常。她有一颗金子般的心,同时有一副铁脊梁。"[53]

2004年12月彼得·贝尔向我们解释说,CARE刚刚在战争期间关闭了在巴格达的办公室四天。当玛格丽特·哈桑从乡下返回时,她遇到了一个手持步枪的伊拉克人正从CARE的仓库里搬运罐装油漆到一辆卡车上。她让他停止,但是他威胁要向她开枪。她坚持自己的立场:"不,你不能;这些油漆是给巴格达一家医院的,你怎么能动这些油漆?"那个持枪的歹徒把油漆放了回去。贝尔在给我们讲述这个故事时,一直压制着泪水,他评论说:"玛格丽特,在与工作人员的最后一次会议上说,'生活不是生存,而是活得有激情。'"[54]

在我们的CEO峰会上其他CEO们见到这位具有奉献精神的人时,他们通常想知道,贝尔总是身陷这样的悲伤和危险中,他怎么能坚持下来呢?贝尔通过描述他的工作所带来的满足感来回答这些CEO,那些以前沉浸于绝望和孤独中的人们的生活重获快乐与希望给他带来了满足感。用他自己的话说:"和我们的人会遇到的风险相比,我们计算能够做到的善行,就拯救生命并减少痛苦而言……我们最依赖的是CARE的人和我们帮助的人们之间的密切关系。我们与数以万计的世界上最贫苦的社区一起工作。"[55]

而另一个答案在海啸之后他提供给《华尔街日报》的评论文章中得以揭晓。"我们希望自己失业,通过我们的工作努力达到一个如今这种程度的极度贫困和伤亡成为遥远记忆的时代。"[56]与此无关的商业目标非常容易被一些CEO实现,但是如此令人畏惧的使命并非如此。才华

第二章

横溢的伊士曼柯达（Eastman Kodak）创始人乔治·伊士曼（George Eastman），在七十多岁时结束了自己的生命，留下的遗书上写着："我的工作已经完成，还等什么？"[57] 就像永远没有完成油画的艺术家一样，贝尔永远也不可能看着一幅世界地图，更不用说每日新闻报道，然后空虚地说："我的工作已经完成，还等什么？"对于像贝尔这样的人来说，使命连接着未来，伴随着希望与发展。

灾难

灾难可能是世界上最残酷的窃贼。它会偷走我们的信心、我们的名声、我们的骄傲、我们最珍视的关系、我们的控制感以及我们对生活的目的感。那些不能阻止洗劫生命中最珍惜的一切的人们通常会放弃活下去的意志。本章中描述的那些活下来并战胜了灾难的人们能够如此并非出自本能，也非他人的建议或不断摸索。这里所描写的毁灭性生活环境不是任何人能够预期到的发生在自己身上的情况。

那么，一个领导者如何才能比其他人更好地应对灾难呢？许多不是领导者的人们是英雄，而许多领导者错过了成为英雄的时机。那些战胜灾难的领导者意识到，伟大是他们并未寻找的机会强加给他们的。在第二章中，我们研究了战胜灾难的五个因素，并评判了得出每个因素的独特的深刻心理来源，包括创伤后压力反应、对归属的需要、自尊、公正的归因、能力动机，以及存在的目的。也许总结这章的最佳方法就是介绍一下某个在本能地战胜灾难时应用了全部五个因素的人。

吉米·邓恩（Jimmy Dunne）是一位迷人、富有同情心、诚实的人。他是个伟大的父亲、谦逊而成就斐然的金融家，通晓街面上的机智。然而，他并没有受到过危机管理、悲伤咨询、IT工程或者媒体发言之类的训练。但是作为桑德勒·奥尼尔与合伙人公司（Sandler O'Neill &

Partners)的CEO,他在某一天,在寻找地产、建立福利基金以及处理其他数不胜数的细节时,必须掌握所有这些技巧。这家标新立异的投资银行桑德勒·奥尼尔公司为全国的中小银行提供金融服务,它的总部位于世贸中心南塔的第104层。2001年9月11日,该公司有171位雇员。那天早晨83人在办公室上班,但是仅有17人逃生。这位45岁的管理合伙人、唯一幸存下来的资深合伙人,走到前面开始承担责任。因此他开始了领导力之旅,教给了他的公司、他自己,以及我们所有人许多恢复之道。我们可以根据这本书的教程梳理他的行为。

首先,他没有向绝望投降,而是立即投身于与不幸的战斗中。邓恩热泪盈眶地对我们说:"他们袭击了我的公司,杀死了66个人,他们杀死了我的朋友。"[58]他建立起一个临时替代的交易场所,员工是来自其他办公室的雇员、朋友、亲戚以及志愿者。史蒂夫·克罗夫茨(Steve Crofts)在哥伦比亚广播公司的60分钟节目(CBS's *60 Minutes*)中报道了该公司的恢复之战:

> 已经讨论过卖掉或清算这家公司,但是邓恩尽力让它存活下来,并以此作为自己的使命——为了失去儿女的100位父母,为了46位遗孀及鳏夫,以及他们71个未满18岁的子女,他所做的努力有助于减轻他们的痛苦,让他们感到密切相关。在袭击发生的四天之内,他们已经搬进了临时办公室——美国银行(Bank of America)提供给他们的一个客户服务中心——但是公司的电话系统、计算机网络、企业网,以及事实上每一张纸都已经与最了解它们的人们一起被毁掉了。他们所有的客户名单必须凭记忆重建。所有部门都被彻底摧毁了。几乎所有的证券和股票交易人都遇害了。但是吉米·邓恩不打算放弃。[59]

第二章

在我们 2003 年 12 月举行的 CEO 峰会上，邓恩解释了两年前他是如何投身战斗的："有时候当你已经无路可退时，事情会变得容易些。我们必须要做什么，这很明显，所以很容易采取行动。我非常清楚我们必须要做什么。我们必须尽一切可能照顾那些家庭，尽一切努力反击。如果我七天后因此死于心脏病，那正好……不管当时或现在是不是所有人都喜欢我，反正没人认为我是一个胆小鬼。"[60]

其次，他没有避开他深受创伤的员工，他知道他有责任表示出与同事们的共悼之情、同情以及相互扶持。事实上，许多同为公司核心资产的人们帮助他重建了支离破碎的公司。他对同事的同情通过表示哀悼的公众集会、通过讨论、安慰、泪水以及经济资助表现了出来。邓恩在大堂张贴了一个巨大的电子表格，上面有全部已故员工的姓名，并且确保每个葬礼都有人参加。他大概亲自致悼词 12 次。公司大约 1/3 的资产放入了为受害者家庭成立的基金。年底根据最佳年度员工所享有的待遇支付了薪水和红利。时至今日，全体 66 位员工的照片仍挂在网站上以示哀悼，同时也在许多员工的办公桌上。

第三，他没有寻找指责的目标。邓恩领导公司同人庆祝公司的幸存，没有像其他在世贸中心受到重创的公司那样指责任何疑似不公正的行为。相应地，不仅竞争者们把生意与空间和技术援助一起扔给了他们，而且最重要的是，客户保持着忠诚。一度，他问自己如果公司有紧急疏散计划，是否更多的人能够幸存下来，但是通过四处询问，他发现，在双塔中仅仅失去了 3,700 名员工中的 6 人的摩根士丹利，也没有紧急疏散计划。发现摩根士丹利的人就是跑了出来，邓恩才安下心来。

第四，邓恩知道，除了经纪人、交易人、系统和整个部门的损失，他想要证明他们的企业仍然具有生存能力的竞争力。邓恩本能地知道，人们必须相信当市场重新开始的时候，桑德勒·奥尼尔将和其他所有金融机构一起恢复营业——并且在六天之后股票市场奇迹般地重新开放之时，公司已经准备好了营业。吉米·邓恩以前从未在媒体上接受过采访。然而,当一家有线新闻台错误地报道说,就像大多数人预测的那样,该公司已经停业时,他上了美国全国广播公司财经频道(CNBC),正式宣布它的复活。邓恩在节目中说,员工用他们拥有的才能行动着:"我们不写歌,我们不写小说,我们准备像我们知道的那样做出反应。"[61]一周后,公司完成了袭击后的第一项投行业务交易,并开始招聘员工。接下来的几周不太稳定,但是两个月后,公司盈利了,并且现在的规模比袭击之前扩大了1/3。

最后,邓恩锁定了一个面向未来的使命。他小心地推动公司平衡失去朋友和同事的悲痛之情与抛掉把自己限定在死亡和损失之中的想法。相反地,他放弃了旧的电话号码,拒绝考虑雇佣新人代替失去的同事。实际上,在一次《财富》杂志的采访中,他说,他在一次工作面试中问一位年轻的超级明星投资银行家,聘用之后他想做什么。"我想代替克丽丝·夸肯布什(Chris Quackenbush)(邓恩已故的资深合伙人)",他回答说。邓恩说:"当他那么说时,我觉得自己想吐。"[62]不用说,他们没有雇佣那个求职者。

正如安德鲁·扬的全部职业生涯都被调集起来,在发生奥运公园炸弹袭击时,帮助他发挥出作为外交家、演说家以及城市领导者的罕见才能,邓恩也一样,觉得他过去的经历帮助他为这次灾难的考验做好了准备。邓恩在2006年4月对我们讲:"有些早晨的四点钟,我坐在那里,觉得有人把手伸进我的喉咙,扯出我的心脏……我认为我的整个职业生涯的培养都是为了做这件事。我真诚地相信,发生在我身上的每一件事都通向这里。"[63]

简而言之,恢复的五要素使得这些胜利的幸存者再次兴旺发达,尽管因他人疏远所造成的损失、自尊受损、打碎了别人的尊敬、优势和控制权的被侵蚀感,以及玩世不恭取代了对未来的乐观主义,这些会带来二

第二章

次伤害的腐蚀作用。像从失败手中抓住胜利之类的影响广泛的故事不只是证明好运的例子。这些人物显示出了巨大的韧性,但是在可选择的办法含糊不清而结果未知时,他们同样也要做出艰难的抉择。

第三章 妨碍东山再起的社会障碍

> 沿着好莱坞大道散步时,你能看见所有的明星,
> 有些人你认识,有些人你闻所未闻,
> 人们为出名工作、受苦、奋斗,
> 一些人成功了,而一些人一无所获……
> 每个人都是梦想家,每个人都是明星。
> 每个人都在演艺界,你是谁并不重要。
> 成功的人,要警惕,
> 因为成功与失败沿着好莱坞大道,携手而行。
> ——选自《胶片英雄》("Celluloid Heroes"),
> 雷·戴维斯(Ray Davies)与奇想乐队(the Kinks)

上一章已经更深入地探讨了从战胜灾难得到的经验的心理学基础,现在我们将特别研究失败的教训。这里面临的核心挑战在于理解社会对成功的迷恋是如何妨碍对失败进行公开讨论的。成功的技巧使我们着迷,但是前面雷·戴维斯与奇想乐队的歌提醒我们,我们常常会毫无准备地遭遇失败。

第三章

当名人失败时,即使人们没有庆祝他们的失败或者幸灾乐祸的话,考虑到对自尊的冲击和人们不断地刨根问底,他们会发现成功是一把双刃剑,因为东山再起对他们而言尤为困难。家喻户晓的CEO,如迪斯尼(Disney)的迈克尔·艾斯纳(Michael Eisner)、美国国际集团(AIG)的莫里斯·格林伯格(Maurice Greenberg)和惠普的卡莉·菲奥里纳那么相信自己制造的印象,似乎对可预见的失败毫无准备。我们往往专注于攀登成功,而很少为失败做好准备。在罗德·塞林(Rod Serling)的《拳王挽歌》(Requiem for a Heavyweight)中陨落的职业拳击手,大山里韦拉(Mountain Rivera)恸哭道:"在上升途中轻松躲过的每一记重击,你对它毫无感觉,但是在下落过程中,它们全都回来伤害你……有时实在太糟了,简直让人无法忍受。这就是你为成功支付的账单。"

追求成功:美国梦与自助颂歌

奇想乐队的民谣发行了20年之后,我们仍然看到对成功的狂热追求,高达5,000万的观众收看NBC播出的每一集唐纳德·特朗普的《实习生》,来获得赢取奢侈生活方式的技巧,这正是狂热追求成功现象的缩影。同样受到追捧的是书名如《特朗普:像亿万富翁一样思考》(Trump: Think Like a Billionaire)、《特朗普:如何致富》(Trump: How to Get Rich)、《特朗普:东山再起的艺术》、《特朗普:交易的艺术》之类的畅销书,这种对获取财富的一个光彩夺目的形象的空前关注,被许多媒体人视为一种独特的社会现象。[1]

事实上,《纽约时报》的专栏作家弗兰克·里奇(Frank Rich)称赞此节目可喜地从CEO腐败中解脱出来,称其"比近年在公众舞台上上演的企业诡计更加引人入胜"。[2] 与此同时,其他人批评这一电视现象,因为它的淘汰赛,或者因为它像抢座位游戏一样,损害同事利益且不计任何代价取胜。³ 虽然如此，尽管屡受媒体批评且"电视真人秀"类型的节目层出不穷，特朗普的《实习生》仍然蒸蒸日上，进入了创纪录的第五季。与此并存的是他的赌场和旅游业遇到的挫折。⁴ 事实上，与我们谈论在耀眼的成功形象下的生意反复时，他会削弱破产的概念说："哦，你说'B'那个字（破产）？大买卖！人们不理解，那不过是银行的一次重组。"⁵

特朗普事实上很快摆脱了破产——作为重组的结果，公司实际在支付利息上一年大约节省了 9,800 万美元。特朗普，脱下他的电视外衣，同样向我们透露了他所学到的最深刻一课并不是得自成功典范，而是得自一个失败者。"我一直都很钦佩战后的住宅开发商比尔·莱维特（Bill Levitt），他在全国建造了许多莱维特镇（Levittown），之后把公司卖给了联合大企业美国国际电话电信公司（ITT）。他们把它弄得一团糟，而厌倦了财富的莱维特，住在法国南部的一座城堡里，以他认为低廉的价格把公司买了回去。不久之后，他失去了一切。我去参加一个聚会，看到一位孤独的老人坐在角落里——正是比尔·莱维特。我过去坐在他身边，他过分扩张的惨痛故事教育了我，要知道边界在哪里，知道你能做什么，不能做什么——这是我学到的最有用的一课。"⁶

事实上，早在特朗普之前，不加掩饰地庆祝成功就是美国精神的一个关键支柱。早在 1732 年，本杰明·富兰克林（Benjamin Franklin）就出版了《穷理查年鉴》（*Poor Richard's Almanack*）系列中广受欢迎的成功格言，包括现在仍为人们所熟悉的警句，如"早睡早起，使人健康、富有又聪明（Early to bed and early to rise, makes a man healthy, wealthy, and wise）"，"欲速则不达（Haste makes waste）"，"爱你的邻居——但不要拆掉你的篱笆（Love your neighbor, yet don't pull down your hedge）"，以及"与狗同眠者必惹一身跳蚤（He that lies down with dogs, shall rise up with fleas）"。传记作者沃尔特·艾萨克森（Walter Isaacson）已经说明，这些格言几乎都不是富兰克林的原创，但是都被巧妙地

第三章

采用并被打磨得简洁有力。[7]这些得到很多共鸣的成语后来成为独立自助文学根深蒂固的一部分,也成为玩笑的主题。格劳乔·马克思(Groucho Marx)在他的自传中哀叹道:"早睡早起,使人富有,你知道的。这很大程度上是故意混淆视听的宣传。我认识的绝大多数有钱人喜欢晚睡,如果在下午三点前受到打扰,他们会炒掉助手……你不会看到玛丽莲·梦露(Marilyn Monroe)早上六点起床。真相是,我没在任何时间见过玛丽莲·梦露起床,这更让人遗憾。"[8]

富兰克林的模型在一个世纪后通过一位耶鲁经济学家索斯藤·凡勃伦(Thorsten Veblen)的著作得以表达。凡勃伦在1899年影响深远的《有闲阶级论》(The Theory of the Leisure Class)一书中,提出了"炫耀性消费"(conspicuous consumption)这一概念,借助购物的挥霍表明社会阶级。[9]简而言之,人们正像唐纳德·特朗普和他的实习生们一样,通过展示他们的所有物作为骄傲的资本,这非常类似17世纪清教徒被扭曲的道德规范,当时人们想通过财富表明自己是被神选中的人。凡勃伦还提出了"金钱竞赛"(pecuniary emulation)的概念,人们对富有阶级的奢侈挥霍不是感到愤怒,而是渴望像他们一样。凡勃伦提出,为了记述进程,我们忙着参与今天会被称为"与人攀比"的活动,人们通过物质衡量,或者凡勃伦所谓的"歧视性对比"(invidious comparison)保持成功的精髓。

信仰成功的另外两位美国传道者大约出生于凡勃伦出版分析报告的时期。戴尔·卡内基(Dale Carnegie)和诺曼·文森特·皮尔(Norman Vincent Peale)是20世纪独立哲学的奠基者,都在19世纪末出生于贫寒之家。他们的言语得到当代自助人物如斯蒂芬·科维(Stephen Covey)的自我赋权(self-empowering)观点的共鸣。他的《高效能人士的七个习惯》(7 Habits of Highly Effective People)用新一代的新语言("双赢思维"、"积极主动"、"换位思考"等)重复了如卡内基和皮尔等前辈的告诫。[10]

戴尔·卡内基的建议——"相信你会成功,你就会成功"或者"抓住机会!整个人生都是机会。走得最远的人通常是想做并且敢做的人"——代表了他在1936年类似《穷查理》(Poor Richard)的经典之作《人性的弱点》(How to win Friends and Influence People)的积极精神。[11] 卡内基,一个穷苦农民的儿子,在成为作家和励志演说家之前,依据哈佛心理学家B.F.斯金纳(B.F. Skinner)在操作性条件反射中的正向强化理论,成了阿穆尔公司(Armour & Company)的超级明星推销员。他主张,成功的15%以知识为基础,而85%建立在沟通和态度的基础之上。

类似地,诺曼·文森特·皮尔受欢迎的广播节目和1952年出版的《积极思考的力量》(The Power of Positive Thinking),以类似"改变思想你将能改变自己的世界"或"两手空空不会让任何人踌躇不前,让人逡巡徘徊的只能是思想空洞和心灵空虚"之类的格言,回应了本杰明·富兰克林和戴尔·卡内基精神。[12]

没能预料到失败

关于成功的民间智慧没能使这些作者免于经历挫败。诺曼·文森特·贝尔通过一本书宣讲的具有感染力的乐观主义激励了2,000万读者,讽刺的是,这本书几乎因为他自己的绝望没能出版。贝尔直到五十多岁才写了这本书。因为出版商的拒绝而意志消沉的他把书扔进了垃圾桶,但他的妻子拯救了这本书,并偷偷把这本书拿给了一位出版商。

更具有戏剧性的是,本杰明·富兰克林,白手起家的富有的费城印刷商、流行作家,以及自学成才的科学家及思想家,在《穷理查年鉴》(Poor Richard's Almanack)系列出版40年之后,才走出失败成为一位

第三章

伟大的政治家。在阶级意识浓厚的英格兰,他希望作为一位贵族绅士受到接待的请求被粗暴地拒绝了。历史学家们描述了由于大英帝国对他的羞辱,导致了他成为激进的美洲殖民地拥护者和才华横溢的独立运动政治家。迷恋高雅的英国上层社会生活的同时,他也是一个忠诚的帝国主义者。1776年,富兰克林70岁时,融入英国社会的个人野心的幻灭使他转变为美国独立的狂热支持者。在此项事业中,他的外交才干对战争行为和新政府的健康发展至关重要。[13]

至少贝尔与富兰克林能够超越失败,为有益的恢复行动起来。霍雷肖·阿尔杰(Horatio Alger)这个名字是商业成功范例的同义词,但实际上他是商业与个人的双重失败者。阿尔杰被认为是"贫穷到富有"("rags to riches")系列故事的作者,这些故事讲述了穷孩子们因为幸运和个人忠诚,过上了中产阶级舒适的生活。他原是马萨诸塞州布鲁斯特的牧师,一个逃避数项猥亵儿童指控的逃犯。1886年三月中旬,他逃到纽约城,在那儿他是个失败的新闻作家。他享受了作为《衣衫褴褛的迪克》(Ragged Dick)作者的短暂名气之后,沦落为家庭教师,最终穷困潦倒地死于67岁。[14]霍雷肖·阿尔杰这个名字死后附着的成功光环实际上是一个狡猾的杂志编辑导演的一场骗局,这位编辑为战争中的国家提供了一个写出了别人成功的志得意满的作家形象。

类似地,对成功进行自我推销似乎会招致失败。我们被领导力的成功秘诀所包围。广泛的媒体途径标出了看似通往最高点的捷径。尽管那些成功故事鼓舞人心,现实传奇却充满辛酸。首席执行官自吹自擂的自传,例如日光(Sunbeam)的阿尔·邓拉普(Al Dunlap)写了《郑重其事》(Mean Business),苹果的约翰·斯卡利写了《冒险旅行》(Odyssey),书出版后不久他们就下台了。[15]这些书还没来得及运上书架,让这些领导者触礁的隐秘冰山就开始浮出水面。

这一现象通常被称为"《体育画报》(Sports Illustrated)的封面诅

咒",似乎始于美国职业棒球大联盟名人纪念馆成员特德·威廉斯(Ted Williams)出现在1996年一期封面之时,之后他意外地被他的狗绊倒,摔断了髋骨。《商业周刊》(Business Week)2001年把安然(Enron)CEO杰夫·斯基林(Jeff Skilling)放上封面,六个月后他突然离职,12个月后公司陷入丑闻并破产。同一年,《福布斯》(Forbes)评选嘉信证券(Charles Schwab Corporation)为年度公司,但就在两年之内该公司股票从35美元跌至7美元,1/3的雇员被解雇。两年后,泰科电子(Tyco)的丹尼斯·科兹洛夫斯基(Denis Kozlowski)被《商业周刊》选为年度25位最佳CEO之一,而18个月后,他被解雇,并因侵吞六亿美元的股东财产而受审。[16]

两位经济学家,斯坦福的乌尔里克·马尔门迪尔(Ulrike Malmendier)与宾夕法尼亚大学沃顿商学院的杰弗里·泰特(Geoffrey Tate),系统地研究了1975年至2002年期间的566位CEO,对高调且备受赞誉的CEO与同等地位的领导者进行了比较,发现获奖的CEO更有可能拥有毫无价值的自我推销书籍,并享受更高的薪水,但是业绩要差一些。[17]简而言之,名人CEO得到39%的薪水增长,而非名人CEO薪水增长则为18%。同时,备受赞誉的CEO为公司带来的资产收益率在得到认可的三年后稳步下降,而没那么出名的CEO则显示出业绩的增长。

这一研究表明,对成功的赞美会分散注意力,并最终导致失败。也许由于公司最初的强劲业绩,持续的高业绩指标带来的"趋均数回归"(regression to the mean)压力伤害了名人CEO们。类似地,这个研究可能掩盖了非名人CEO公司的问题种类是比较容易解决的"低垂的果实"。最后,一些CEO有可能刚好比其他人更好地对待名气,如亨利·福特(Henry Ford)、J.P.摩根、小约翰·洛克菲勒(John D. Rockefeller)、GE的杰克·韦尔奇(Jack Welch)、英特尔的安德鲁·格罗夫(Andrew Grove)和家得宝的伯尼·马库斯。

第三章

不管这些名人CEO为什么失败,我们对他们和自己的成功更感兴趣,因此对失误缺乏准备。标新立异的低成本航空公司人民捷运(People Express)在1981年从冷启动开始,到1984年实现收入十亿美元,拥有4,000雇员,为一百多个城市提供服务。因为过分扩张和构想拙劣的收购,公司过度使用雇员和系统,而对主干线运输公司核心航线的侵占,导致了处于有利地位的竞争者们通过掠夺性价格和偏袒的计算机预定系统予以反击,并迫使这家生气勃勃的公司停业。在早期成功的令人陶醉的日子里,创始人唐·伯尔装饰过《福布斯》、《财富》、《商业周刊》和《时代》等杂志的封面。他后来评论说:"新闻界真的能够抓住你——它令人陶醉,而你自己也开始相信它。事实上,甚至我母亲也开始相信我们是天才。"伯尔痛苦不堪地接受了他开创性的公司的失败,很多年都避开人们的注意力,致力于私人投资,最终建立起几家小型航空技术服务公司。"我现在清楚,我自己的骄傲自大和竞争者的不公正优势一样,成为了巨大的障碍。我刚好错过了危险信号。"[18]虽然如此,20年后,伯尔重返驾驶舱,启动了波哥航空(Pogo Air),一家利用新型微型喷气式飞机和灵活计划表的客机出租公司,他曾经的对手、前美国航空公司(American Airlines)CEO罗伯特·克兰德尔(Robert Crandall)是他的董事会主席。[19]

2005年4月,人民捷运停业20年后,我们安排了唐·伯尔与戴维·尼尔曼(David Neeleman)一起共进惊喜午餐,尼尔曼是获得巨大成功的五岁的捷蓝航空(airline JetBlue)的创始人。62岁的伯尔与45岁的尼尔曼相互钦佩对方的经历和持续的创意,早些年就交换过看法。现在伯尔大方地说:"如果我像戴维一样早点儿遭遇失败,也许我能节省一个十年。我当时毫无准备。"

尼尔曼经历过失败,年轻时就有一家旅游公司破产,然后在把成功的莫里斯航空公司(Morris Air)卖给西南航空(Southwest Airlines)后不久，他被西南航空浮夸的CEO赫布·凯莱赫（Herb Kelleher）以工作风格冲突为名解雇了。尼尔曼厌倦了办公室工作，觉得冗长的会议浪费时间、令人焦躁。他说："当时赫布跟我说西南航空需要像我这样的人，我到达拉斯时，本以为会是个友好的聚会。"

回忆起被解雇的一幕，尼尔曼说："我很震惊，感觉受到了侮辱，非常生气。我没做好这样的准备，我先是哭了，但是之后又回到了游戏中。"他21岁的妻子建议说，有了离开西南航空得到的2,000万美元，他不需要工作，但是尼尔曼说："我需要向西南航空和其他人证明一些东西。"他先是创造了一个名为"开放天空"（Open Skies）的航空预定和收入管理系统，然后以2,200万美元的价格卖给了惠普。然后，在2000年2月他40岁时，竞业禁止条款一过期，他就创办了捷蓝，一家根据他自己的莫里斯航空以及人民捷运、西南航空和维珍航空（Virgin Air）的概念创办的运输公司。[20]五年后，他拥有了13亿美元的销售额、超过7,500名的雇员、75架飞机以及业内最高市值。仍然每周一天继续担任空中乘务员的尼尔曼，已经找到了阻止傲慢入侵的方法，而傲慢曾经成为伯尔和人民捷运的问题。

扭转失败为什么仍是个谜

似乎很奇怪，我们对失败的错综复杂没有像剖析成功之源那样进行同样审慎的研究。学术和流行文献中对失败的研究，倾向于如何避免失败之类的见解，而不是真正地理解它的发展过程。例如，1974年道格拉斯·布雷（Douglas Bray）、理查德·坎贝尔（Richard Campbell）和唐纳德·格兰特（Donald Grant）在纵向事业成功方面进行的名为《商界的性格形成期》（Formative Years in Business）的经典心理学研究，揭示了在支持性监督和适当的早期任务分配下，良好的早期开端是很重要的，可

第三章

能会形成自我实现的成功特征。[21]事实上,这样的动力描述了某匿名公司所研究的长期成功轨迹,我们现在知道这家公司是美国电话电报公司(AT&T)。虽然人们因良好的政策而事业兴隆,他们曾经的伟大雇主、受到保护的垄断者,却在衰退并对集体性失败毫无准备。

失败很少被描述为能够改变生活的解放性事件或者契机。但是我们经常审视使事业脱离成功捷径的因素。大约20年前,创造性领导力中心(Center for Creative Leadership)对迅速崛起的高层管理者如何跌下成功轨道这一问题进行了开创性的研究。[22]达特茅斯大学(Dartmouth)的悉尼·芬克尔斯坦(Sydney Finkelstein)的一项出色调查揭示了一组类似的因素,这些因素导致卓越而有才华的商业领袖失去立足之地。[23]他记录的病理学行为包括自大、认定他们公司控制了周围的环境、他们个人利益和公司利益彻底混为一谈的冲突、敏感地断定别人把他们视为完美无瑕,以及乐于回归事业早期不恰当的旧战略。政治学者们检验了导致公众人物失败的因素,但是我们通常只是对某些人的东山再起感到惊奇,如总统理查德·尼克松(Richard Nixon)或比尔·克林顿,并将他们看作"打不死的小子"不予考虑。[24]

然而,为什么我们不能更加热情地拥抱失败现象呢,这至少有九个理由。

失败的耻辱

首先,我们的社会如此崇拜成功,以至于我们因为害怕感染,而担心可能与失败病原携带者有联系。对这种恐惧的自然反应就是一直表现得很成功,否则人们会与他们疏远。挑战体系的揭发者通常会发现自己失业了,因为他们与帮助识别出的问题联系在了一起。其中《时代》杂志2002年的年度人物,安然的谢伦·沃特金斯(Sherron Watkins)、世通(Worldcom)的辛西娅·库珀(Cynthia Cooper)以及FBI的科琳·罗利

(Coleen Rowley)等揭发者,因为与丑闻相关而导致事业受挫。[25]宾夕法尼亚大学社会学家欧文·戈夫曼(Erving Goffman)将其归为"耻辱"观念,此观念指的是任何象征性地将承受者作为附有相关耻辱、罪恶或者不光彩事件的"文化上不受欢迎"的人或者劣等人,加以疏远的特征或行为。[26]因名声受污而决定予以驱除是为了隐藏耻辱的源头。

支离破碎的自尊

我们不探究失败的第二个原因在于自尊受到了伤害,以至于承认失败过于痛苦。一生的个人梦想和生命中他人的愿望似乎已经终结。没有了职业生涯地图,人们会感到失落;混乱感或缺少方向以及无力感可能导致退缩和消沉。[27]考虑一下迈克尔·富克斯(Michael Fuchs)遭受的情感伤害,富克斯是一位才华横溢、深受尊敬的媒体执行人,因其为广受欢迎的家庭影院(Home Box Office)有线频道所做的定位而闻名于世。

1973年有线电视(Cablevision)创业者查尔斯·多兰(Charles Dolan)将家庭影院频道卖给时代公司(Time Inc.)时,它还是一家有前途但杂乱无章的企业。长期担任时代执行官的天才迈克尔·富克斯将它建成一个既具财力又有创造性的节目制作的发电站,在1995年11月16日被解雇之前,在与华纳传播(Warner communication)合并后,他甚至最终成功地接收了具有争议的华纳唱片(Warner Music)。一些人认为他之所以被解雇是与华纳兄弟电影公司(Warner Brothers films)的首脑们产生分歧所致,而另一些人认为他是被受到威胁的老板CEO杰里·莱文(Jerry Levin)解雇的,因为他被视为强有力的潜在继任者。不管什么原因,失势后他厄运缠身。十年前他说过,他凶猛的商业行为有可能部分来源于在深爱的母亲老年痴呆症发作初期,照顾她时的决心和所感受到的不公正,那时的他还是一个高中生。他觉得被剥夺了让她看到自己作为一个成功的媒体巨人的机会。然而,考虑一下记者的报道,

第三章

1995年他在这个岗位上工作了18年之后被解雇时,他的斗志是如何被夺走的:"正如他自己所说,他对工作的'节奏和紧迫性'上瘾——这时,突然之间,在49岁时,他失去了工作。'周四你走进大厦时还是世界的主人,当晚走出去的时候却一无所有',富克斯对我解释说,'我没意识到,第二天醒来无处可去会是什么样子……这让人惊惶失措。'"[28]

最初,他以为其他一些媒体巨头会招募他经营他们的娱乐产业,但是没人给他工作。"人们害怕我会走进来,做出改变,把家具搬来搬去,并且可能真的会这样……但是人们对我的担心远远超出他们应有的担心。我从来不是那样一个杀手。我不过是直言不讳,不怕任何人而已。"[29]

最终,富克斯放弃了希望的等待,不再期待着重返巅峰。"我花了大约一年时间等待会发生什么,等待着经营另一家媒体公司,后来我明白了我再也不能经营一家大公司了……一年后,我决定再也不想回到一家企业。我断定生活不属于我。"[30]然后富克斯转而投资了几家非常成功的百老汇演出和杂志,以及一些结果多变的互联网生意。然而,梦想仍流连不去。"我会感到痛苦。我还会在午夜醒来,考虑可能发生的结局。"[31]

愤怒与报复的风险

当通情达理的人觉得遇到很多不公正对待时,他们会变得非常愤怒,这是可以理解的。肯尼思·兰格恩(Kenneth Langone),暴躁的金融家以及家得宝的共同创始人,成功地反击了美国全国证券交易商协会(NASD)执法部的诉讼。执法部在2003年裁决兰格恩及其经纪公司,英维姆德联合有限责任公司(Invemed Associates LLC),1999年和2000年在首次公开发售热门股票时非法分配了客户利润,2006年3月

3日，美国全国证券交易商协会的听证会判定，自身执法部的这个裁决是错误的。瑞士信贷集团（Credit Suisse）和其他投资银行曾为此类指控支付了数千万美元的罚金，而兰格恩在2005年告诉我们，他拒绝"乖乖受罚"。他照样目中无人地坚持己见，捍卫自己作为纽约证券交易所（New York Stock Exchange）董事会薪酬委员会领导者的职责。纽约司法部长埃利奥特·斯皮茨（Eliot Spitzer）指控兰格恩误导董事会奖励了前纽约证券交易所董事长理查德·格拉索（Richard Grasso）1.9亿美元，违反了纽约州有关非营利导向合理薪酬的法律。兰格恩不仅拒绝像该案法官建议的那样协商和解，而且，在3月8日美国全国广播公司财经频道的采访中，警告他的朋友格拉索也继续战斗下去，他说："如果他（格拉索）结案，我现在就可以告诉你，他与我的交情完了。"兰格恩在2005年的一次讨论中提醒我们："人为荣誉而战。"[32]

这样的桀骜不驯并不是总能获胜。40年来金融界最令人敬畏、最广受尊敬的执行官之一莫里斯·格林伯格将原本汲汲无名的人保财险公司建成了世界领先的金融服务公司之一，公司在130个国家的业务收入高达上千亿美元。但是当格林伯格因可能的金融欺诈受到密切监管时，埃利奥特·斯皮茨施加的压力以及他自己与曾经友好的董事会成员之间的敌对冲突，加速终结了格林伯格作为美国国际集团CEO的传奇统治。我们2006年9月遇到他时，格林伯格对全球外交极其老练的洞察力和深厚的持续影响不由得给我们留下了深刻印象，同时留下深刻印象的还有他对AIG董事会决议的持续愤怒。

政府指控公司在会计操作方面存在不当行为，可能会导致重新编制几十亿美元的公司资产报表，而当同为董事的老朋友们向他询问时，他以猛烈的自我辩护予以反击。《华尔街日报》报道说，格林伯格"打电话对几位董事大喊大叫，包括老朋友美国全国证券商协会（National Association of Securities Dealers）前主席弗兰克·扎布（Frank Zarb）和退休

第三章

律师伯纳德·艾迪诺夫(Bernard Aidinoff),因为他们'反对'他并领导了一次'会议室起义'。调查开始后不久,他抱怨受到了'麦卡锡主义'法规氛围的不公正袭击。"[33]

扎布召集了一次与其他著名董事的会议,与会者包括前美国国防部长威廉·科恩(William Cohen)、前美国驻联合国大使理查德·霍尔布鲁克(Richard Holbrooke)与哈佛经济学教授马丁·费尔德斯坦(Martin Feldstein),据《华尔街日报》报道:

> 据知情者说,格林伯格先生不时地从佛罗里达的船上打电话进来……"保险这个词你们连拼都拼不出来,"他对与会者说。后来他又打来电话,这次是从公司的商务机上,批评扎布先生和其他人被律师牵着鼻子走。随着会议的进行,与会者一致同意格林伯格先生如果继续担任总裁,会成为解决法律问题的绊脚石。[34]

2006年9月中旬,斯皮茨放弃了对格林伯格会计操作不当行为的大多数指控,没有了刑事指控,关于掩盖承保亏损的所谓会计处理的民事法庭论战仍激烈地进行着。与此同时,同年3月份,AIG与司法部长达成和解协议,公司支付了创纪录的16亿美元罚款以解决纽约州与联邦对其的指控,包括证券欺诈、操纵投标、没有履约向公务员薪酬基金缴纳合理的份额。格林伯格感觉自己被出卖了,董事会在了解情况之前投降了,同时把他牺牲掉了。

下台的惠普CEO卡莉·菲奥里纳也把类似的愤慨指向了曾经友好的董事们,甚至私下向她提出建设性意见时她也会狂怒。"只要和她想听到的不一样,她就不接受任何人的建议",董事会里的一位前支持者告诉我们。理查德·哈克伯恩(Richard Hackborn),一位深谙权力之道的惠普董事会成员,曾是菲奥里纳的热心支持者并欣然支持她出任董事会主席,允许菲奥里纳将她的前任,深受爱戴的刘易斯·普拉特排挤出局。然而,作为支持她进行注定厄运的康柏(Compaq)合并的最忠诚成员之一,哈克伯恩对她执掌惠普六年期间的持续业绩不佳和管理层高离职率的私下关注,被菲奥里纳愤怒地断然拒绝了。[35]

在这场冲突中菲奥里纳自己的观点在她 2006 年名为《勇敢抉择》(Tough Choices)的复仇之作中得到了解释。她声称哈克伯恩与汤姆·珀金斯(Tom Perkins)、乔治·"杰伊"·基沃斯(George "Jay" Keyworth)、迪克·哈克伯恩(Dick Hackborn)一样,全是和惠普有长期牵绊的董事会成员,他们热衷于讨论技术但当进入其他领域时,他们极具破坏性并且"不了解自己不了解什么"。[36]菲奥里纳承认自己断然拒绝了董事会提议的重组方案,说"从我的角度来看,他们的建议既外行又半生不熟",但是看到《华尔街日报》上的一篇报道清晰表明董事会中有人向公众泄露她的行动时,她被激怒了。

与此同时,悲剧故事呈现出莎士比亚风格的新转折,基沃斯自己因为被指控持续至 2006 年的长期泄密,被悄悄要求离开董事会。因为对朋友基沃斯的处理感到愤慨,珀金斯自己辞职,离开时砰的一声合上公文包。数月后,他义愤填膺地发动了一次公众运动,不仅抗议基沃斯的遭遇,同时抗议调查者们在获得电话录音以认定基沃斯为泄密者时所使用的具有争议的,如果不是非法的,冒名窃取的技术手段。[37]他复仇的主要目标是时任董事会主席的帕特里夏·邓恩(Patricia Dunn);结果导致邓恩如他渴望的那样从董事会辞职,但是也给所有人带来了许多新的耻辱——基沃斯的辞职、几位惠普高官的离开、加利福尼亚州的刑事指控、国会调查,以及证券交易委员会(SEC)的审查,更不用说在公司市场业绩讽刺性上升期间,对他深爱的公司所造成的巨大形象损害。通过亲自写信给董事会,我们了解到这个故事不是一个简单明了的圣经道德故事。与这十年初期的公司丑闻不同,这次的严峻考验不是因为有人通过

第三章

财务舞弊掠夺股东财富而引发的。错误地执行也许相互抵触的良好动机,再加上不断上涨的愤怒和复仇心,创造了许多输家,没有赢家。

失望和强烈的正义感往往会使身处险境的高管无法增强盟友关系。受到不分青红皂白的怒火驱使,他们不能分清谁是能够信任的核心成员,谁是真正威胁到他们生存的人。不加约束的愤怒会让人对现实挫折产生孩童般的反应,并导致异常结果。

令人虚弱的耻辱

我们不能拥抱挫折的第四个原因在于受害者会感到羞愧。他们会觉得对家人和同事的损失有责任,觉得自己让他们失望了。他们相信,通常也是正确的,没有了商业身份,他们对周围其他人的价值就变小了。他们把失败看作是个人缺陷,而不是职场上的不公正行为。

电视上福克斯新闻的业务主力尼尔·卡夫托被确诊患有多发性硬化症时,他首先想到的是如何面对他的妻子玛丽:

> 时至今日,我仍不知道我被确诊患有癌症时玛丽脑中的想法是什么,或者我们刚知道我患上多发性硬化症时她是怎么想的。我一直在想,玛丽又一次在婚姻中吃了亏。当神父说"无论疾病或健康"的时候,我想她并不了解签署了什么![38]

他下一个想到的是怎么对他的老板罗杰·艾尔斯(Roger Ailes)说,尽管他们之间友谊深厚,

> 我还是非常担心。多发性硬化症完全是另外一回事,在商言商。作为 CEO,罗杰担负的责任比我们的友谊重要得多,这完全可以理解。从福克斯的最佳利益出发,罗杰放弃我的话非常容易理

解。他的有线频道很成功,但刚刚才成立一年,还在建设之中,存在启动初期常有的失败风险。他为什么要继续支持我呢?我想不出任何好的商业理由。治疗本身会让我时不时地缺席。而在我结束治疗之后,疾病的渐进性和退行性会让我更加频繁地缺席,而我的症状会更为明显而且更加虚弱——在每天的电视节目上将一览无余。

因此卡夫托想到:"不告诉工作上的人——不告诉任何人。他们会一无所知。"[39]然而,他还记得1987年在PBS时暗中与霍奇金病搏斗时的"惊惶失措",隐瞒病情根本行不通,因此他后来把自己的困境告诉了艾尔斯,结果表明艾尔斯是一位非常通情达理的老板并给予了他很多帮助。

否认与转移注意力

失败的受害者容易犯的第五个错误是错误地相信自己能够通过文过饰非掩盖失败。有人会相信竞争意识强烈且野心勃勃的前安然CEO杰弗里·斯基林真的会在工作六个月后离职"致力于家庭事务"吗?同样的,在被赶下台两周之前,惠普的CEO卡莉·菲奥里纳在瑞士的达沃斯(Davos)会见了世界经济论坛(World Economic Forum)的记者,声称与董事会关系良好,并且"自从2002年康柏电脑与惠普合并之后,我们的竞争地位得到了全方位的提升"。[40]当时如戴尔和IBM之类的竞争者的市场份额、新产品和市场价值猛增,而惠普陷入了种种纷争之中,股价只有她六年前上任时的一半。事实上,当惠普戏剧性地没能达成2004年第三季度的财务计划时,菲奥里纳解雇了三位高管,而不是从自身寻找原因。

研究表明自我评价高的人往往表现出一种自我美化的倾向,他们相

第三章

信自己在很多事上优于常人,他们坚信别人认可他们深信自身所具有的优秀品质。这些自我评价较高的人倾向于展示自己的优点和长处,以示其卓尔不群。自我评价较低的人比较可能以一种不那么自以为是的方式表现自我,专注于缺点和失败。讽刺的是,有时自我评价较低的人对失败做了更好的准备,因为他们更有可能预见不良事件,甚至可能通过贬低机会的价值做好了准备。[41]然而,自我评价较高的人更专注于提升别人对自己长处的认识,而且会使用通常试图否认失败的语言美化自己。当失势的自我评价高的人所用的语言说明无法让人相信或没有说服别人时,他们会惊讶而失望。

因此,"为寻求其他利益而辞职"就成了一句惯用的搪塞之词,尽管这句话毫无说服力,大家也心知肚明。失败者可能认为他们能够控制别人的推测或者没有其他人真正知道发生了什么。即使在筋疲力尽和停滞情况下,这种想要掩盖事实真相的渴望也很常见。[42]没有人会被这些绝望的努力掩埋真相的印象管理所愚弄。虽然如此,受害者们紧紧抓住可悲的想法,希望如果他们藏起来,怪物也许就会离开。朋友们也会在不经意间鼓励这种想法,建议说:"为什么要在意这个?知道的人比你认为的要少。"事实是你最害怕知道自己遭遇挫折的人要么已经知道了,要么在你登门求职时马上就知道了。

他人的尴尬

经常地,受害者周围的人不知该如何反应,而受害者觉得他们必须做点儿什么来应对这种情况。因此,具有讽刺意味的是,他们没能帮助受害者减轻痛苦,反而增加了他或她的痛苦。我们的人曾两次目睹与脑癌抗争的密友手术后不久接待善意的慰问者。每一次,病人都发现笨拙的朋友充当了不受欢迎的角色,像拉拉队队长一样说出关于康复的令人讨厌的陈词滥调,将受害者面临的挑战最小化。如"你看起来已经好多了"或者"两周后你就会出院"之类的陈词滥调听起来很不诚恳,带来的伤害似乎比好处更多。事实上,一位尤为笨拙的慰问者,其中一位癌症患者十年前的老板,同时也是一所商学院的院长,有一个不明智的想法,认为他应该告诉受害者从受害者的伙伴中筹钱的计划,以受害者的名义策划一次讲座,以支持对技术管理有共同兴趣的初级教学人员!不必说,这位受害者,希望赢得人生的痛苦之战,这个利用富有的朋友们的慷慨行为来让他的名字永垂不朽的计划不能让他觉得好受。

受害者的朋友和同事时常实践保全面子的技巧,类似于上一章描述的在个人否认声明中使用的印象管理。心理学家欧文·戈夫曼40年前发现,做出否认现实的样子不仅对受害者而言更为惬意,而且对受害者周围的人也一样。[43]因此,他们一般会建议苦恼的受害者实行回避的策略,这一策略很少对问题有所补救。他们提出类似波洛尼厄斯(Polonius)的陈腐建议转移注意力,例如"向前走!不要沉溺于痛苦中"。这样的个人建议无疑会妨碍受害者分析发生了什么事,计划适当的下一步。类似地,他们会说:"去度假。你需要摆脱压力休息一下。"而实际上受害者理性上可能需要了解乃至正视压力源。

时代华纳的联席执行官尼克·尼古拉斯(Nick Nicholas)在韦尔(Vail)滑雪休闲时遭遇了同事杰里·莱文的阴谋破坏。野心勃勃的莱文聪明地接近另一位联席执行官,前华纳兄弟 CEO、拥有该联合企业巨额股份的史蒂文·罗斯(Steven Ross)。罗斯正因前列腺癌处于濒死境地,非常关心自己的身后事。通过加剧两位 CEO 之间的不和,莱文挑唆解雇了尼古拉斯,并取而代之。首先他获得了罗斯的支持,从而赢得了23位董事中12位的支持。

1992年2月19日,时代华纳的一位董事致电身处韦尔的尼古拉斯,告诉他28年的事业已经结束。十年后,尼古拉斯仍然感到震惊,莱文背着他,在只有一半选票的情况下,怎么能那么顺利地让尼古拉斯的

第三章

支持者相信这已经是既成事实了呢。迪克·芒罗(Dick Munro),尼古拉斯的前任,最近反思当莱文来寻求他的支持时说:"我记得当时大吃一惊。已经完了,都结束了。他不是来寻求我的认可的,这只是一次礼节性拜访。"芒罗补充道:"我经常反省我本该做些什么或者能做些什么。有些时候你希望自己有不同的表现,而那次就是这样,我经常发自灵魂深处地觉得我本该做些什么挽救尼克。但是已经太迟了,都结束了。"44 1993年年初我们在尼古拉斯的办公室与他闲聊时,亲眼目睹好几位董事,包括受人尊敬的朱厄尔茶叶公司(Jewel Tea)CEO唐·珀金斯(Don Perkins)和芒罗打来电话抱怨莱文表现得多么糟糕,他们多么地想念拥有尼古拉斯的日子。尼古拉斯用真诚的言辞感谢他们。挂上电话之后,他冲我们微笑,用一种苦乐参半的语调说:"多谢诸位,你们去年在哪儿?"

缺乏战斗资源

具有讽刺意义的是,有时人的出身越低微,他们越容易收集战斗所需的资源。为恢复形象而进行的活动可能会汲取大量的财富和情绪资源。可能需要向多疑的投资者直接求助,收集法律武器,说服有势力的政治影响力,与可靠的第三方联盟,或者拥有勇气重新开始。讽刺的是,那些天生富有或显赫的人往往尤为敏锐地察觉到这种弱点,与之相比,"白手起家"的人习惯了顽强战斗。天之骄子以前从没争夺过零星的支持,他们现在害怕会冒着被人置之不理的风险。媒体和家政企业家玛莎·斯图尔特从低微的起点开始向上攀登成功的阶梯,像她这样的人如果失足落下,会更有信心重新开始。

因此,前美国在线(AOL)时代华纳的总裁罗伯特·皮特曼(Robert Pittman)过山车般的职业经历似乎帮助他为未来的挑战做好了准备。皮特曼,一位密西西比卫理公会传教士的儿子,六岁时从马上摔下来被马踢中,单眼失明。他表示这一损失让他更加努力工作以求被人接纳。"如果你有一只义眼,你是不同的。每个孩子都梦想与人相处融洽,与其他孩子一样。"[45]因此,为了证明自己,他追求依赖良好视力的兴趣,像假饵钓鱼和航空。他甚至从美国航空管理局获得了授权声明,尽管他有一只义眼,仍被允许飞行。身为精力充沛的流行音乐节目主持人,他离开地方电台,接受了匹兹堡一份DJ工作,这让他成为WMAQ电台的节目主任;他使WMAQ的市场排名从第22位跃居为第三位。23岁时,他转到美国国家广播公司(WNBC)担任节目总监,并使其成为全国第一电台。截至1981年,他以电台节目制作为榜样,创办了开创性的音乐电视(MTV)有线网,作为华纳运通全美卫星娱乐公司(Warner-Amex Satellite Entertainment Company)的一部分。然后在某种程度上,在华纳的史蒂夫·罗斯(Steve Ross)的支持下,他开始尝试独立制作。失败之后,他重返华纳大家庭,1990年与时代合并之后,他运营时代华纳公司,说服罗斯购买六旗主题公园(Six flags theme parks)。皮特曼毫不畏惧运营主题公园和相关商店的挑战,他曾经致电我们寻求关于基础零售术语的指导,例如销售成本和库存单位。

在部分剥离该项业务期间,时代华纳CEO杰里·莱文和总裁迪克·帕森斯(Dick Parsons)解雇了皮特曼。1995年,曾经少年得志的他已经42岁,而且失业。然后他接任民用住宅公司21世纪的CEO,一年之内转至美国在线担任总裁。令人难以置信的是,2000年美国在线与时代华纳合并之后,他又一次与莱文和帕森斯联系在一起,担任联席运营官。两年之后又被排挤出局,在复出并重启事业之前,皮特曼花了大约一年时间与家人隐居,之后运营一家以媒体资产为目标的私募基金百乐集团(Pilot Group)。永远乐观的他持有时代华纳大量的股票,他相信帕森斯会经营好公司。就像他的一位朋友对作者尼娜·芒克(Nina Munk)评论的那样:"下雨时,这小子说阳光明媚。"[46]

第三章

名气的双刃剑

一个人获得的事业成功越多,在本专业或本行业的地位变得越突出,他的挫败越广为人知。正如我们前面提及的那样,金融研究员斯坦福大学的乌尔里克·马尔门迪尔与沃顿商学院的杰弗里·泰特已经得出结论,名人 CEO 很可能在赢得杂志奖项并出现在封面上的三年之后遭受业绩下降之苦。[47]名声真的可能转变为声名狼藉。文学家利奥·布劳迪在《声名癫狂》中写道,许多人寻求或忍受公众认可,简单地讲是因为名声能将他们从常规束缚和无能为力的危险中解放出来。[48]没人称马其顿王国(Macedonia)的亚历山大三世(Alexander III)为亚历山大大帝(Alexander the Great),直到他自己杜撰了这一称号,并伪造了与阿喀琉斯(Achilles)和奥德修斯的血统关系。在 20 世纪 60 年代中期,心理学家将领导者免受常规惯例冲击的权利称为"个人信用度"(idiosyncrasy credits)。[49]无论在寻求名人地位的过程中有什么物质享受转换的缓冲垫,爬得越高摔得越疼。其恢复过程也就越复杂。

名人们遇到的一个挑战是他人的嫉妒。2004 年夏玛莎·斯图尔特被判刑时,评论家们对她进行了无情攻击,从《纽约邮报》(*New York Post*)的克里斯托弗·拜伦(Christopher Byron)到《华尔街日报》的查尔斯·加斯帕里诺(Charles Gasparino)高调而错误地继续宣告她的公司即将灭亡。他们强烈的憎恶表现为有一点儿幸灾乐祸,或者表现为心满意足地紧盯着她的不幸。[50]事实上,2004 年 7 月 16 日星期五,在斯图尔特判决的第二天,七个有线电视节目和三个广播网节目把他们的晚间新闻报道都用在这一事件上。当晚最不友好的讨论小组出现在美国有线电视新闻网的《葆拉·扎恩现场》(*Paula Zahn Now*)中。像新闻工作者加斯帕里诺和拜伦(敌对但未给人留下深刻印象的《玛莎家居帝国》(*Martha Inc.*)一书的幸运作者)、自称品牌专家的罗伯特·帕斯科夫

（Robert Passikoff）全都欣喜地在较早的文章中预测并宣布她的覆灭和公司的崩溃。[51]似乎只有广告经理杰里·德拉·费米纳（Jerry Della Femina）和我们相信她的公司会卷土重来。好像她的公司和事业恢复得越好，一些评论家越生气。等到斯图尔特2005年2月结束5个月的刑期被释放时，公司股票猛涨了四倍，她宣布创办的两个重要电视节目，被广播电视网挖掘成为一个系列，并且她的生意重焕活力。杂志刊登致歉封面，如《新闻周刊》（*Newsweek*）题为《玛莎的最终胜利：出狱后，她变得更苗条、更富有，为黄金时期做好了准备》的文章，而毫不意外的是，对她最尖锐而现在失望的评论家们忘记了发表过宿命预言。[52]

类似地，吉姆·克拉默——非常成功的前对冲基金经理、美国全国广播公司财经频道的金融评论员以及华尔街在线（TheStreet.com）的创始人——每次遇到公开的事业灾难时，都会吸引大量幸灾乐祸的注意。当他遇到一系列不公正待遇时，欣喜的反对者枉顾事实，抓住机会指责他。一次，当他为《财智月刊》（*Smart Money*）撰写关于"孤儿股"的文章时，编辑漏印了他对相关持股情况的惯例披露。尽管他的编辑承认了失误，尽管他没有任何"逢高卖出"的计划出售存疑的股票，尽管证券交易委员会针对此事的调查证明他无罪，克拉默仍然受到竞争对手的谴责。[53]2002年，一个因业绩不佳而被解雇的心存不满的前雇员，出版了一本散布丑闻的书，引发了长期对手的同声大合唱，其中包括被传为克拉默事业初期的刻薄老板和一家竞争期刊的短命编辑。[54]当此书羞愧的出版商，哈珀商务出版社（Harper-Business）承认此书实属诬陷，并不得不在第一个月召回成千上万的印刷品时，评论家们再次保持了沉默。[55]

自力更生的神话

15年前，哈佛领导力学者约翰·科特（John Kotter）揭示了杰出领导力的一个关键性因素在于通过接受依靠他人并与之联盟承认相互依

第三章

赖。[56]在他的《把天才们组织起来》(*Organizing Genius*)一书中,领导力学者沃伦·本尼斯也批判了美国社会对不屈不挠的个人主义的关注具有误导性。[57]他研究了迪斯尼制片厂原创动画团队的黄金时期、曼哈顿计划(Manhattan Project)的科学精神、洛克希德·马丁公司(Lockheed Martin)具有传奇色彩的臭鼬工程(Skunk Works)所释放出的创造力,以及其他类似的尝试,在此期间,他指出了杰出领导者和伟大团队之间相互依赖的关键性本质:

> 成功者的神话深深植根于美国精神之中。无论是20世纪90年代的午夜骑士保罗·里维尔(Paul Revere)还是篮球巨星迈克尔·乔丹(Michael Jordan),我们是迷恋英雄的民族——那些不屈不挠迎接挑战、克服困难、主动进取的人。我们现在对领导力的看法与我们的英雄概念纠缠在一起,因此"领导者"和"英雄"(或者"名人",就此而言)之间的区别往往变得模糊不清。在我们的社会中,领导力往往被看作固有的个人现象……并且我们都知道合作协同一天天变得更为重要。[58]

现实中,相互合作以克服困难的方法对于美国的成功传奇而言并不新颖,只是不受重视而已。从拥有J. R. 尤因(J. R. Ewing)的《达拉斯》(*Dallas*)到唐纳德·特朗普的《实习生》等电视节目,重点都放在主人公自身的胜利上。真正的美国成功精神歌颂的是推动开发新领域的勇敢企业家们,和出现问题时的热心支持团队。从无畏西行的移民车队,到农场生活中进行农业合作的格兰杰运动(Granger movement),到民族城市贫民区对成功的引导,都歌颂了克服困难的集体胜利。

与给出建议相反,许多杰出人物不喜欢处于接受建议的不自在位置上。比起给予之后快乐地接受回报,他们通常认为考虑或接受第三方的建议，借用第三方信誉，并接受经济支持会让自己表现得并感觉更软弱。要想更多地依赖他人的慷慨大方，他们需要从类似正式授权或职位权力、通过影响力来胁迫或者控制贵重资源的权力基础转变为例如过去赢得的尊敬和正当性的权力基础，这涉及权力、朋友的义务感以及对你所遭遇痛苦的关联感和同理心。

例如，失势的惠普 CEO 卡莉·菲奥里纳无疑认为在自己业绩不稳和控制渐失时，寻求自己团队的帮助、接受关心支持她的董事会成员的建议，是软弱的信号。当我们提醒时代华纳才华横溢的联席 CEO 尼克·尼古拉斯注意衰老、病弱而强势的联席 CEO 史蒂文·罗斯可能会有类似君主的难以驾驭和破坏性的动机，并且他需要增强自己的董事会关系时，他笑道，继任程序正在顺利地进行，成功依靠诚信与功勋。

相反地，罗杰·恩里科在事业初期获得对抗可口可乐的"百事挑战"的营销胜利，并完成菲多利公司（Frito-Lay）小食品部门的巧妙转变之后，开始执掌百事可乐。他很快开始筹备剥离餐饮类业务，这部分由他崇拜的一位良师益友负责，同时也在他们的国际业务中发现了如塔可钟（Taco Bell）、必胜客（Pizza hut）和肯德基（KFC）等连锁店存在的巨大伦理和运作问题。恩里科的第一步行动就是拜访 CEO 职位的竞争对手克雷格·威勒普（Craig Weatherup），当时他正准备提前退休，恩里科请求他帮助领导这次国际清理，因为他和百事都非常需要威勒普著名的平静整合和平衡式领导技巧。在威勒普成功完成这个项目后不久，恩里科回报了他一个真正的 CEO 职位，领导新分离的百事装瓶集团，在纽约萨默斯（Somers）拥有自己的总部，而不在纽约帕切斯的百事可乐附近。

2000 年安妮·马尔卡希（Anne Mulcahy）出任施乐公司（Xerox）CEO，在戏剧性的市场份额损失、核心产品技术过时、前任高管承认收入确认偏差导致了重新编制数十亿美元的财务报表之后，施乐当时正处于历史最低点。2005 年 1 月在与我们的对话中，她谈道："2000 年我被

第三章

任命为施乐总裁时,所有问题都同时暴露了出来,收入在下降,我们在失去大客户,现金在减少,我们被告知拥有1.2亿美元,但是找不到这笔钱,员工们很沮丧并纷纷离去,我们的股票价格减少了一半,我们正在接受证券交易委员会的广泛调查……我得说当接任高管职位时,你不得不说这满足了一个人一生的梦想。我怀疑他们把这份工作给我是因为没有人愿意要这份工作。"[59]

马尔卡希很快就让施乐好转起来,到2001年年底拥有了充足的现金流,在弥补了上年度上亿美元的损失之后仍有十亿美元的利润,除了高达70亿美元的市值之外还减少了数十亿美元的开支(包括1/3的员工),债务减轻了一半,并且不可思议地重返创新之路,现在超过2/3的产品是近五年内推出的——所有这一切都是以一种富有同情心,而非专横独断的方式加以实现的。"作为为施乐工作了28年的员工,我知道我需要行业分析家、银行家、投资人、顾客和员工的帮助。我们需要可靠直接的数据,因此我们需要成为好的倾听者。我们往往发现较为显眼的问题掩盖了更为基本的问题。"

没有沉溺在与CEO同伴们亲近的虚荣中,没有在名人聚集的场合发表圆滑而精心策划的套话,她卷起袖管开始学习、寻求信任、分享愿景。为了获得她推崇的"快速准确评估",她开始承担每年旅行十万英里的义务,参观施乐每一家主要工厂(大约200处),每周至少会见六个大客户。她对问题的坦诚描述赢得了忧心忡忡的员工的支持。在一家工厂,生产现场的一个工人在众人面前大声赞扬她对坏消息进行的讨论,说道:"听到你了解这儿的事有多糟糕,实在太好了。"马尔卡希说,可信度是她能够复兴施乐的关键所在,而"听起来不真实"的鼓舞士气的误导性谈话无法实现这一点。

在旅行时,她犯过错误并勇于承认。例如,2000年10月,成为施乐总裁五个月之后,她对华尔街分析家们承认,公司的核心业务模型是"不可持续的"。当她继续解释改变技术和避免破产的重组计划时,分析家们只是聚焦于她不幸的措辞"不可持续的",市值几乎马上下跌了60%。马尔卡希对我们自嘲道:"这不是我的光辉时刻!"从此她学会谨慎措辞,但无损她的直率诚恳。相应地,股票很快反弹。

恢复名誉:了解失败、重塑成功

领导力丛书中充满了成功的简单配方。这些书以从《星球大战》(Star Wars)中的角色到匈奴王阿蒂拉(Attila the Hun)以及许多成功的运动界名人的陈旧故事为题招摇过市。当有关的电视节目逐渐淡出人们视野,运动界名人创造的纪录被淡忘时,这些标题从书架上消失,被其他宣传老套成功的新故事所取代。真正的变革型领导力通过苦难磨砺得以提升。事实上,许多风险投资公司在人们的背景中搜寻失败的经历。但是,流行作品、轻松愉快的自助商务书籍以及关于领导力的一般教学法似乎很大程度上淡化了这一见解的重要性。

一部长期畅销的哈佛商学院针对人民航空颇具远见的变革型航空企业家唐·伯尔的案例分析,在他的开创性企业在困境中被迫出售之后,差不多全部从教室里消失了。这家公司在资金、合并后的运营挑战、应对竞争者的技术飞跃、改变顾客偏好以及可能的掠夺性竞争定价方面做出了一些错误判断。这家伟大的社会型企业得出的教训现在更加宝贵——不是因为我们不了解是什么带来了未受挑战的成功,而是因为系统的局限性得到了检验。不幸的是,这些经验教训被大多数商学院所忽略。

相应地,我们之中的一人发现了几乎不可能向以成功为导向的哈佛MBA学生教授易卜生(Ibsen)的戏剧《人民公敌》(An Enemy of the People),因为主人公挑战体系,然后……失败了。主人公揭露出镇上的

第三章

温泉疗养地的供水受到了污染,这一新闻破坏了小镇的收入基础——具有自然疗效的温泉——他的邻居们迫使他离开了镇子。因为观察失败现象时我们会感到不自在,因此很难找出恢复的经验教训。

只有在了解了失败之源之后,我们才能重建名誉。名誉包括外在形象和人格同一性因素,对它们的修复需要对每一项进行检查。[60] 真正的民间英雄获得伟大的成就,不是通过不间断的成功之链,而是对失败的反思为东山再起指引了方向。人类学家约瑟夫·坎贝尔为我们提供了健康恢复的核心部件和民间英雄主义的书面故事。不管领导者是摩西、耶稣、穆罕默德、佛陀、奥德修斯、埃涅阿斯、库丘林,还是特斯卡特利波卡,这些伟大的民间英雄都出身低微。然后他们追随梦想,降服恶龙,得到一系列荣誉任务作为奖赏,这些任务导致了一系列成功,就这样他们战胜了毁灭性的挫折。这为他们带来了作为变革型或英雄式领导者的美誉。[61]

在较近的年代,霍华德·加德纳对杰出历史人物的研究《非凡头脑》(*Extraordinary Minds*),同样确定了一组描述"影响者"的普遍品质。[62] 加德纳不认为核心智力、好运气乃至不屈不挠的精神是造成差异的因素。相反,他表明,他记录的那些伟大人物对自身优缺点有一个公正的评价,对异常情况能进行有效的敏锐分析,掌握了将过去的挫败转化为未来成功的能力。失败的压倒性本质没有挫败他们的锐气,反而激励他们以更大的热情投入历险之中。另外,将人们区分开来的不是挫折的大小,而是如何明智地看待自己的失败。

历史上的商业人物,例如罗斯·佩罗(Ross Perot)、拍立德(Polaroid)的爱德华·兰德(Edward Land)、亨利·福特和托马斯·爱迪生(Thomas Edison)向我们启示了失败的催化作用。1974年罗斯·佩罗拥有的两家华尔街投资公司倒闭时,他蒙受了巨大的损失——但是他在政治上、技术上和金融上的伟大成功还在未来等待着他。亨利·福特的头两家汽车公司,1899年的底特律汽车公司和1900年的亨利·福特汽车公司,都是市场和财务的双重失败。拍立德的创始人爱德华·兰德曾经告诉我们,他在事业上多次与柯达的专利侵权行为作战是多么的愤怒。甚至才华横溢的奇才托马斯·爱迪生被企业巨头杰伊·古尔德(Jay Gould)以谋略制胜。爱迪生失去了对大量电报发明拥有的权利。

后来的商业失败历史显示了这样的挫折在这些历史上著名的领导者的人生中是启发潜能而非麻痹他们的事件。本章中,我们探讨了对成功的迷恋如何导致了人们回避从失败中学习。我们也察看了妨碍对失败进行研究的一般障碍。这些主要与脾气秉性有关——换句话说,与遭遇痛苦者的性格相关。下一章,我们将对失败的内容进行更多的研究,以便回答这个问题:过错在我还是"他们"?

伟大的马戏团高空飞人卡尔·瓦伦达(Karl Wallenda)在1968年时说:"生活就在钢丝上,其他一切只不过在等待这一刻。"他热爱挑战死亡演出的刺激。1978年瓦伦达73岁时在波多黎各(Puerto Rico)圣胡安(San Juan)的闹市区,从75英尺高的钢丝上坠落身亡。之后不久,他的妻子怪异地回顾说:"在这次走钢丝之前的三个月里,卡尔考虑的都是如何不摔下来。这是他第一次考虑这一点,对我而言,他似乎把全部精力都投入到不摔下来而不是走好钢丝上。"[63]

第四章　妨碍东山再起的企业文化

你不明白：威利是个推销员。作为一名推销员，生活没有最低保障。他并非拧螺栓的工人，也不是法律专家，或者药剂师。他这种人驰骋在蓝天下，总是笑容满面，还要把皮鞋擦得锃亮。虽然这样，要是没有人回复他笑容时，这就等于玩儿完了。倒霉蛋如此而已。谁也无权责难这种人。宝贝儿，推销员总得有个梦想吧？去做哪个行业都会有梦想。

——出自阿瑟·米勒（Arthur Miller）的
《推销员之死》（"Death of a Salesman"）

在前面几章，我们首先在第一章概述了战胜苦难的一个模型，以使用这些方法的成功领导者为例。第二章，我们研究了这一模型五要素的心理学支点，审视了数十年间对苦难本质和人类行为的研究。第三章，我们关注西方社会对成功的迷恋和对失败的恐惧如何使我们错失挫折的经验教训。现在，在第四章，我们将继续从开始的个人心理范畴，转向更全面地考虑职业外界环境，它使得东山再起变得如此之困难。特别是第四章将考虑在企业界，行业和专业的亚文化是如何制造出完全不同

第四章

的挑战的。

阿瑟·米勒在1949年的戏剧《推销员之死》中虚构了一个疲惫不堪的60岁推销员威利·洛曼（Willy Loman），他在剧中自杀了，前面对于阿瑟·米勒人生的回顾为我们提供了一个冷酷而又恰当的视角，来观察失败的幽灵如何萦绕在职业推销人员的心头。

洛曼挣扎于错失机会而踌躇不前的事业，他住在布鲁克林，远离自年轻时就拥有的飞黄腾达的梦想和奋斗，他结束了自己的生命。当时他对自己的不成功和曾经前途无限的儿子们的不学无术感到灰心失望，感受到了巨大的挫败。只有他忠诚的妻子，琳达（Linda），似乎意识到了他情绪的危险状态：

> 我不能说他是个伟大的人。威利·洛曼从没挣过大钱，他的名字从没出现在报纸上。他不是有史以来最好的人。但是他是个人，可怕的事正发生在他身上，因此必须注意。他不能像条老狗一样进坟墓。关心、关心必须最终给予这样一个人。

这种缺乏关注并不是米勒自己的悲鸣。在此剧上演半个世纪后他去世时，米勒已经写了25个剧本——其中几个，例如《激情年代》（*The Crucible*），赢得了几乎与《推销员之死》同等的认可，三次赢得东尼奖（Tonys）、艾美奖和普利策奖（Pulitzer Prize）——以及具有影响的随笔和重要的电影剧本。在2005年以89岁高龄逝世之前，他作为美国最伟大的剧作家之一，与尤金·奥尼尔（Eugene O'Neill）和田纳西·威廉斯（Tennessee Williams）一起获得了广泛认可。

与此同时，实际上与所有的创造性人物一样，他仍然受到失败幽灵的纠缠。他幼年的幸福生活终止于1929年的股市暴跌，他父亲的服装生意被彻底摧毁。米勒一家离开了他们在曼哈顿的宽敞公寓，搬到了布鲁克林格雷夫森德地区拥挤不堪的住所,那里非常类似他伟大戏剧中的布景。与他剧中的人物一样,他颇具学术天分的哥哥牺牲了自己的学术梦想,努力拯救家族生意却徒劳无功。米勒在戏剧界的最初尝试并不成功。他开始的六个剧本都被拒绝了。1944 年,他首部百老汇作品,讽刺性地以《鸿运当头的家伙》(The Man Who Had All the Luck)为题,在仅仅演出四次之后就被取消了。而 1947 年,米勒戏剧人生的最后一击,戏剧《都是我的儿子》(All My Sons),享受了加演。在他的整个戏剧生涯中,米勒的作品持续揭露了美国梦毁灭性的一面,但荒谬的是,作为一个东欧移民的儿子,他代表了这一梦想的希望典范。事实上,对于一些人而言,他与电影明星玛丽莲·梦露的标志性婚姻代表了美国梦的实现。

虽然在生命的最后一整年他仍然多产,但是这一势头没能得以维持。正如一位著名的狂热戏剧评论家评论说:

> 他后期的剧本鲜少得到评论家或公众喜爱。在他的《都是我的儿子》和《推销员之死》取得成功之后,米勒因为他在 50 年代的政治活动受到保守派作家的抨击,并被大多数评论机构所抛弃……与大多数美国主要作家一样,高度的尊敬让位于一段时期被评论界忽略和敌意,这一点——米勒的情况——大致与他的对手田纳西·威廉斯的事业弧线一致。[1]

《纽约时报》的一则讣闻概括了米勒在整个戏剧生涯中怨恨批评家的原因:

> 米勒先生的反感是可以理解的。这一刻赞扬他是当代最伟大的戏剧家,下一刻称他为过气作家,说他的伟大成就都在几十年之前。即使在他成功的鼎盛时期,米勒先生的作品也受到一些著名评

第四章

论家苛刻无情的批评。埃里克·本特利(Eric Bentley),20世纪50年代《新共和》(*The New Republic*)的戏剧评论家,驳斥《激情年代》道:"世界给了这位作者地位,在他使自己变得杰出之前。"[2]

似乎有些难以置信,像阿瑟·米勒这样杰出的文学大师会为公众评价的束缚所累,但是在艺术和娱乐界"你最近为我们做了什么"的刻不容缓感中,名声飞逝的本质表现得尤为脆弱。演员兼导演奥森·韦尔斯年轻时曾在"空中水星剧场"(*Mercury Theatre on the Air*)节目中播出了成功的《世界大战》("The War of the Worlds")并执导了具有历史意义的电影《公民凯恩》(*Citizen Kane*),他可能永远无法重现同样的贡献。在塞林格写下成熟的经典之作《麦田里的守望者》(*The Catcher in the Rye*)之后,大多数世人从没在他人生的后50年听到过他的消息。

类似地,艾伦·杰伊·勒纳在30岁左右写下了很多百老汇经典之作,如《南海天堂》、《粉刷你的马车》、《琪琪》、《窈窕淑女》以及《卡米洛特》。到了60岁前后,他几乎变得对自己早期的事业成功感到愤恨,因为那些成功开始窒息他的创造天才。他觉得自己的主要竞争者和审查官就是徘徊不去的年轻时的自我形象。"随着作家年岁的增加,写作对他而言变得越来越困难。不是因为他的头脑变迟钝了,而是因为他的批判能力变得更为敏锐了。如果你还年轻,你会觉得自己无所不能。你确信自己才华横溢。年轻人即使暗中惊恐,表面上也能装得信心满满,无论什么样的艰难困苦都能继续前行。"[3]

在很多领域,例如娱乐界、时尚业、新技术和咨询业,成功很大程度上仅限于当下。在其他许多职业中,例如管理大型的、更为稳定的行业,早期的事业成就通往快速轨道和遗产,能够持续回报之后的人生。

职业文化的差异性很大。东山再起在所有行业都有可能,但是面临的挑战根据每个行业文化的领导规范而变化。失败的零售商与失误的软件经理面对的恢复挑战不同。尽管为复出付出了努力并痛哭流涕地忏悔，如吉米·史华格和吉姆·巴克之流的不名誉电视传道者从未重返他们被迫放弃的有力讲台。与此同时，其他教士，如查尔斯·斯坦利（Charles Stanley），经受住了公众争议和私人生活的波动。一些零售商，如家得宝的伯尼·马库斯、斯特普尔斯（Staples）的汤姆·斯坦伯格（Tom Stemberg）以及玩具反斗城的约翰·艾勒，东山再起取得了更大的成功，而其他人，如凯马特的约瑟夫·安东尼尼（Joseph Antonini），在免职之后就再也没有浮出水面。大陆航空（Continental）的弗兰克·洛伦佐（Frank Lorenzo）、东方航空（Eastern）的弗兰克·博尔曼（Frank Borman）、联合航空的理查德·费里斯以及达美航空（Delta）的罗恩·艾伦（Ron Allen）的事业被停飞，而捷蓝的戴维·尼尔曼（David Neeleman）、人民航空的唐·伯尔，以及大陆航空的霍利斯·哈里斯（Hollis Harris）在航空业找到了成功的新航线。为什么有些人能够东山再起，而另一些人则深陷失败之中，原因在于，当失败没有破坏行业文化中与众不同的领导品质时，就可能东山再起。本章中，我们将关注从金融服务和媒体到运输、零售、制造等行业，以揭示一个行业的文化通常如何以不同方式定义成功、职业流动性、失败和复原的。

根据企业文化定义成功

在一些职业文化中，在许多企业雇主间频繁更换工作的人被认为是不知所措、徘徊不定、机会主义的跳槽者。与此相反，其他职业文化可能会认为一位稳定的长期服务的雇员是毫无生气、停滞不前、过时的，或者是块朽木。同一个人在一种文化中可能会被热烈赞扬地归在谚语式的"才华横溢的行家里手"一类，而在另一种文化中被归为"固执己见的夸夸其谈者"一类。企业文化用于一般说法时无疑是最为滥用和最琐碎的

第四章

商业词汇。但是人类学者研究文化时,他们评判物质环境、潜在的规范和价值,以及事务应该如何运作的基本思维的假定和信念。在所有这一切的背后,人类学家关注特定团体中的成员资格是如何确定的。成员资格的文化层面是我们关注的重点。

文化的物质层面向我们提供了关于什么最受欣赏和最受重视的线索。当我们走进一座办公楼时,可以从公共空间的用途所鼓励的互动中了解到很多东西,如向所有人开放的自助餐厅或者面向私人会议的行政餐厅。办公室布置,如谁应获得外景视野、空间如何开放、不同部门的位置,能够传达身份和相互依赖的观念。例如联合包裹运输服务公司(United Parcel Service),从1907年成立起一直没有私人行政餐厅。CEO们和高管们每天和其他全体员工坐在同一个自助餐厅里一起用餐,这个餐厅横跨一条河流,环境低调。这座建筑物建在森林之中,静静地坐落于亚特兰大北部边缘的森林线之下。与之相反,在同一个镇子的中心区,可口可乐的高层享有一个奢侈的私人餐厅,位于办公大楼的顶层(装饰着一个巨大发光的可口可乐商标),能够一览无余地俯瞰这座城市,而员工餐厅在其下的30层。

规范和信念可以通过阅读一个文化的文献资料、绘制历史图表、倾听它的神话等非正式方法,以及例如审视其奖惩制度和晋升流程之类的正式方法加以研究。因此,我们能够看到企业年度报告、雇佣材料,以及促销媒体,以此作为研究该文化的线索。公司在其使命中宣告了什么,以及从表面上看哪些具体目标推动着业务发展?看起来谁通过什么事业轨迹走到了前面?短期目标在绩效考核和激励措施中是否比长期目标更受重视?在军队中质疑你的上司是件危险的事,因为对服从指挥链的尊重对于执行和安全是非常关键的。在沃尔玛(Wal-Mart),一位上级听说员工绕过他向上司抱怨,他不仅被告诫不许报复,而且特意为了这位员工所表现出的关心感谢并表扬了他。

基本假设可以凭借被人类学家称为种族志研究（ethnographic studies）的方法，通过在该文化中生活进行最佳研究。在此，你能看到公正的基础理论和衡量结果的时间表是什么样的。电视广播公司通过基于近期规划结果的每日收视情况衡量成功，而林产品公司或制药公司可能更倾向于以较长时期的投资回报为导向，给它足以培育一棵树或者开发一种新药的时间。

根据我们从何处获得人才以及如何给他们分配任务并进行培训，不同行业公司的领导文化大体上可以分为四大类。那么，领导人才在组织间的流动，受两个问题的驱动：雇主从哪里找到这个人才（供应流向）？雇主一旦找出这个人才，他们如何分配工作（发展流向）？第一个问题围绕经典的"培养 VS 购买"取舍。一些公司倾向于把在公司内部寻找人才作为首选方向，而其他公司在可能的情况下，更喜欢寻找新鲜的外部候选人担任领导职务。经济学家会询问公司是否依赖内部或外部劳动力市场寻找领导人才。[4]第二个动态的发展流向，考虑工作分配是否是由顾问和中心规划带领的公司发起活动的结果，还是由锦标赛风格的晋升机制带领的自我发起的行动，在该晋升机制中，内部竞争者经过筛选后进入下一轮竞赛。[5]久而久之，由公司发起活动提拔的那些人常常回报更多的忠诚、资历和团队贡献。这样的企业文化产生通才。使用类似锦标赛方法的公司产生专家。这类公司更多地关注个人直接成就和绩效衡量，例如销售数字、专利和资格证书等个人的贡献，而非一个团队或整个公司的贡献。

这两个维度，领导人才供应和领导人才分配，可以划分成为四个类型单元，如图4-1所示。

右上象限是棒球队。高度竞争的行业经常在外部劳动力市场寻找最热门、最新鲜的人才。他们的战略目标是成为新创意的开发者，因为他们基本上出售新产品、新创意、风尚、时装以及快速突破的技术。研究

第四章

已经把娱乐、广告、投资银行、咨询、生物科技、软件和法律等行业的大多数公司归为表现出棒球队文化要素的一类。[6]棒球队风格的公司必须善于招募最热门的新人才,且常常在内部培训和训练方面花费较少。2005年4月微软创始人比尔·盖茨对我们说过:"我们经常寻找最好的新创意,并把那个人才带进公司。"[7]战略研究者雷蒙德·迈尔斯(Raymond Miles)和查尔斯·斯诺(Charles Snow)已经将此类公司称为勘探者。[8]

图4-1 职业体系类型

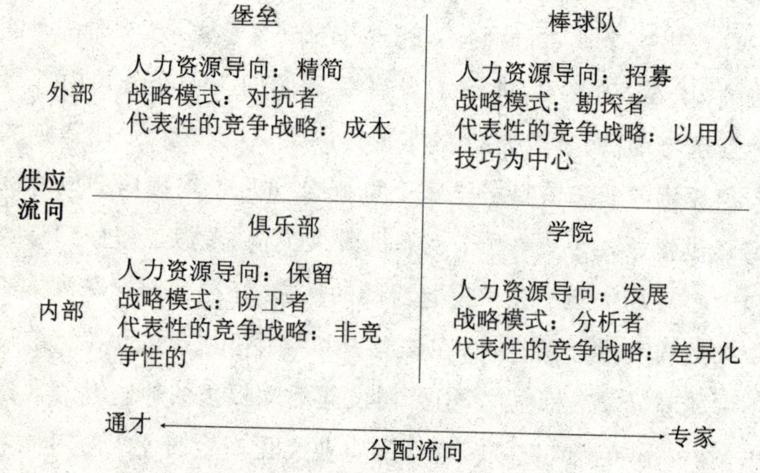

	堡垒	棒球队
外部	人力资源导向:精简 战略模式:对抗者 代表性的竞争战略:成本	人力资源导向:招募 战略模式:勘探者 代表性的竞争战略:以用人技巧为中心
内部	俱乐部 人力资源导向:保留 战略模式:防卫者 代表性的竞争战略:非竞争性的	学院 人力资源导向:发展 战略模式:分析者 代表性的竞争战略:差异化

供应流向（纵轴） 通才 ← 分配流向 → 专家

考虑到这些急躁的企业追求风险的文化,失望是一种生活方式。实际上,迄今为止这些公司的员工流动率最高。[9]事实上,人们离开一家棒球队公司时,其中85%的人会重返另一家惊险刺激的棒球队公司。事业遭遇"瓶颈"或公司倒闭,在棒球队公司被视为正常,不会像在其他地方一样被归为失败。非常重视教育资格证书与可衡量的个人贡献——从销售量到研究专利——他们信任知识界精英。失败者的目标是表明他们狭窄的专业技能在他们的领域前沿仍然是新鲜的,因此失败归咎于技术的快速外部变化、无知金融赞助者的焦虑不安，或者顾客反复无常的兴趣，而非内在的专业技能。棒球队中领导者出现失误时，必须将其表达为冒有价值的风险的暂时性挫折，结果在高度不确定的环境中没能成功。

在左上象限，我们提及堡垒，这类公司的战略使命是生存竞争。它们可能处于严峻的困境，例如破产。它们也许处于高成本和边际效应递减的高度竞争行业，如航空业。或者，它们可能处于周期性变化或结构性变化带来隐含波动的行业，如零售业或采掘自然资源的行业，例如林产品或金属。麦尔斯和斯诺已将这类公司称为反应者，因为他们无法控制所处的环境。

这类公司招募通才作为从外部雇佣的纷争解决者，但是在成功扭转局势之后并不期待他们的长期服务。考虑到扭转局势的风险，在此背景下失败的人可以通过展示他们广博才能的竞争力，从事业挫折中恢复过来。此外，表明失败不是因为个人操守的过失非常重要。考虑到在堡垒背景下需要做出有争议的取舍，经常会有怀有敌意的相关人员，包括债权人、顾客、雇员和股东。信任是一个重要的象征，必须被展示出来让不同的股东相信，决定是通过公正的程序做出的。我们对哈佛MBA毕业后的十年进行的研究表明，当高管离开一个堡垒时，实际上其中许多人（大约40%）会选择重返堡垒，因为他们已经对扭转局势的文化感到舒服了。[10]因此一些人，作为扭转局势的专家，甚至已经让失败的经历成为一种财富，因为他们能证明自己不畏艰辛且已经找到回来的路。这能让投资人和员工们安心。

"学院"往往为"入门级"的职位招募新秀，并从职能管线内部提拔人才。学院类公司的员工流动率远远低于棒球队类公司和堡垒类公司。此类公司重视专业技能，但是倾向于公司特有的智慧。这为消费品、电子和医药行业内的公司创造了与众不同的竞争优势。学院性企业的员

第四章

工流动率不足1/3，具有复杂的专业职业阶梯和部门界线。这样在晋升高度竞争的公司里，允许极度依靠内部劳动力市场。这类公司往往为他们的高管提供更多的内部培训，他们的毕业生经常落户其他公司的管理层。因此，通用电气（General Electric）、宝洁（Procter & Gamble）、IBM、强生（Johnson & Johnson）和《华盛顿邮报》（*Washington Post*）等公司是学院的实例，充当了许多杰出领导者的训练基地。事实上，在他们事业的某段时期，通用电气的杰夫·伊梅尔特（Jeff Immelt）、微软的史蒂夫·鲍尔默（Steve Ballmer）、eBay的梅格·惠特曼（Meg Whitman），以及美国在线的史蒂夫·凯斯（Steve Case）都曾为宝洁工作过。

虽然如此，人们的事业可能会陷入危险状态，因为跨部门调换工作久而久之会变得更加困难。在学院中战胜困难的关键挑战在于认识到你的事业可能已经出局。在IBM过去常常将其称为"受罚席"。离开学院的人们必须令人信服地表明，他们的技能是普遍适用的，超越了原来在GE、IBM、可口可乐、宝洁等公司工作时的技能，表明他们不是仅仅依靠过去"家族知识"或者原来文化独有的原理。想要复制失去的原有文化对这些领导人而言是一个常见的陷阱。尤其是那些离开争强好胜的棒球队类公司或苦苦挣扎的堡垒类公司出任领导岗位的人，他们需要展示自力更生的技能，因为他们不再拥有曾在他们的世界里享受过的同样深厚的支持体系。

传统上，俱乐部提供了相对可靠的职业轨迹。他们培养职能通才提供谦逊、专心的服务，他们愿意在整个职业生涯中在公司内部各部门之间水平调动。在此背景下很难失败，因为这种公司通常拥有更为宽容的文化。通常俱乐部似乎允许表现失误，因为员工流动率很低。现实中，那些似乎失败的人们被"束之高阁"，没有机会重新进入较快的晋升轨道。东山再起很困难，因为人们很难动摇对早期失误的有效记忆。人们可能会转换类型。当某人被迫离开俱乐部类公司时，重新进入另一家俱乐部类公司是很困难的。事实上，在我们对哈佛 MBA 毕业后十年的纵向研究中，只有25%离开俱乐部类公司的人趋向返回另一家俱乐部类公司。[11] 大多数（64%）离开此类年资排序公司的人往往奔向棒球队类公司这样步调更快的世界，在那儿有很多的机会证明自己，即使工作保障要低得多。

得自棒球队的经验教训——你还能把他们击出场外吗？

棒球队类公司在寻求新产品方面使用的是被研究者称为勘探者的战略。他们非常关注发现"下一个新鲜事物"，因此通常必须购买人才，而不是耐心地从内部培养。事实上，很难从内部训练人才，因为这类公司通常不知道未来将需要什么样的技能和背景。非常成功的电视制作人戴维·萨尔兹曼（David Salzman），制造过轰动一时的节目，如《王朝》（*Dynasty*）、《人民法院》（*The People's Court*）、《珍妮·琼斯脱口秀》（*The Jenny Jones Show*）、《贝莱尔的新鲜王子》（*The Fresh Prince of Bel Air*），以及《疯狂电视》（*Mad TV*），他说过："昙花一现的奇观，尽管可能很短暂，但是对于推动电视电影行业的艺术创新是必不可少的。"[12]

乔治·霍尼格（George Hornig），以企业并购（M&A）为专长的瓦瑟斯坦佩雷拉公司（Wasserstein Perella and Company）的 COO，告诉我们："十年间共同进退非常地令人惊叹。"他指的是公司的 CEO 和主席，创造性天才创始人布鲁斯·瓦瑟斯坦（Bruce Wasserstein）和约瑟夫·佩雷拉（Joseph Perella）。这两个人曾在那个"令人惊异"的时期，带领二十几位投资银行家脱离第一波士顿并购集团（First Boston's M&A group）。"我们期盼稳定，"霍尼格继续道，"但是你总是会遇到拥有40位客户的超级明星希望加入，你无法拒绝。人才到处都是。"[13]

那次采访是在1988年进行的，霍尼格说他现在仍赞同关于业内人

第四章

才流动性的观点。不仅他自那之后进入了另外四家公司的管理高层岗位,其中包括德意志银行(Deutsche Bank),以及重回第一波士顿(现在被称为瑞士信贷第一波士顿(Credit Suisse First Boston)),而且就连布鲁斯·瓦瑟斯坦和约瑟夫·佩雷拉也转向其他机会,瓦瑟斯坦现任拉扎德(Lazard)的CEO,佩雷拉在摩根士丹利工作,直到菲利普·珀塞尔(Philip Purcell)的领导权陷入麻烦并受到攻击期间才离开。霍尼格补充道:"如果我在1988年认为人才像吉卜赛人一样四处迁移是个关键性的挑战,当时我还没意识到收复失地是多么地容易。"[14]

的确,他们拥有强大的外部人际网,因为棒球队公司中的高管更多的认同特定的职业,而不是特定的雇主。此类公司的员工流动性往往很高,因此失败能被掩埋在大量跳槽的正常轨迹中。事实上,我们经常会发现正是在这些行业,人们轻松地从挫折中恢复过来,以至于他们似乎"失败着上升"。重要的是在棒球队中为了走出失败,遭遇挫折者必须证明他们专业技能的新颖性。

因此,2005年3月,比尔·盖茨雇佣了雷·奥齐(Ray Ozzie),格鲁夫网络公司(Groove Networks)的CEO,来帮助领导微软办公软件和视窗下一阶段的发展。盖茨曾称奥齐为"宇宙中五位顶级程序员之一"。[15]奥齐的职业生涯对于身处棒球队文化中的人而言非常典型。奥齐作为伊利诺伊(Illinois)大学柏拉图计划(PLATO project)的系统程序员,是20世纪70年代网络社区实验的早期热衷者,大部分互联网在该计划中被孵化出来。他的职业生涯开始于波士顿的通用数据(Data General),负责开发工作站操作系统。此后不久他加入丹·布里克林(Dan Bricklin),第一个电子制表软件维斯凯克(VisiCalc)的开创性共同开发者,在一家名为软件艺术(Software Arts)的公司工作。他将产品拓展至可与微软交互,并在20世纪80年代早期与比尔·盖茨和史蒂夫·鲍尔默逐渐相熟。到1984年,他得到莲花应用软件开发公司(Lotus Development Corporation)创始人米奇·卡普尔(Mitch Kapor)的财务支持,创立了名为彩虹女神(Iris)的公司,开发了获得巨大成功的莲花便笺(Lotus Notes)软件。1995年莲花出售给IBM时,他继续在那儿工作了几年。2001年他建立了格鲁夫,继续发展网络软件以帮助分散在各地的高层在网上合作协同。

尽管柏拉图、维斯凯克、莲花便笺也许不能作为持久的成功广为年轻的一代所知,但是没人会认为奥齐是个失败者,更不用说他在这个快速前进的领域曾是盛极一时的人物。事实上,正如一位格雷夫员工所说:"每个人都知道雷的业绩。格雷夫大多数的最初人员在接受这份工作时真的不知道是什么项目。他们只是想为雷·奥齐工作。"[16]令人惊讶的是,对于身处棒球队文化的高管名声而言,公司能够生存与否并没有他们创意的能否存活和是否新颖那么重要。

下面我们从技术界转向金融界。丹·莱维坦(Dan Levitan)曾经负责纽约投资银行施罗德公司(Schroder & Company)的一些大型交易,如包销星巴克(Starbucks)的股票。但是1997年1月,他花费六周时间想要完成的大型合并取消了,同时解除的还有他的婚姻,在此期间工作情况也出现恶化。正当他被工作上的坏消息弄得不知所措时,助理坚决的敲门声打断了他的思路。当他开门时,快递员走进来用他妻子的离婚文件给了他狠狠一击。几周后,41岁的他辞职去非洲旅行,与他的兄弟们一起攀登乞力马扎罗山(Mt. Kilimanjaro)并思考。[17]最终,他意识到自己有为成长期的公司提供资金的天分,然后离开纽约前往西雅图加入他的老客户及星巴克创始人霍华德·舒尔茨(Howard Schultz),创立了风险投资公司Maveron。舒尔茨告诉我们他最初选择莱维坦而不是拥有更大团队也更花哨的其他公司,因为莱维坦是唯一提问并倾听的投资银行家。舒尔茨本来希望莱维坦早点儿加入,但是莱维坦需要失败帮他重获自由,以从他过去成功的漩涡中脱身。

第四章

对 eBay 和药房在线(Drugstore.com)等公司的早期投资令他们的投资飞涨。他不仅重新创造了自我,而且邂逅并娶了一位艺术品经销商,开始了新的家庭生活,在华盛顿湖(Lake Washington)畔颇具田园风光的住宅里安家。

杰克·博格尔也是一位金融家,他本身就是一个活生生的例子,证明只要受害者能够证明其品质和竞争力,棒球队世界是如何容忍失败的。博格尔 1974 年作为威灵顿管理公司(Wellington Management Company)的 CEO 被解雇后不久,开始着手创立美国第一家指数型共同基金公司先锋时,他本能地知道这将是一次重要的挑战。

在威灵顿管理公司,包括(博格尔创立的)威灵顿与温莎基金(Wellington and Windsor Funds)在内,1965 年与波士顿的桑代克(Thorndike)、多兰(Doran)、佩因(Paine)及刘易斯(Lewis)等公司合并,并以保守管理的名声共享研究与投资人才时,火花就开始飞溅。相反的管理风格使得敌意增长,博格尔比较注重细节,而他的波士顿新合伙人们则比较注重一致性。与此同时,博格尔的心脏开始衰竭,他损失了宝贵的治疗时间,先是植入起搏器,最终进行了心脏移植。在十票赞同、两票弃权的情况下,董事会解雇了博格尔。他的回应是绕过管理公司,直接向威灵顿各基金的基础董事会投诉。他们打破传统,请博格尔继续担任他们的总裁,处理行政事务,最终成就了先锋。

在他的著作《品格的重要性》(Character Counts)中,博格尔解释了他在管理共有基金期间,对以资产净值出售的费用概念进行改革时,所遇到的挑战:

> 我们大多数董事和我一样支持以资产净值出售的体系,所有人都知道它可以被视为取消了许可证限制。他们同样非常关心我们是否有能力让它运转(当时以资产净值出售的业务只是基金业很小

的一部分),以及售出威灵顿股票的任何经纪人是否会劝说他们的客户不要赎回股票,而将我们公司置于危险的真空地带。但是决心取得了胜利。[18]

先锋现在是世界上最大的投资管理公司之一,在美国共有基金中拥有 1,800 万机构和个人投资账户以及 7,500 亿美元的资金。与此同时,博格尔已经成为美国共有基金行业精神权威的主要代言人。

有勇气实现这一切并不是件容易的事,而他告诉我们,这种信心来源于他童年时期战胜困难的经历。尽管他拥有闪闪发光的普林斯顿证书,他的家庭拥有的中等财富在 1929 年的股市暴跌中丧失殆尽,甚至失去了房子。十岁的他送报纸、卖冰激凌。不幸的是,他破产的父亲染上了酗酒的毛病,失去了工作,离开了他的母亲。博格尔说这激励他开始恢复家庭荣誉的探索,形成了他的财务稳健主义。正如他所说:"说实话,我能写一本关于苦难的书——成长、家庭'问题'、缺钱、艰辛的学业、被威灵顿解雇、1960 年第一次心脏病发作、等待移植——这一切教会我要忍耐、要坚持不懈。当我离开威灵顿管理公司时,我是被解雇的,本来可能不会有先锋。我没料到我的人生中会经历两次同样的事。人生充满了挫折和困难,你必须积极地接纳生活。"[19]

另一位金融家,摩根士丹利的约翰·麦克经历了同样激动人心的东山再起故事——虽然他否认"洗刷冤屈"的这种说法。作为一位北卡罗来纳州食品杂货商的儿子,麦克在摩根士丹利的债券交易部扶摇直上,在他加入公司 20 年后成为总裁。1997 年与添惠公司(Dean Witter Discover & Co.)合并后,麦克同意担任菲尔·珀塞尔(Phil Purcell)之下的二把手。然后 2001 年他被开除,很明显菲尔·珀塞尔不会遵循合并期间的原有意向,让他升任顶级职位。在 3 年的任期之后,麦克在一场政治斗争中辞去了瑞士信贷第一波士顿(现改名为瑞士信贷)CEO 的

第四章

职位。然而,2005年春,珀塞尔在摩根士丹利的统治彻底垮台之后,董事会承认错误,勇敢地邀请极受欢迎的麦克重返CEO岗位。[20]

冷酷脆弱的金融界提供了许多其他引人注目的金融家故事,他们个人的东山再起之路非常惊人。罗伯特·莱辛(Robert Lessin)在跳槽成为美邦(Smith Barney)的副董事长之时,是摩根士丹利历史上最年轻的合伙人。然而,他年近40岁时,虽然作为一位优秀的投资银行家正处于最佳状态,却因为患有一种罕见的血液病导致了几乎致命的中风。1997年他的一侧完全瘫痪,预期会入院治疗9个月。但是两个月之后,他重新站了起来,为继续冒险做好了准备。

然而,莱辛不再以同样的方式看待金融,1998年春他告别了他的老板,花旗集团(Citigroup)的杰米·戴蒙,通过黎明行者风投公司(Dawntreader Ventures)成为全国最重要的互联网风险投资家之一,他担任黎明行者风投公司的主席,同时任投资银行杰弗里斯公司(Jeffries & Company)的副主席。他告诉我们,是对家人的爱、想与孩子们在一起的动力、对医学知识的有效运用,以及强烈的决心,让他度过了噩梦般的时期。当他带着新使命归来时,他的金融技术和良好的人际网络使他供不应求,因为他从未休过假。

几个月后,1998年秋天,莱辛的前老板,杰米·戴蒙,在职业生涯中也遭遇了重大的破坏。1998年11月1日,戴蒙,作为花旗集团的总裁,被召唤到纽约阿蒙克(Armonk)的一个管理人员会议中心,被联席CEO约翰·里德(John Reed)和桑迪·韦尔(Sandy Weill)解雇。戴蒙第一次见到韦尔时还是塔夫茨大学的大学生,正致力于有关希尔森(Shearson)收购的经济学论文,戴蒙的父亲和祖父曾经在这家投资银行工作过。韦尔,戴蒙父亲的社交朋友,是这次合并的策划者。韦尔非常喜欢戴蒙的论文,因此雇佣他做暑期工。

数年后,从哈佛商学院毕业之后,戴蒙作为助理加入了韦尔的公司。

希尔森当时已经属于美国运通（American Express）。当韦尔无法在詹姆斯·鲁宾逊（James Robinson）之后出任美国运通的 CEO 这一事实变得明晰之后，韦尔和戴蒙一起离开，利用位于巴尔的摩（Baltimore）的商业信贷公司（Commercial Credit），重建了一艘金融巨舰。他们简洁地将其命名为普莱莫瑞卡公司（Primerica），那是他们收购的公司之一，这家公司之前收购了美邦。35 岁时，戴蒙成为了普莱莫瑞卡的总裁。1993 年，他们买下了旅行家集团（Travelers Group），并采用了这一名称。1997 年当他们购得名扬四海的所罗门兄弟公司，并因收购花旗银行领导粉碎了格拉斯—斯蒂格尔法案（Glass-Steagall Act）时——那是 60 多年中投资银行和商业银行第一次重大重组，他们创造了历史。

在股票持续上涨的同时，戴蒙和韦尔之间的关系开始出现裂痕，最终戴蒙被免职。一些人把他的免职归咎于他与约翰·里德的争执，里德是伴随花旗银行的并购进入公司的；而其他人将其归因于不同风格的冲突，冲突在韦尔的女儿，杰茜卡·韦尔·比布利奥维兹（Jessica Weill Bibliowicz）离开公司时达到顶峰，她抱怨说戴蒙妨碍了她潜在的事业升迁。[21]

当戴蒙在服务了 16 年之后将他被桑迪·韦尔解雇的消息带回家时，他 8 岁的女儿询问他们是否将在街上流浪。他 10 岁的女儿询问她是否再也不能上大学了。他 12 岁的孩子向他要他的手机。[22] 因为戴蒙离开时有 3,000 万美元的遣散费，他的家人没有面临困苦，他把接下来的 16 个月花在了阅读和旅行上。当 1999 年秋我们和他谈话时，他说现在还是没有兴趣在任何机构任职，而是在重新考虑选择。那个秋天晚些时候，他竟然找韦尔出来共进午餐，甚至鼓励他母亲与他恢复友谊。[23]

戴蒙对这次主动打破僵局的事件评论说：

时间接近一周年，我当时已经变得成熟了。桑迪不会打电话，

第四章

我知道是时候了。我做好准备对他为我做的一切表示感谢。我也知道他和我应该谈谈发生了什么。我想要摆脱这件事,这样我才能继续前进。我的一部分说,我已经与他共同度过了16年。其中12或13年是相当美好的。你不能只看一面,而无视另外一面。我自己犯了错,我承认在一定程度上我应该负责任。我应负40%还是60%的责任实际上并不重要。与他见面我感觉很好。[24]

三个月后,2000年3月,戴蒙被宣布出任美国第六大银行美一银行(Bank One)的新任CEO。在戴蒙的领导下,它的股价迅速上涨了90%。2004年它与摩根大通合并,戴蒙成为合并后的机构的下任CEO。据《财富》报道,摩根大通花费580亿美元收购美一银行,部分是为了获得戴蒙的领导。事实上戴蒙已经被列为"现今世界上最受关注、最受人谈论、最令人敬畏的银行家"。[25]

得自学院的经验教训

学院类公司的两个挑战,一个是知道何时离开相对稳定而通常家长式作风的文化,第二个就是能够证明你的才能可以带到另一家公司,而非尝试移植或克隆相同的举措。因为身处学院类公司和俱乐部类公司的人比起棒球队类公司和堡垒类公司的人被解约的次数更少,失败的定义更加微妙。通常,它可能只意味着某人的事业被束之高阁。20世纪60年代和70年代在IBM有据可查,如果某人脱离18—24个月的惯常晋升周期,他们会被认为处于停滞期或者"被罚出场"。此类公司的观念,无论是真的还是假想的,是一旦人们错过某种"预赛",他们将无法进入之后的未来晋升竞赛。在其他情况下,他们可能发现个人价值和更大的公司价值之间出现分歧,并意识到他们与这家公司的缘分可能到此为止了。

比尔·乔治(Bill George),获得巨大成功的美敦力(Medtronic)前CEO,最近在对此进行反思时,对他如何看待是时候离开前雇主的"不祥之兆"进行了解释。在比尔·乔治9年的领导下,利顿工业公司(Litton Industries)的微波部门成功地战胜像GE和惠尔普(Whirlpool)之类的器械工业巨头,成为家用微波炉市场的领先者,获得了33%的市场份额,营业额年均增长55%,并且成为母公司最盈利的部门。[26] 虽然如此,乔治还是感到沮丧;他认为利顿是一家没有使命的快速发展的公司,非常像曾经的美国国际电话电信公司。它从单一的军用零配件业务发展到133个相互独立的部门。"作为它快速发展的微波炉部门的总裁,我拥有完全的自主权……最终利顿成为它自身复杂性的牺牲品,利顿工业公司本身在2001年被售出……以公司30年前拥有的同等价值。"

乔治幸运地在之前很久就已经离开了。尽管在利顿拥有非常成功的记录,当他无意中听到CEO和石油勘探业务的领导者之间的谈话时,他知道是时候离开了。乔治回忆起CEO说道:"查利(Charlie),审计委员会对你的审计记录感到非常不安。我知道你必须做一些不得不做的事才能做成生意,但是如果你再把它写在书面上,你就被解雇了。"对于乔治而言,"其中的意思非常清楚:可以花钱办事,只要不被抓住把柄。那个小插曲使我确信我在为错误的公司工作"。[27]

数年后,乔治在一家"学院"内成功地工作时又一次站到了抉择的分岔口。几次晋升之后,他当时负责霍尼韦尔(Honeywell)的九个部分并领导18,000名员工。但是,他觉得自己已经"遇到瓶颈",并且被定型为扭转局势的专家。用他的话说:"我与霍尼韦尔动作缓慢、拒绝改变的文化不同步。我也发现自己变得更关注外表和着装而不是自然行事。即使不情愿,我也得面对现实,霍尼韦尔正在改变我而不是我在改变它。我已经'遇到瓶颈',但是因为太骄傲而没有采取行动。我感觉自己落入

第四章

了无法逃脱的陷阱。"[28]

比起伤心,他选择继续前行——并且成功了。乔治在1989年离开,前往运营美敦力,一家小得多的公司,他曾认为它不足以成为一个挑战。他上任时,公司拥有7.55亿美元的年销售额和4,000名员工。而当他十年后退休时,它拥有了55亿美元的年收入和26,000名员工。美敦力一直被《财富》杂志评为最佳雇主公司之一,它的股东享有的市值从他加入时的11亿美元暴涨至十年后的600亿美元——平均每年35%的复利回报率。

因此,在学院类公司走出失败的第一课是把握时机——知道什么时候离开。另外一课是如何进入其他地方。关键在于来自学院类公司的领导者要证明自己的能力大于任何单一的职能范围,能够超越自身培训的公司特定方法。有时关于内部晋升机会减少的询问时机并不微妙。自然,领导者们在晋升时,若被忽视则非常明显,就像,例如,当杰夫·伊梅尔特被指定为杰克·韦尔奇在GE的继任者时,两位势均力敌的候选人,罗伯特·纳德利(Robert Nardelli)和詹姆斯·麦克纳尼(James McNerney),立即离开了GE去领导其他伟大的公司。纳德利掌舵家得宝继续他的丰功伟绩,而麦克纳尼则领导3M经历了奇迹般的复兴,然后在五年之后,转而领导波音重获优势。

纳德利和麦克纳尼都坦然分享了没能继任韦尔奇的失望,尽管每个人都专心奉献了大概四分之一世纪的职业生涯,巧妙地攀登了GE的晋升层级。据说,麦克纳尼从容地接受了坏消息,并且已经在和其他公司谈论备选职位。纳德利则大吃一惊,并要求说:"我要尸检。"尽管韦尔奇称纳德利为"我曾见过的最好的执行官",他说在弃用纳德利时,他必须"跟着感觉走"。[29]

纳德利,一位GE工厂工人的儿子,描述他与韦尔奇在11月一个令人不快的雨夹雪的星期日会面时的情景:"我去的时候紧张得要死。你怎么描述它呢？那是你为之奋斗了30年的东西。你正在专心倾听每一个字。你集中精力在他的嘴上，和最后几句话：'我已经决定把它给杰夫。'而你的反应会像这样：'我真的听准确了吗？'你必须告诉我为什么。告诉我哪些地方还可以做得更好。告诉我，数字、创新、人才开发、与华尔街的关系都不存在。给我一个理由。"数年后被问到他是否还想要尸检时，他回答说："当然！让我们开坟掘尸吧。"[30]

虽然如此，纳德利还是度过了震惊阶段，当GE董事会成员肯·兰格恩，家得宝的创始金融家，给予纳德利一个机会，以及20年前他给过家得宝共同创始人伯尼·马库斯的完全一样的意见——"你刚被金马蹄踢中了屁股（你走了大运）"——并鼓励他执掌家得宝时。这个价值460亿美元的家居装饰零售发电机每年30%到40%的年增长率已经跌至17%，股票价格已经下跌42%。国内销售额的下降、库存管理问题，以及系统的低效率都受到了指责。然而，纳德利带来的解决方案受到了严厉批评。对他在GE信奉的六西格玛质量再造工具的运用，使得纳德利在开始的两年里受到了严厉的抨击，批评他将类似制造业的流程强加于零售业，该尝试使得关键地区的商店缺货，服务水平下降，因为使用的兼职销售人员高达50%，远远高于领先的竞争者所用的20%。[31]虽然董事会容忍并支持了他，纳德利现在已经承认从GE引进的一些策略并不完全合适，他对此进行了重新考虑。又过了两年之后，纳德利回顾时能够看到，家得宝的销售额增长了60%，达到700亿美元，收入增长了105%，拥有前途光明的城市新经销店并进行了国际扩张。

类似地，吉姆·麦克纳尼，作为3M百年之久而乐于创新的文化中第一位外部领导者，在2000年12月接管公司之后，必须要证明自己不是单纯无意识地移植GE的做法。他引进了许多近乎神化的GE举措，例如六西格玛生产合理化改善技术、减员，以及仿效GE克罗顿维尔（Crotonville）的领导才能发展学院。他经常是出席会议的唯一一个不

第四章

系领带的人。他提出的直言不讳、一针见血的问题对一些人而言是颇具震动性的——尤其当他谈到商业化创新时。[32]

麦克纳尼注意到他撞上了一些文化壁垒,并与高层管理人员在外出静思会上一起重新规划了 3M 的核心价值——添加了紧迫感。在他出任此职务两年后,我们与麦克纳尼和他的顶级团队的会谈中,听说他清醒地意识到他要避免在 3M 重建 GE。他因为敏感地意识到老 3M 文化的独特优势而深受赞誉,他很谨慎地不去控制一队 GE 士兵来帮他指挥攻击。事实上,他说:"我认为这里的故事是重新焕发青春,而不是取而代之……我们是创新流程前沿的一流企业。如果我打击了我们创新的积极性,我就真的搞砸了。"[33] 2005 年 6 月,他离开 3M 接管了丑闻缠身的航空巨人波音。在 3M 工作了四年半的时间之后,他留下了一个巨大印记,数年来股票价格上涨了 17%,净收入增长了 24%。[34]

得自俱乐部的经验教训

在俱乐部类公司中,从健康状况、家庭事务,到执行错误,甚至不完美的战略选择,这些个人挫败都能被原谅,只要管理人员显示出坦率和无私忘我的品质。具有奉献精神的志愿者和忠诚的专业人员组成的广阔草根网络代表了长期服务、忠于高尚使命以及广泛职责的许多无私品德,这些品德帮助定义了俱乐部风格的文化。

在俱乐部类公司中战胜挫折的主要挑战在于记忆很长。事业中途——甚至事业早期——犯了大错的人,发现他们会不断受到这次重大挫折的困扰。在美国联合包裹运输服务公司(UPS),所有高管都是从内部体系层层晋升上来的,大多数人都是从小时工开始起步的,所从事的工作通常横跨从驾驶卡车到运营、人力资源、工程、市场营销,乃至法律等职能。一位颇具才华的 UPS 崛起之星轻松地胜任工程、市场营销和运营的高级职位,并在20世纪90年代早期领导了高调的国际合作,但是多年以来他不擅长与上级相处的名声始终无法动摇,以致不得不最终离开转而为竞争者工作。

类似地,1989年,霍斯特·W.施罗德(Horst W. Schroeder)被凯洛格公司(Kellogg)主席及CEO威廉·E.拉莫思(William E. LaMothe)撤销了凯洛格总裁的职务,提供的理由是管理之"道"的失败。施罗德最初在西德的凯洛格担任审计员,后来管理凯洛格的欧洲运营,在那儿他取得了值得关注的成绩。然而,在密歇根州的巴特尔克里克(Battle Creek),施罗德的同事说他固执、强势,甚至专横独裁。这种风格与凯洛格贵族小镇式的密歇根家族文化大相径庭,这种文化强调团队合作、员工参与,以及与他人分享荣誉。凯洛格家长式作风的文化与施罗德的领导风格之间的冲突无法调和,尤其在公司的业绩开始下滑的时候。[35]

十年后福特汽车公司(Ford Motor Company)的CEO雅克·纳塞尔的革职重复了与凯洛格和施罗德非常相似的故事。在福特的标志性四轮驱动运动型跑车探险者发生了无数次翻车事故,并导致了200人死亡之后,纳赛尔2001年10月被解雇。当公司在十年间第一次陷入一连串的持续季度亏损时,纳赛尔非常严酷的业绩评估和冷酷无情的人力资源举措,导致了多起诉讼案,并令福特员工士气低沉,进一步加速了他的免职。福特家族,控制了公司40%的表决权,发现他们对员工家长式的关注受到了冒犯。他们采取行动,将CEO职位给了家族成员,已经担任公司主席的小威廉·C.福特(William C. Ford Jr.)。2006年9月,福特重新恢复主席身份,请来曾任波音执行官36年的艾伦·穆拉利(Alan Mulally)出任CEO。虽然纳赛尔没有再次领导大的上市公司,但是他已经对学到的教训深思熟虑过,并转入宝丽莱(Polaroid)、安联(Allianz)、英国天空广播(British Sky Broadcasting)担任董事会职责,以及其他顾问工作。[36]

第四章

回到 UPS，即使是担任二把手，奥兹·纳尔逊似乎在他领导 UPS 快速全球化的目标上遭遇了重大战略失败。1987 年早期与一些欧洲包裹快递公司缔结伙伴关系仅仅数个月之后，纳尔逊扭转航向，UPS 撤出，转而发起收购竞争者敦豪速递公司（DHL）的行动。数月后，该计划在交易公告之前不久被放弃。纳尔逊没有因这次错误受惩，反而被晋升为 CEO。当奥兹对 DHL 全球业务的一些深受困扰的措施有了进一步了解之后，发现它们不符合 UPS 的价值，正是奥兹自己毙掉了他的收购计划。做出正确裁定的勇气没有削弱他，反而巩固了他的名声。一出任 CEO，他立即显示了自己的胆识，提拔 CEO 职位的前竞争者唐·莱登，授权他用正确的方法构建全球业务。

在五年内，UPS 以美国、加拿大和德国为基地，发展到为联合国当时承认的所有国家服务。这一伟大的成功不是完美无瑕计划的产物，而应归功于该公司从失败中学习的能力。纳尔逊和莱登学会了如何与他们的同事坦率分享挫败感，这样也就分享了解决问题的方法。事实上，他们十年前就拥有密切合作的历史，当时在一次较早的向欧洲扩张的尝试失败时，他们协助领导了一个事后分析团队。类似的，纳尔逊的继任者吉姆·凯利（Jim Kelly）和迈克·埃斯丘（Mike Eskew）密切合作，将高边际利润的物流服务编织成坚固融合、准确无误的全球系统。

与此同时，俱乐部类公司中的一些失败是不可宽恕的。个人的轻率之举如果破坏了组织的信任，是不可原谅的。一位分管 UPS 重要事业的高管当被证实在一次旅行报销中使用虚假的租车凭证时，立即被免职。同样的，五年后，在组织建立与一位服务供应商的重要新业务伙伴关系时出现了疑似的利益冲突，这导致了迅速调查和对最高层的撤职。

这里得出的教训是尽管记忆时间长，如果谦逊地向同事伸出手去共同定义问题并努力纠正，人们能够在俱乐部环境中战胜无心之过。也就是说，从性质上讲，除了信任完全被破坏的那种失误之外。俱乐部类公司相信人们能够从他们的错误中学到东西,如果错误是无心的,那么这种看法就能够成立。

当某人正直诚恳的品质受到破坏,他们就丧失了信誉,再也不会受到信任。

看一下威廉·阿拉莫尼(William Aramony)的悲惨故事是如何证明这一点的——他曾领导过美国最大的公众公益团体。当领导者破坏了诚实与谦逊的核心支柱时,美国联合慈善基金会(United Way of America)受到了重创。在浮夸的阿拉莫尼的长期统治下,美国联合慈善基金会为了方便假公济私的行为,创造出各种不同的阴暗业务。1992年被揭露出欺诈和滥用基金以维持堕落的私生活,阿拉莫尼被迫辞职。三年后他因在度假、旅行以及自己和朋友的特权享受上花费了120万美元的非盈利财产,被裁定有罪并被判入狱服刑七年。

自2001年被释放之后的数年里,他一直没有重返公众的视线里——也没有重返的希望。[37]棒球队类公司能够收容陨落之星,即使他们从监狱归来,如被判有罪的设计师和企业家史蒂夫·马登和玛莎·斯图尔特,如果社会觉得他们已经悔改并且他们仍具有敏锐的才能。尽管阿拉莫尼经历了煎熬、向公众道歉、拥有人脉和知识,但是在俱乐部的世界里,他的品性已经使他成为永远的"不可碰触者"。

与此相反,看一下来自另一个俱乐部文化的失败和免职的例子,在此例中正直诚实从来不是问题。除了缺乏诚信或无法合作解决问题之外,俱乐部类公司会因为其他原因终结有前途的执行领导的任期。有时,尽管工作有保障,无法适应也可能是个问题,如凯洛格的霍斯特·施罗德学到的那样。西南航空所处的竞争行业由堡垒风格的主干线承运商控制,它们痛苦地运营,在生死存亡之战中极其严酷地裁员并削减服务。与此相反,西南航空凭借低廉的劳动成本和点对点运营系统,兴旺发达。根据其共同创始人,赫布·凯莱赫所说,它真正的成功之源是它

第四章

的文化,而不仅仅是良好的成本结构。他曾经说过:

> 我们不寻求盲从。我们寻找那些主动自发地做想做他们正在做的事情的人,因为他们将所做的事看作有价值的目标。你要注意,人们不会对办公室和头衔之类装点门面的东西念念不忘。如果你真正关心你的人的福祉,无论工作场所内外,你最终都会创造信任……我们真正的成就是激励我们的人接受一种观念、认同公司——然后执行。[38]

这种信任通过无与伦比的工作保障得以保持(培养、增长)。

> 如果我们暂时解雇一些人,当然有时能在短期内创造多得多的利润,但是我们没有这么做。我们注重的是员工和公司的长期利益。[39]

此外,该航空公司通过横向换岗计划和如何进行团队工作的培训,鼓励各种跨部门的活动。驾驶员、预订人员、空乘、机械师和行政管理人员都要学习这些课程。

虽然如此,1993年,在被西南航空收购数个月之后,莫里斯航空公司的企业家戴维·尼尔曼发现这种"群体意识"令人窒息,而且他抱怨西南航空著名的创新能力下降了。尼尔曼当时34岁,已经持有2,200万美元的西南航空股票。五个月后当凯莱赫因为尼尔曼无法融入西南航空领导层,而解雇他时,他目瞪口呆。尼尔曼在2006年4月回忆道:"我没发现一点儿迹象。被解雇那天,我泪流满面。我问自己,怎么会发生这种事?我很愤怒,决定重返我热爱的事业。我下定决心,我们会比西南航空做得更好。家里有九个孩子,我妻子认为不需要立即回来。"[40]

聘用终止协议中五年的竞业禁止条款阻止他开创另一家航空公司，因此他创办了相关的航空服务。2000年，尼尔曼40岁时，协议刚刚失效，他就创办了折扣航空公司捷蓝，继承了西南运营的简洁而生气勃勃的文化，但是在客户服务方面有更多创新，例如在每个座位的独立屏幕上播放卫星电视。他打造了一个新的俱乐部，大约80%的工作人员是股东，对公司非常忠诚。事实上它所有的预订员都在家工作，并且，和许多俱乐部类公司一样，公司实行不解雇政策。

当人们在一个俱乐部类公司失败时，一般是因为他们的品性和正直诚恳或者他们对文化准则缺乏忠诚。而尼尔曼的正直诚恳和能力从来不成问题，他在一个俱乐部类公司失败了，并决心证明他仍然理解并欣赏俱乐部风格体系的价值观念，即使他在西南航空并不适合。他想比西南航空"更西南"。尼尔曼成功地表明，通过创造一个亲和力强而鲜少区分地位的文化，他仍能将该俱乐部的价值观念具体化。

得自堡垒的经验教训

堡垒是高离职率的文化，因为他们通过进行受生存驱使的大规模的成本削减来清除冗员，然后再从外部招聘人员作为人才的主要来源。现今每一家主要的、老干线承运商都是由来自外部的整个管理团队领导的，包括他们的CEO。当他们从外部寻求扭转局势的力量时，他们不寻找迅速移动到每天出现的新问题那里的具有机动性的通才，而是注重职能领域狭小的专家。堡垒是代表企业必须要做的事的典型，例如处理应付账款的财务边缘手法、因必要的现金和业务重点进行剥离、削减运营成本、业务流程再造、减员、人力资源调解、市场重新定位、业务基本单元重组。

奥迈公司（Alvarez and Marsal）的比尔·罗伯蒂，在先前的CEO工

第四章

作中曾成功地转变布鲁克斯兄弟公司(Brooks Brothers)、花格呢服装集团(Plaid Clothing Group)(巴宝莉(Burberry))和达克海德服饰公司(Duck Head Apparel Company),他告诉我们:"我一直寻找能够像士兵一样执行命令且专心致志的人——即使战场上与作战室里的计划不同。"[41]

当他和他的转变公司受雇改善圣路易斯(St. Louis)校区的面貌时,罗伯蒂接受了一项非常具有挑战性的任务。2003年6月他成为学校的负责人,被授权将陷于困境的教育系统在财务和运营上都变得高效。几乎在顷刻之间,他们发现上届负责人预计的预算盈余实际是3,500万美元的赤字,后来证明是9,000万美元的赤字。此外,学区的学生人均投入为1.2万美元,比全国平均值高出40%多,但是只有5%的初中生的阅读水平达到了熟练程度。数十万的学生转学到郊区和私立学校。

补救措施并不受欢迎。在愤怒的抗议声中,他们关闭了16所学校,出售了40处不动产,同时将一些校园服务外包,例如交通、餐饮服务和保安支持,解雇了2,000名员工——其中没有一位教师。[42]他们削减了7,200万美元的校区运营基金,学校取得了进步,并得到了全州的认可,外部教育工作者也称赞他们的改进。罗伯蒂对我们解释他的使命说:"这不是一个工作职位计划。这应该是一个教育孩子的教育系统,而不是向社区提供工作职位的系统。我认为公众有权在管理方面获得同样专业的技能,无论是教育系统还是任何上市并进行股票交易的行业。人们应该对自己的行为负责。"[43]

虽然如此,一年后任务结束时,当罗伯蒂在一些公共论坛上分享这些结果时,一些社区成员为他的退场热烈欢呼。这不意味着关心国民教育的公共官员没有意识到这些改善。在接下来的一年中,罗伯蒂和他的公司受邀前往路易斯安那向全州讲述他们为圣路易斯城所做的工作。其他城市,例如华盛顿特区,开始讨论采用罗伯蒂任务中的原理。[44]

妨碍东山再起的企业文化

这些扭转局面的任务很少能获得普遍的外部赞誉,正如迈克尔·博齐克在担任西尔斯百货集团总裁时发现的那样。简单地说,西尔斯在CEO爱德华·布伦南的领导下变成了误入歧途的企业大集团,博齐克在其核心领域经营零售业务。博齐克以全新观念接手了这一行动迟缓的零售企业,例如西尔斯品牌中心(Sears Brand Central)。为了缓和公司初步亏损之后股东要求变革的压力,布伦南自己接管大零售商的工作,推出博齐克抛售不相关的业务,范围从房地产行业的信义房产(Coldwell Banker)到有价证券业的好事达保险(Allstate Insurance)和添惠公司。在西尔斯工作了数十年之后出现的这一挫折,并没有中断博齐克的事业,因为零售商伙伴们知道问题的根源,他们把博齐克视为解决方案的一部分。

他很快就被破产的希爱士百货公司招募,并成功地扭转了公司的局面,使它脱离破产境地并重建市场份额。然而,到1985年时,他当时为公司产生的现金对那些想要卖掉公司、剥离那些资产的人非常具有诱惑力,一家投资公司购得的股份足以赢得代理权争夺战。博齐克随后离开,成为列维兹家具店的CEO,直到他被招募成为弗洛伊德·霍尔(Floyd Hall)之下的凯马特副董事长,并被承诺担任霍尔之后的继任CEO。2000年霍尔退休时,几名董事会成员断定,59岁的博齐克太老了,他们需要一个年轻人,因此他们从希维斯(CVS)医药连锁招募了39岁的查尔斯·科纳韦(Charles Conaway)。两年后,科纳韦不光彩地辞职,之后面临刑事起诉,而凯马特陷入了破产境地。[45]博齐克对我们评论说:"我很高兴做我在做的事,和员工、股东以及竞争者一起确认我们在每一家企业中做过什么事,但是在零售业,似乎好心没好报。"[46]

对于一些人而言,在正确的财务时机离职仍然可能感觉无法摆脱未完成的领导使命。2005年7月22日星期四完成了以66亿美元的价格出售给一组投资者的交易,使庞大的玩具反斗城零售连锁店转变成私有

第四章

企业。作为与贝恩投资公司(Bain Capital)、科尔伯格·克拉维斯·罗伯茨(Kohlberg Kravis Roberts)以及沃那多房地产信托公司(Vornado Realty Trust)的销售合同的一部分,CEO约翰·艾勒同意辞职,让新买家摆脱艾勒对该品牌令人难忘的重新定位的影响,重新考虑战略选择。

艾勒2001年开始掌管玩具反斗城,在这一伟大的拥有半个世纪历史的玩具零售连锁巨头整整追求了他十年之后。先前,他使私人控股的具有传奇色彩的玩具商店施瓦茨公司的年收入涨至三倍。时任一家大型男装零售连锁店总裁的艾勒出人意料地在圣诞前夜被解雇时,机会出现了。艾勒在玩具反斗城推行一种战略,供应丰富的节日热销产品和奢侈玩具,并通过店内演示、体验,以及将玩具、游戏、风格和娱乐紧密结合在一起的活力来强化服务,将改良的商品企划运用于这一落后、灰色调的大盒子式折扣店。艾勒每年改建成百上千的商店,包括公司在欧洲的大量新扩张的宝宝反斗城(Babies "R" Us)。虽然如此,在沃尔玛,玩具通常被当作吸引顾客的诱饵而亏本销售,在与之竞争的过程中,艾勒看到了帮助公司避开短期金融市场压力的一线机会,而公司通过同意资金雄厚的金融企业收购得以重新部署。

与此同时,远离他深信不疑的使命并不容易。在这项商业交易五个月之后,艾勒告诉我们:

> 感恩节后的星期一,我进入一家玩具反斗城商店,那儿有很多问题。如果我母亲走过这家商店,我不会为这家店感到自豪的。从感恩节周末开始它就没有补充货品,这么做不恰当。工作人员没有恰当地为人们服务。没有进行正确的服务。当你有1,600家商店时,你总会发现一家不能达标的商店。但是我对那家商店感到非常不快。那天的那家商店实在太糟糕了。我把这个反馈给了现任的领导者。[47]

零售业之外处于堡垒文化的其他企业对扭转局势的任务也同样依赖。例如,胜腾酒店的亨利·西尔弗曼将华美达酒店、戴斯酒店、豪生饭店、艾维斯租车公司和21世纪不动产的业务打造成餐旅连锁加盟事业,他对自己建立的住宿与旅游巨人感到极其自豪,不料却在形成胜腾的不幸的CUC合并之后,目睹股价崩盘。虽然他曾是华尔街闪亮的明星,但就个人而言,这次失败使他丢脸并泄气。他告诉我们:"我感觉自我价值急剧缩小。"他很快开始咨询并制订了一个寻求正义的计划。虽然他没能再次成为华尔街的宠儿,在CUC资产高估中出现的大量财务舞弊使得他继续讨伐运动,以求关于他的不择手段的CUC合伙人的真相水落石出。2004年他告诉我们:

> 当我们在1998年四月中旬宣布我们在CUC发现了什么,我们的律师极力要求我避免"f"这个字:欺诈。他们的意见是一旦我们说发现了欺诈,我们在证券法下的所有辩护都没有实际意义——对于不可避免的集体诉讼,我们唯一能够争论的是赔偿金的数额。我谢绝了他们的建议。我觉得,如果我不对我所有的支持者完全诚实,我可能会被视为包庇者中的一员。我从没想过不再坚持,不尽力去解决问题。[48]

西尔弗曼决心说明关键性资料已经被隐瞒,虽然最初他的律师们想要通过隐瞒全部真相控制问题。最终,在政府的帮助下,审计人支付了高额罚金,一位CUC执行官——前胜腾副主席柯克·谢尔顿(Kirk Shelton)——被判入狱十年。[49]

讽刺的是,就在几年前,西尔弗曼的酒店集团之一,戴斯酒店,在他得到该连锁酒店控制权之前被卷入丑闻。1989年,戴斯酒店被该连锁酒店最大的特许经销代理人斯坦利·托尔曼(Stanley Tollman)和蒙蒂·

第四章

亨德利（Monty Hundley）收购，迈克·利文（Mike Leven）担任 CEO。在收购后不久，利文注意到现金结余逐渐缩小，并开始听到建筑商和电话公司之类的供应商抱怨账单长期得不到支付。虽然新的所有人很快重新指示 CFO 向他们，而不再向 CEO 利文汇报，利文发现通过不支付他们自己的特许费和欠下的抵押款，他们实质上正在剥离资产。

利文与托尔曼和亨德利对质，然后在没有解雇费的情况下辞职。当他们以发动威胁诉讼进行打击报复时，利文感到很震惊。通过庞大的特许扩张进入欧洲和亚洲，他已经将连锁店扩张了十倍，同时开创了先进的人事措施，雇佣无家可归者和老年人，为那些处于国家经济边缘的人提供新的机会。讽刺的是，当哥伦比亚广播公司（CBS）的《晚间新闻》（*Evening News*）播放早先调查的关于利文在确保聘用无家可归者方面所做的工作时，不为节目制作人所知的是，他自己也失业在家好几个月了。

一年后，戴斯酒店现金出现短缺并申请破产，被亨利·西尔弗曼的公司买下。2004 年，托尔曼和亨德利被判诈骗一亿美元的贷款。利文，与此同时，开始接受心理咨询，他向我们描述道："我走进去，心理学家看了我一眼，问道：'谁死了？'我告诉他没有人死了。但是他又问了我一次，然后我开始谈论戴斯酒店。我意识到它曾是我的宝贝，我挚爱的地方，离开它实在太难了。"[50]

利文后来成为环球假日酒店（Holiday Inn Worldwide）的总裁，他发动了一次强有力的新战役，来建立假日饭店不同部门的品牌（假日饭店、皇冠假日酒店（Crowne Plaza）、假日快捷酒店（Holiday Inn Express）），并领导了一次运营上的彻底检查，以提高服务质量。1997 年，他创立了自己的酒店特许连锁店，命名为美国特许经营集团（U.S. Franchise Systems），包括麦克洛套房酒店（Microtel Inns & Suites）、山楂旅店（Hawthorn Suites）和贝斯特酒店（Best Inns）。

对于身处堡垒的这些领导者而言,经验教训就是——尽管扭转局面的工作需要新奇的分析工具,频繁地在各公司间迁移——对公开的失败有深远的个人和情绪后果。他们大部分个人特性都被弹性的、修复性的工作角色包裹了起来。他们的挫败发生在困难的环境下,有触犯法律的危险,并频繁地遭到损害品格的指责。那些在堡垒中失败的人的关键任务,在于能够把他们的个人特性和性格与他们所处的激烈商务环境区分开来。

约翰·汉考克(John Hancock),英国家具零售商 MFI 的前 CEO,在领导报刊零售巨头 WH 史密斯公司时也与董事会意见不一致,他对我们解释说,在一家上市公司通常很难进行抗争:"作为一家上市公司的 CEO,肩负着来自投资者、分析家和新闻界的全部压力,各种力量在恰当的地方使你深陷绝境。你不是一个能决定自己去留的自由人。为了生存,你必须维持一条分界线,把自己和工作区分开来,这样你才不会完全被那个职责限制住。"[51]

堡垒文化中那些从挫败中成功恢复的人设法划下了这条分界线。

结论:职业挫折和企业文化

被公开的性丑闻纠缠的教士很可能会看到自己的事业结束,而娱乐界人物可能不仅能够恢复,而且实际上他们的事业可能会因臭名昭著而得到提升。一种文化看重信任,而另一个行业看重名气。

在金融界,价值是与能力相匹配的资格,专业技能是关键所在。有远见的机构缔造者杰米·戴蒙被花旗银行开除——这家企业是他身为总裁在桑迪·韦尔的领导下帮助创立的——并很快作为美一银行的 CEO 重新浮出水面。类似地,赫布·艾利森(Herb Allison)作为总裁,帮助领导美林证券(Merrill Lynch)进入数字时代,但是被 CEO 戴维·

第四章

科曼斯基(David Komansky)开除,结果很快作为庞大的互助基金企业美国教师退休基金会(TIAA-CREF)的CEO重新露面。约翰·麦克,摩根士丹利的CEO,在原本保留他们两人作为领导者的一次合并中,被添惠公司的菲尔·珀塞尔排挤出局。数年后,甚至在瑞士信贷集团再次被排挤出局之后,约翰·麦克从珀塞尔手中重新夺取王位,他在喝彩的专家群中回归的场景,令人联想到英国国王狮心理查德(King Richard the Lionheart)归来,驱逐诺丁汉郡郡长的场景。

文化是对这些情景的简单解释吗?哦,它肯定是部分答案。其含义在于当你经历失败时,要知道包围你的文化障碍是什么。事实上,失败本身的概念根据不同文化有不同的定义。但是,我们要怎么定义文化呢?涵盖一切的术语"企业文化"通常会令人耸耸肩,"所以它决定一切"?正如将军们错误地将上次战争的经验教训应用于新战争完全不同的环境时,会受到批评一样,商业用语中最被广泛使用和滥用的词无疑是"文化"一词。因为不确定对它如何定义,在其用途的冲突中,《哈佛商业评论》小心谨慎的编辑在20世纪80年代甚至拒绝发表关于这一论题的文章。

在企业的含义之外,一些人抱怨这个词的用途如此之广,甚至有失去自身意义的风险。在这个文化相对论的"后现代主义"世界中,文化的"入乡随俗"含义已经导致了一些人质疑其判断力和行动。在思想家米歇尔·福柯(Michel Foucault)的著作中,在一种文化中令人不快的活动在另一种文化中被认为是可以接受的,因此普遍标准受到了质疑。[52]

事实上,早在20世纪50年代,伟大的人类学家艾尔弗雷德·克罗伯(Alfred Kroeber)与克莱德·克拉克洪(Clyde Kluckhohn)就将文化的200种常见学术定义列成表格![53]然而,到20世纪70年代为止,已经形成了文化层次上的一些共识,区分了文化的物质层面(例如工具、仪式和建筑)与文化的象征层面(例如信仰、意义、假说和价值)。[54]因此,我们已经能把文化看作有助于定义一个群体或一个民族乃至一家公司的明显特征、行为和态度。本章中,我们已经看到领导者的东山再起之路与他们如何体现自己的职业或行业的文化理想有部分关系。表现出蔑视职业价值的那些失败者在战胜挫折方面会遇到巨大的困难。

因此,为了帮助找出能够定义文化的方法,然后考虑工作上的成功和失败在这些文化中如何被赋予不同定义的,我们已经提议了一组文化的类型。尤其,根据我们超过 25 年的原创性研究已经得出四种企业文化。这四种文化由他们对外部人员配备的依赖程度和他们培养专家或通才的程度决定。我们能看到这些重大选择背后的领导价值的根本不同之处。

非常注重专业技能和名气名声的公司被列为棒球队。这种吉卜赛风格的文化拥有高度移动性的员工,被认为经常流动。他们更多的是被本职业的魔法所驱使,而不为对某个特定雇主的忠诚所驱。正如此类选手所代表的棒球队运动员,业绩是以高度个人主义的功劳来衡量的。从软件公司与生物技术公司到广告主和媒体公司,即使雇主失败了,个人也可能很杰出。雷·奥兹的莲花便笺公司本来可能不足以拯救莲花应用软件开发公司,但是那家公司消融于 IBM 之中并没有抹杀他的名人效应,微软的比尔·盖茨热切地寻求他的合作。互联网先驱文特·瑟夫(Vint Cerf)在他的雇主 MCI 电讯公司于世通丑闻中倒闭时,名誉没有受到多大的损失。外部结交的人脉、同盟和职业人际网,以及有据可查的业绩,都是东山再起的关键要素。

同样重视专业技能和个人业绩但更多的从内部培养人才的公司被称为学院,此类公司将重点放在内部培训上。对于伟大的电子和消费品公司而言,他们倾向于发展自己的人才,培养内部智慧或家族知识。在领导者没有意识到他们由于狭窄的职能轨道遇上了瓶颈,必须继续前行时,通常会遭遇失败。GE 毕业生的成功东山再起,例如 3M 的吉姆·麦

第四章

克纳尼或者家得宝的鲍勃·纳德利,显示出他们具有可携带的技能,将不只是尽力重现在前一个学院文化中帮助他们成功的相同举措。约翰·斯卡利无法做出这样的转变,因此伤害了他从百事到苹果的职业发展。对于来自重视家族知识的世界的领导者而言,东山再起的挑战在于证明他们能够适应新环境,并且不试图重现过去的成功。

第三种企业文化表现为俱乐部。在此类公司中,合伙人风格的相互依赖关系营造得如此成功,因此人与人之间的相互信任和可靠性通常比一贯正确的技术魔法更为重要。当捷蓝创始人戴维·尼尔曼——一个秉持保守生活方式的摩门教徒,被西南航空 CEO 赫布·凯莱赫——一个随心所欲、狂饮威士忌的老烟枪——解雇时,他必须证明自己对深具"群体"凝聚力的西南航空没完没了的会议表现出不耐烦并不能显示自己风格的任何傲慢特征。UPS 的 CEO 奥兹·纳尔逊在任期伊始不得不阐明他原定的全球化计划,而他的继任者,吉姆·凯利必须在他接管的当月尝试以不同途径解决一次全国范围的卡车司机工会(Teamsters)大罢工。在这两个案例中,公司内没有人对他们的领导者将帮助公司从一路走来的错误中共同学习这一点有片刻的质疑。纳尔逊通过发动使公司遍布全球的庞大行动,并将企业文化从运作执行导向转为顾客导向,获得了成功。凯利重新塑造公司的社会形象,并领导 UPS 成为技术上多方面的领先者,让公司以美国当时历史上最大 IPO 规模上市。两人都为他们的继任者迈克·埃斯丘铺好了路,结合并购与内部增长,建立了一个顺畅的全球物流企业,在成长的同时继续学习。因为该职业在建立信任上投入了很多,他们能够在危机时刻利用所积累的信用。例如,在 1997 年的罢工中,记者采访 UPS 员工以找出自己曾是位卡车司机的老于世故的 CEO 吉姆·凯利,是如何塑造基本谦恭和平易近人的形象,能够在美国的码头或任何一处会议室与任何一位司机惬意地谈话。

最后一种企业文化类型是堡垒。身处困境的公司面临的最大危险是会导致一种受围心态,认为生存是最紧要的目标。成功的领导者必须证明自己像 IBM 的卢·格斯特纳(Lou Gerstner)一样坚忍不拔、具有说服力,而不像日光的"链锯阿尔(Chainsaw Al)"邓拉普一样,表现得粗暴、具有攻击性或者不可靠。当幸存者道德盛行时,滥用工人和欺骗合伙人的诱惑力很大。正如我们看到的胜腾的亨利·西尔弗曼或戴斯酒店的迈克·利文一样,对他们而言,通过在法律上与合伙人的胡作非为划清界限,证明自己闪闪发光的名誉是非常关键的。

简而言之,一种文化中的英雄行为在另一种文化中可能被认为是不适当、不适宜甚至恶劣的。每一种文化帮助创造它所需要的英雄,因为这些英雄为那种文化提供了一套行为准则——或者一套基本的抱负与价值观念——来遵循。人类学家理查德·道尔逊(Richard Dorson)和历史学家狄克逊·韦克特(Dixon Wecter)已经证明美国历史不同时期的民间故事中变化的社会抱负,是如何使得民间故事称颂不同的职业的,从边疆开拓者、伐木工人和牛仔,到战士、社会活动家、发明家和商业大亨,都是根据国家最大的不确定因素所在而决定的。[55]

因此,那些追寻在某一时期被定义为伟大的约定俗成之路的人,为了特定的职业文化或社会预期,在重大失策之后,更有可能重获立足点。在单独评估某个领导者的恢复行动的有效性时,环境所起的作用非常突出。在接下来的第五章,我们把关注点从公司和行业文化的大背景转向某人被解雇的具体来龙去脉,而不是他们是在哪里被解雇的。也许一些形式的严重渎职过于异乎寻常,超出了文化的容忍度。

第五章　妨碍东山再起的离职原因

> 我的好陛下，
> 无瑕的名誉是世间最纯粹的珍宝；
> 失去了名誉，
> 人类不过是一些镀金的粪土、染色的泥块。
> 忠贞的胸膛里一颗勇敢的心灵，
> 就像藏在十重键锁的箱中的珠玉。
> 我的荣誉就是我的生命，二者互相结为一体；
> 取走我的荣誉，我的生命也就不再存在。
> 所以，我的好陛下，让我为我的荣誉而战吧；
> 我为荣誉而生，也愿为荣誉而死。
> ——出自莎士比亚(Shakespeare)的《查理二世》(Richard II)

正如莎士比亚在他的戏剧《查理二世》中精确描述的那样，名声是给予高贵领导者的最纯洁的财富。离职的CEO们和其他领导者从资源和经验的角度，也许处在有利于东山再起的位置，但是他们的名声，尤其是他们在关键把关人中的名声，很可能会在事业的成功东山再起与继

第五章

续深陷垮台的困境之间造成差异。尽管在第九章"重建英雄地位"中,我们将着眼于名声是如何重建的,但是在本章,我们将研究离职原因是如何影响声誉,并直接关系到事业东山再起的可能性的。与其猜测名声是否重要,我们不如展示首个系统研究,该研究证明受损的名声给事业上的东山再起树立了一个可观甚至无法超越的障碍。

当然,导致一个人下台的起因性质肯定很重要。考虑一下那些娱乐界名人,如演员威廉·沙特纳(William Shatner)、约翰·特拉沃尔塔和休·格兰特(Hugh Grant)的复出,还有体育播报员马夫·艾伯特(Marv Albert)和NBA明星科比·布莱恩特的复出,与此相反的是深陷事业打击的流沙之地,例如流行偶像及歌手迈克尔·杰克逊(Michael Jackson),和无声电影明星罗斯科·阿巴克尔(Roscoe Arbuckle)所遭遇的那样。沙特纳最出名的是他20世纪60年代在电视剧《星际迷航》(Star Trek)中扮演的英雄角色柯克船长(Captain Kirk),但是他的英雄偶像形象随着该剧集的消亡而烟消云散——除了铁杆的科幻迷还记得之外。很长一段时期在表演、演唱、导演和反复自嘲中扮演不那么重要的角色之后,他作为价格在线的滑稽代言人重获欢迎,更不用说在重要影片中扮演的重要角色,例如与桑德拉·布洛克(Sandra Bullock)主演的《选美警花2:难以置信的持枪者》(Miss Congeniality 2: Armed and Fabulous)。76岁时,他在与坎迪斯·伯根(Candice Bergen)联合主演的热播剧集《律师风云》(Boston Legal)中出演了一位极受欢迎的角色。

20世纪70年代最著名的明星之一是约翰·特拉沃尔塔,他在《星期六的夜晚》(Saturday Night)和《周末狂欢》(Staying Alive)等古装影片之后,以音乐与时尚的时髦品味裁定人的身份出现。后来他的一系列电影在遭到评论家抨击之后,名声在20世纪80年代急转直下。但是,就像威廉·沙特纳一样,他没有承认失败。1994年,他凭借在昆廷·塔伦蒂诺(Quentin Tarantino)的《低俗小说》(Pulp Fiction)中深受赞誉的角色，造就了娱乐界历史上最激动人心的东山再起。他以此为契机，之后在电影中出演了几十个风靡一时的新角色，例如《矮子当道》(Get Shorty)、《天使不设防》(Michael)、《变脸》(Face/Off)、《恋恋风暴》(She's So Lovely)、《原色》(Primary Colors)和《西点揭秘》(The General's Daughter)。

休·格兰特，最为出名是扮演笨拙有礼的英国人角色，他似乎凭借1994年在电影《四个婚礼和一个葬礼》(Four Weddings and a Funeral)中的角色获得了突破。不幸的是，他笨手笨脚地撞上了声誉灾难，1995年，在与女演员伊丽莎白·赫尔利(Elizabeth Hurley)的高调名流婚礼之前，被逮到和一个妓女在一起。他没有选择退缩，而是立即签约深夜谈话节目巡演；凭借自嘲的魅力，他成功地博得了公众的同情，并获演一系列成功影片的主角，例如《诺丁山》(Notting Hill)、《蓝眼睛米奇》(Mickey Blue Eyes)和《一个男孩的故事》(About a Boy)。

1997年，著名的NBC体育播报员马夫·艾伯特，为纽约尼克斯队(New York Knicks)、骑兵队(the Rangers)、巨人队(the Giants)进行过广播，同样在一次不正当的性丑闻中见证了自己的声名狼藉和事业触礁，关于他怪癖性行为的过分渲染充斥了新闻节目。他承认犯有对一位情人进行长达十年性虐待的轻型罪。与休·格兰特一样，这次丑闻特别不合时宜，因为他正忙于筹备与全美体育网(ESPN)的一位制作人的婚礼。就在艾伯特认罪数小时之后，NBC解雇了他，然后他辞去MSG网的工作。一年后，他被MSG网和特纳联播网(Turner networks)重新聘用，并在1999年重返NBC。

并不是所有失势的名人都能如此轻松地重建他们的名声。无声电影明星罗斯科·阿巴克尔1921年9月在旧金山的圣法兰西斯大饭店(St. Francis Hotel)登记入住，来过劳工节周末，他与查理·卓别林(Charlie Chaplin)、哈罗德·劳埃德(Harold Lloyd)和巴斯特·基顿

第五章

（Buster Keaton）同属美国最受崇拜的喜剧演员之一。不久之后因为被指控强奸谋杀一位女演员而深受鄙视，她那个周末在参加他套房举办的聚会之后死去。尽管他摆脱了全部控罪，但是在10年期间被禁止以自己的名字从事好莱坞工作。1933年6月，正当他庆祝禁令解除并签约一部重要的新影片时，却死于心脏病发作。[1]

同样地，对于歌手迈克尔·杰克逊而言，事业的重启并不那么容易。在一系列猥亵儿童的指控和一次揭露了他怪诞个人生活方式的审判之后，是他对媒体巨人的一系列反诉讼，之后他很大程度上隐居在中东的庇护所里。

一个非同寻常的名声恢复事件是洛杉矶湖人队的后卫科比·布莱恩特，他在2003年被控性侵害之后名誉扫地。随着形象的支离破碎，以他为主角的广告同样分崩离析了，包括为麦当劳、拉塞尔公司（Russell Corporation）"斯伯丁"品牌（Spalding）的体育用品部门、能多益（Nutella）、可口可乐的雪碧汽水以及耐克制定的一系列签名运动鞋和服饰的计划而制作的广告。[2]仅仅3年之后，众多指控已经被长期搁置，在2006年与多伦多猛龙队（Toronto Raptors）的一场比赛中，布莱恩特在42分钟内获得了令人震惊的81分之后，耐克重启超过4,000万美元的服饰签名协议。篮球赛场上的重振雄风也许只要42分钟，但是自丑闻爆发后，布莱恩特重新制作首个电视商业广告之前所花费的时间却要长得多。麦当劳、可口可乐以及能多益的制造商终止了价值1,150万美元的合同。[3]

《牛津案头字典》（Oxford Desk Dictionary）将名声定义为"关于一个人或一样东西的品质的普遍说法或看法"。[4]我们从这一定义得出名声的两个重要维度：名声的内容和内容的感受者或持有者。一个人名声的内容范围能被概括为"品质"，但是，在一个人名声涉及职业前途的背景下，名声的内容能被有效地分成道德品质、社会人格以及技能和能力。

道德品质涉及在行为上遵守道德的高标准，主要包括诚实正直的问题。社会人格覆盖了这个人与其他人相互作用的领域——他们如何与别人相处、他们与别人和睦相处的能力，以及支配动机和与他人互动的人格特质。技能和能力直接关系到这个人过去的业绩和他们使用自己的才能在另一个环境中把过去的成就转化为未来成就的知觉能力。

　　名声的每个方面都可能对这个人走出职场挫折的可能性有不同影响，在不同环境中（正如上一章所探讨的那样）或多或少地凸显出来，并或广泛或狭窄地为人所知。确实，一个人的失败也许因为上述某一方面的名声受损，但是其他人可能更看重其他方面，因此忽视了某个领域内的损害。例如，比尔·阿吉（Bill Agee）因为迅速提拔玛丽·坎宁安（Mary Cunningham），在本迪克斯（Bendix）引发了一起丑闻，他被指责因风流韵事而徇私偏袒（这两人后来结婚了），之后因接管马丁·玛丽埃塔公司（Martin Marietta Corporation）失败被迫下台。尽管遭遇了这次重大职场挫折，莫里森克努森公司（Morrison－Knudson Company）仍聘用阿吉出任CEO，因为他具有扭转公司局面的知觉能力。莫里森克努森公司不关心阿吉的私生活，聘用他时评论道"他是一个非常有能力的小伙子"，并且"他具有我们正在寻找的许多品质特征"。[5]确实，名声效果甚至可能不属于名声"受损"的情况，而只是符合该组织的价值或需要。例如，"链锯阿尔"邓拉普因为在斯科特纸业公司（Scott Paper）和之前雇主公司的越轨行为，博得了难以控制、鲁莽的名声，但是尽管有这样的社会名声，也许会被许多人理解为负面的名声，日光特别看重邓拉普在扭转局势方面的名声，并聘用邓拉普处理它的麻烦。然而，随后，他因为审计欺诈行为不光彩地离开日光，他道德品质上的后一个污点已经使他在技术和能力方面的正面信誉黯然失色；在证券交易委员会禁止他出任任何一家上市公司的高管或董事之后，他悄然退休。

　　名声的第二个维度是名声内容的接受者或持有者。换句话说，这个

第五章

人的名声被散播得如何之广、多么的牢不可破？例如，一个人也许已经参与审计欺诈很多年了，但也许不被别人所知，或者只有一两人知道，而他们秘而不宣。在这种情况下，道德品质的缺陷并不广为人知，并且，实际上，这个人也许因拥有良好的道德品质誉满天下，或者在这个领域根本没有名声，无论好坏。然而，审计欺诈的行为一旦曝光，在全国的报纸上被大肆渲染，结果被证券交易委员会或当局其他部门进行调查，然后不诚实的道德品质的名声就变得广为人知，不可动摇了。这显示了名声散播和名声力量的极端情况，大多数情况没那么戏剧化。当一个人从CEO职位上被解雇时，免职的原因也许不为公众所知。的确，免职的真实原因通常被蓄意隐瞒，因为董事会要保护公司名声和自身，通常忙于用精心策划的保全面子的活动来掩盖离职的真正原因。新闻报道中的许多委婉说法，CEO"因个人原因"或"想花更多的时间和家人在一起"而辞职，隐藏了更具破坏性的事件或意见分歧，因为有可能损害公司声誉，同时损害离职CEO的声誉，双方同意表现出一幅更加友好的离职画面，虽然实际上并非这么回事。

领导者和企业之间声誉相互纠缠的性质

企图隐藏解雇CEO的潜在原因指向了这一事实，CEO是组织的代言人，其声誉必然与组织自身的声誉密切交织在一起。由咨询集团博雅公关公司（Burson-marsteller）进行的最新研究，强调了企业与个人声誉之间的相互联系，该研究发现CEO的声誉代表了公司在其他CEO、总经理、金融分析师、媒体和政府官员中间整体声誉的45%。[6]博雅公关公司的研究表明，CEO的个人声誉可能对公司有显著而正面的影响，有95%的金融和行业分析师说，他们会基于CEO的声誉购买股票，而94%说他们会因为CEO推荐一家公司的股票。从反面来看，当CEO因为行为不当而声誉被毁时,公司声誉同样毁于一旦。见证一下 CEO 沦为丑闻主角的公司,股票价格大幅下跌。CEO 萨姆·瓦克萨尔(Sam Waksal)进行的内部交易被揭露之后的数周内,英克隆公司(ImClone)的股票下跌超过了 90%。玛莎·斯图尔特生活全媒体公司(Martha Stewart Living Omnimedia)的股票下跌超过 70%,因为斯图尔特被指控凭借来自她朋友萨姆·瓦克萨尔的内部消息,购入英克隆股票牟利。当 CEO 丹尼斯·科兹洛夫斯基的行为被揭发,从指控他购买艺术品时逃避营业税开始,泰科电子的股票同样直线下跌超过 70%。所有这些案例都涉及被毁的或受损的个人声誉,最初与组织的财务健康或运作良好状况几乎没有任何关系,但是却对公司造成了严重的负面影响。

这一数据会指出 CEO 的个人声誉和公司声誉联系的如此紧密,以至于彼此相互依赖。CEO 是公司的代言人,而公众认为公司的业绩归功于 CEO,反之亦然。因此,当组织表现良好、外人以积极肯定的态度看待它时,组织和 CEO 两者的声誉都得到提升;而当不幸发生时,不论 CEO 个人是否是引发不幸的原因,公司声誉和 CEO 的个人声誉两者都会受到损害。确实,哈佛商学院的教授拉克什·库拉纳已经提出理由证明,CEO 与企业声誉相互交织的这种一荣俱荣的关系,已经导致公司盲目追求市场地位高、拥有公司救星声誉、具有超凡魅力的 CEO,而不考虑公司的战略情况或者候选人的技能组合与该组织的实际需要如何恰当地匹配。[7] 库拉纳认为这种非理性的追求已经扰乱了 CEO 人才市场,导致了超级明星 CEO 极高的薪酬,最终,也许,导致了我们如此频繁地见证轰动一时的企业倒闭事件。

然而,尽管 CEO 的个人声誉和公司声誉之间的相互关系非常牢固,当这种相互联系的声誉被 CEO 的解雇撕碎时,会发生什么呢?甚至当离职的真实性质都被掩盖时,离开组织会如何影响 CEO 的个人声誉呢,包括在公众中的广泛影响和在关键把关人中的狭窄影响,以及 CEO 声

第五章

誉的任何潜在损害对事业东山再起的可能性有什么影响？

作为事业东山再起把关人的高管招聘人

当然，离开的领导者的事业东山再起有许多不同方案和不同途径，他们也许借此转而领导另一家组织。许多CEO选择走创业路线，并开创他们自己的组织——例如家得宝的伯尼·马库斯——而且他们自己通常拥有这样做的充分资源。其他人利用外部董事会成员身份和密切的人际关系，使他们能够绕过正式的人才搜索程序，进入组织之中。一些人反而更喜欢在几个董事会中，仅作为外部成员担任顾问角色。许多人，例如前美国运通CEO詹姆斯·鲁宾逊或前时代华纳领袖尼克·尼古拉斯，继续积累可观的财富并在商界留一手，在他们感兴趣的领域作为提供咨询的天使投资人对小型初创公司进行私人投资，但是从未重获他们曾经享有的声望。没有强劲人脉优势或董事会关系或选择不走创业路线的前CEO们，必须一路逆流而上，重获声望，这一路都由猎头行业的把关人看守。

在搜罗高级经理人时，公司几乎总是聘请一家猎头公司为该职位提供候选人的初选名单。因此，猎头公司实际上扮演把关人角色，掌管失败的领导者通向这些高层职位的钥匙。在经理人的人才市场中，声誉是在这个王国通行的硬通货。实际技能和能力通常很难评价，而当使用背景核实和推荐信时，精确判断候选人的技能和是否适合该公司需求的可能性充其量是一种不确定的艺术。正如前面提及的那样，考虑到CEO的声誉会对公司的整体声誉有重大影响，同样可能对公司有最直接的影响，至少外部世界如此理解。同样，考虑到董事们进行最终选择，而猎头顾问（作为把关的中间人）需要维护自己的声誉，不管候选人的能力和公司需求匹配与否，他们都有重大动机选择拥有最高声誉的候选人，因为结果的不确定性和评估这一匹配的能力有限。如果根据CEO在这个岗位上的实际业绩评估，证明董事们的选择是一个错误的选择，董事们可以表明他们选择了能找到的最值得关注并且声誉最佳的候选人，以此保护他们自己免受商业判断力糟糕的指责和随之发生的对他们自己声誉的损害。的确，根据我们对猎头界中显要成员的采访，这种情景发生得相当频繁。董事会通常觉得候选人初选名单上的每个人拥有一组不同组合的技能，他们觉得每一组技能在适合公司需求方面水平相当。因此他们根据候选人较广的声誉进行选择，他们认为其声誉将会被市场给予最积极正面的评判，并且如果候选人表现得不符合预期，也会给予他们最大的保护。因此，CEO的声誉成为决定事业东山再起可能性的最重要因素。

因为选拔过程非常重要，所以了解高管的声誉是如何在市场上传播的是至关重要的。在《猎头者》(Headhunters)一书中，约翰·伯恩对高管寻访及其影响的范围进行研究，认为高级人才寻访公司"改变了高管流动的性质以及经理跳槽的方式"，以致现在几乎所有高级管理人才的寻访都由猎头公司负责。[8]如果说那些负责寻访高级管理人才的咨询公司是根据候选人的声誉来决定是否给他这个职位，那么他们又是根据什么信息做出判断的呢？为了回答这个问题和更好地理解管理人才的声誉在市场上是如何传播的，我们找到并调查了那些最广为人知的寻访管理人才的咨询公司，这些公司主要负责寻访适合CEO和董事级别职位的人才（见表5-1）。[9]对管理人才的寻访，特别是对公司的CEO和董事级别等最重要的职位的人才的寻访，主要是由一小群人完成的。因此，这一小群人如何得知有关某位被免职的CEO的声誉的信息，就决定着这位CEO能不能东山再起。

图5-1列出了寻访管理人才的咨询公司了解候选人声誉的主要信息来源，特别是有关他被免职的细节。从图上可以看出，这些咨询公司

第五章

最重视的是第一手资料——排在首位的是他们与候选人之间的互动,其次是那些认识候选人的人所提供的信息,包括董事会成员、高级经理和其他认识这位被免职的CEO的人。较为次要的信息是有关这位CEO的声誉的一般性评价,如其他CEO、媒体和分析师对他的评价等。最后,寻访管理人才的这一小圈子的竞争也是非常激烈的。我们调查的结果显示,这些咨询公司之间很少会向彼此透露信息,因为它们都要保护自己的信息和与这些关键人的关系,即他们主要的优势所在。通过第一手资料来评价候选人的声誉、了解他离职的原因,寻访管理人员的咨询公司可以较为详细地了解候选人在市场上的声誉和他们离职的原因。

表 5-1 受访者

姓名	所在公司
詹姆斯·M.西特林(James M. Citrin)	史宾沙(Spencer Stuart)
罗杰·M.肯尼(Roger M. Kenny)	董事会咨询公司(Boardroom Consultants)
米林顿·F.麦科依(Millington F. McCoy)	古尔德·麦科依和恰迪克(Gould McCoy & Chadick)
约翰·布兰尼(Johan Blaney)	布兰尼猎头公司(Blaney Executive Search)
查克·布拉齐克(Chuck Brazik)	布拉兹克集团(Brazik Group)
迪伦·戴维斯(Dylan Davis)	欧布莱恩公司(O'Brien and Company)
比尔·迪伊(Bill Dee)	哈兹菲尔德顾问公司(Hartsfield Advisors, Inc.)
理查德·A.厄兰格(Richard A. Erlanger)	厄兰格公司(Erlanger Associates)
高登·格兰德三世(Gordon Grand III)	拉塞尔·雷诺兹公司(Russell Reynolds Associates)

续表

劳伦斯·格里芬(Lawrence Griffin)	白头·曼(Whitehead Mann)
艾拉·J.艾萨克森(Ira J. Isaacson)	史宾沙
凯文·琼斯(Kevin Jones)	皇冠咨询公司(Crown Advisors, Inc.)
罗伯特·D.肯泽(Robert D. Kenzer)	肯泽公司(Kenzer Corp.)
查尔斯·H.金(Charles H. King)	科恩—费里国际(Korn/Ferry International)
托马斯·L.麦克莱恩(Thomas L. McLane)	董事猎头小组(The Directorship Search Group)
小拉塞尔·雷诺兹(Russell Reynolds Jr.)	董事猎头小组
里克·史密斯(Rick Smith)	史宾沙
吕贝卡·索恩(Rebecca Sohn)	李·赫克特·哈里森(Lee Hecht Harrison)
查尔斯·D.怀特(Charles D. Wright)	斯坦顿·蔡斯国际(Stanton Chase International)
比尔·汉德勒(Bill Handler)	汉德勒公司(Handler & Associates)
乔尔·M.科布勒茨(Joel M. Kobletz)	董事会咨询公司
G.罗奇(G. Roche)	海德里克和斯特拉格尔斯(Heidrick & Struggles)
迈克尔·D.肯尼迪(Michael D. Kennedy)	科恩—费里国际(Korn/Ferry International)
J.韦罗妮卡·比金斯(J. Veronica Biggins)	海德里克和斯特拉格尔斯
C.克拉克(C. Clarke)	博伊登全球猎头公司(Boyden Global Executive Search)
保罗·F.克拉斯(Paul F. Crath)	普华永道(PricewaterhouseCoopers)
洛伊斯·迪斯特(Lois Dister)	塞吉卡猎头公司(Cejica Executive Search)

第五章

续表

贝基·盖茨(Becky Gates)	林克伙伴(The Link Partners)
乔·古德温(Joe Goodwin)	古德温集团(The Goodwin Group)
德波拉·哈珀(Deborah Harper)	哈珀·休斯猎头公司(Harper Hewes Inc. Executive Search)
威廉·J.凯利(William J. Kelly)	凯利公司(Kelly & Company)
理查德·E.金泽(Richard E. Kinser)	金泽和贝伦(Kinser & Baillou)
安德里·雷德蒙(Andrea Redmond)	拉塞尔·雷诺兹(Russell Reynolds Associates)
丹尼尔·A.迈兰(A. Daniel Meiland)	埃贡·泽德国际(Egon Zehnder International)
威廉·B.里夫斯(William B. Reeves)	史宾沙
帕米拉·罗尔夫(Pamela Rolfe)	
史蒂文·施耐德(Steven Schneider)	施耐德、希尔和斯潘格勒(Schneider, Hill & Spangler, LLP)
帕米拉·塞德马克(Pamela Sedmak)	欧布莱恩公司(O'Brien and Company)
比利·赛特奇科(Billy Seitchik)	赛特奇科·科温和赛特奇科(Seitchik Corwin and Seitchik)
帕特里克·H.萨格鲁(Patrick H. Sugrue)	亨登和萨格鲁猎头公司(Hendon & Sugrue Executive Search)
阿斯特丽德·范·贝伦(Astrid von Baillou)	
小威廉·H.威利斯(William H. Willis Jr.)	威廉·威利斯环球公司(William Willis Worldwide, Inc.)
安迪·扎莱塔(Andy Zaleta)	科恩—费里国际
托恩·内夫(Torn Neff)	史宾沙
罗伯特·哈拉干(Robert Hallagan)	海德里克和斯特拉格尔斯

妨碍东山再起的离职原因

图 5-1 离职信息来源

从 1 分至 7 分打分，1 分表示一点也不在乎；7 分表示非常重视。

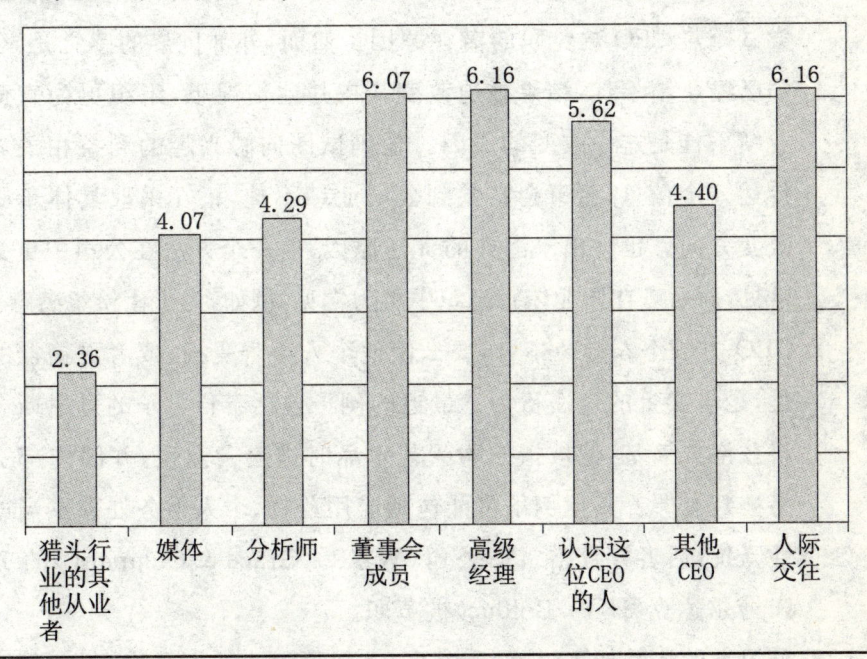

猎头行业的其他从业者	2.36
媒体	4.07
分析师	4.29
董事会成员	6.07
高级经理	6.16
认识这位CEO的人	5.62
其他CEO	4.40
人际交往	6.16

CEO 被迫离职的原因

辞职的来龙去脉也许对当事人的声誉和之后的事业东山再起的可能性影响最大。在研究成百上千的 CEO 离职事件的时候，我们仔细研究了每一次离职的详细报告，并与一些著名猎头顾问进一步探讨了无数的离职事件和离职类型，他们有我们正在研究的许多被迫离职案例的内部信息。通过这一过程，我们归类出离职的六种基本潜在原因，离职是 CEO 与组织之间被迫过早分离的结果，与正常的卸任或者 CEO 自愿离开以前往另一家组织完全不同。

第五章

1. 公司业绩不佳,组织运作劣于同等实体,通常是在一段持续的时间内一直如此。在有些情况下,为了避免把注意力引向组织的绩效不佳,董事会会使用例如"CEO因为私人原因辞职"等委婉说法,尝试掩盖CEO被免职的潜在原因。然而,外部世界的感觉是,公司已经业绩不佳,结果被迫改变。在其他情况下,组织更为直面业绩不佳是这一改变的原因。他们试图向感兴趣的利益相关者传达一个信息,董事会察觉到公司业绩不佳,正在采取具体步骤改变方向。也许出于潜在的责任原因,前一个方法在公司中更为常见,而后者在职业体育组织中更为常见,例如,为了让粉丝满意。

2. CEO方的个人行为不当,要么使他个人声誉受损,或者更糟糕的是,是事实上的违法行为。最近的例子包括泰科电子的丹尼斯·科兹洛夫斯基,他被指控购买艺术品时逃避营业税,并因内部交易被判有罪。其他例子可能包括滥用药物、个人财务处理不当或性骚扰,后者导致格雷斯公司(W. R. Grace & Company)的 J. P. 博尔达克(J. P. Bolduc)被革职。

3. 公司方的违法或不道德行为,CEO必须为此承担最终责任,不论CEO是否参与其中,是否知情,甚至是否容忍组织所采取的行动。最近的许多丑闻,例如安然、南方保健公司(HealthSouth)和世通公司归于此类之下。在每个案例中,CEO和他们的高管成员都被指控做假账,而这已经导致美国历史上最大的两起破产案。在这些案例中,CEO似乎对非法或不道德行为了如指掌,并参与其中。但不是必须强迫CEO因公司的不法行为离职——例如,如果公司违反了反海外腐败法(Foreign Corrupt Practices Act),即使在CEO不知情或不同意的情况下通过贿赂取得合同,CEO还是要对企业文化和公司采取的行动负最终责任。

4. CEO与董事会之间的战略分歧,一个强势的董事会对CEO正在领导组织前进的战略方向有根本性的偏离，或者对CEO对组织的运作有其他一些强烈的不满，结果导致董事会罢黜CEO或迫使CEO辞去难以为继的职位。这样的辞职显示了一个强势的董事会，它对设定公司的战略方向参与很多，并对CEO施加其影响力特权。例如，莱恩·罗伯茨（Len Roberts）和弗兰克·柏拉提（Frank Belatti），在快餐连锁阿比相继出任总裁，与主席维克托·波斯纳在公司问题上有冲突——罗伯茨是关于种族歧视政策，而柏拉提是关于将公司从亚特兰大迁至迈阿密——结果两个人都离开了。

5. 虽然业绩和政治是组织中通常的冲突源，一些离职事件主要是因为CEO与一位或多位董事会成员之间的政治或性格冲突而引发的。又一次，这种离职类型显示出董事会成长史的一些东西，董事会成员在会议室内享有一种强势的权力基础，准备好对丧失了权力或董事会信任的CEO行使权力。摩根士丹利添惠公司的总裁，约翰·麦克，与主席菲利普·珀塞尔发生冲突，显然是关于麦克何时能够接替最高职位。在1997年两家公司合并形成摩根士丹利添惠公司时，麦克任摩根士丹利CEO，珀塞尔任添惠公司CEO。无论公司内外，人人都相信虽然在合并之后，珀塞尔出任CEO职位，麦克出任总裁职务（虽然两人领取同样的薪金）但是有协议麦克很快将成为CEO。4年后，对麦克而言变得很明显，珀塞尔不会移交权力，而必然发生的冲突导致了麦克的离开，之后许多前摩根士丹利高级员工辞职。

6. 虽然麦克的离开不是紧随合并之后，而发生在似乎成功的交易大约4年之后，更多地被视为后来的性格冲突，而非合并的直接结果。然而，公司被另一家合并或接管通常会导致被收购方的CEO离开该组织，不是立即离开，就是在相对较短的过渡时期之后，通常作为交易条款的一部分，或者如果该实体和被收购公司

第五章

的CEO之间有文化冲突,CEO被视为妨碍两个组织成功融合的绊脚石时。出售的环境可能会对CEO和该组织的业绩有一些影响,但是许多合并和收购,尤其是性质友好的那些,对CEO没有负面的业绩影响,即使结果是他或她被迫出局。

虽然每次离职都会有明显独特的背景,同样会对个人声誉有影响,CEO离职的原因很可能在系统内对声誉造成最大的影响,尤其是在通向事业东山再起之路的关键把关人之中。当董事会最终决定谁被聘为CEO时,决定在全体候选人中最可能考虑哪些候选人的关键把关人是猎头公司。正如预期的那样,CEO离职的原因对于CEO在这些著名猎头顾问中的声誉有重大影响。

图5-2 离职原因造成的声誉损失

分值范围从1到5,1=对声誉非常有利;5=对声誉是毁灭性的。

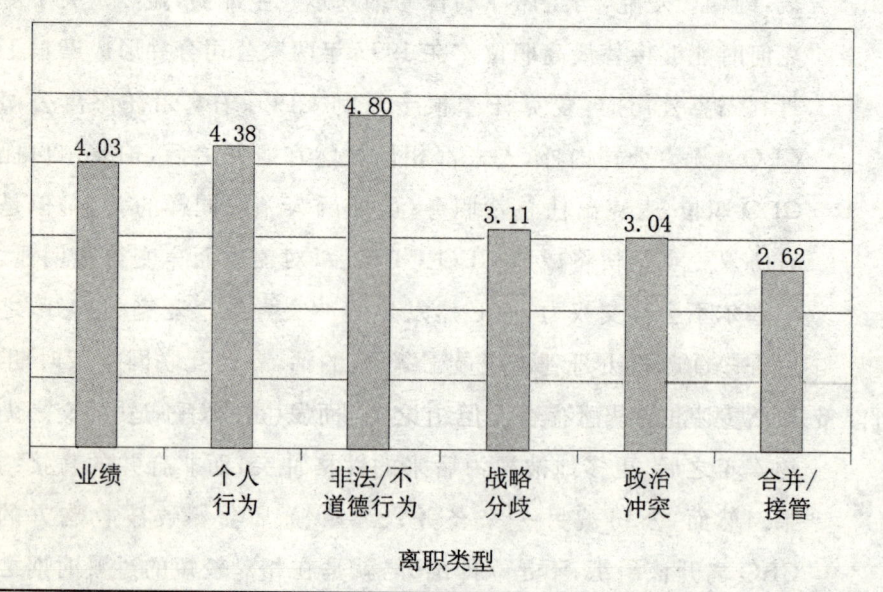

离职类型	分值
业绩	4.03
个人行为	4.38
非法/不道德行为	4.80
战略分歧	3.11
政治冲突	3.04
合并/接管	2.62

图 5-2 显示前面讨论过的各种离职原因对 CEO 声誉造成的可感知损害。从这个图表能够看出来，这些离职类型分为两大类：对离开的 CEO 声誉造成了重大负面影响的离职原因，和由于离职的背景而根本没有造成声誉损害的原因。正如被怀疑的那样，尤其根据最近的丑闻，凡是参与了非法或不道德行为，无论是个人还是公司行为，都对 CEO 声誉有破坏性的影响。因为个人行为不当和业绩不佳导致的免职同样对 CEO 的声誉"相当有害"或有更严重的影响。但是随后对猎头顾问的采访显示，特别是与业绩相关的离职，虽然失败会破坏 CEO 的声誉，但是有关失败的独特背景极其重要。在后续采访中，为了更好地了解离职的独特背景和对业绩相关的免职的一般影响会有怎样的不同，我们向猎头顾问询问了一些业绩失败的具体案例以及对个人声誉和发展前景的影响。

我们讨论的一个例子是乔治·沙欣（George Shaheen），他具有 30 年的丰富经验，并担任全球咨询公司安达信（Andersen Consulting）（现名埃森哲（Accenture））的 CEO 长达 10 年之久。1999 年 9 月，正值科技股泡沫期间，沙欣离职，成为 4 个月大的互联网杂货运送公司威普旺（Webvan）的主席和 CEO。6 周后，威普旺上市，使沙欣的股票和期权价值 2.85 亿美元。[10] 9 个月后，威普旺无法获得更多的资金，破产并停止营业，它的股票一文不值。虽然这肯定是一次业绩失败，我们采访的经理人猎头顾问并不将其视为对沙欣声誉和事业前景完全毁灭性的一击。他们承认沙欣在接受这个职位时做出了错误判断，没有看出威普旺商业模型与生俱来的缺陷，尽管事情进行得顺利的话，有在互联网繁荣时期可能带来大量财富的诱惑存在。但结论是沙欣只是刚好不适合那个职位，并且威普旺无论如何从一开始就是难逃一死的典型。猎头顾问们断定，沙欣在领导一家大型、确立的、成熟专业服务公司方面显然表现出了非凡的才能，但是并不适合在一个缺乏现有基础和既定业绩轨迹的背景下担任更倾向创业性质的领导岗位。因此虽然他的名字不太可能出现在

第五章

猎头顾问推荐的创业运营职位的初选名单上,但是如果出现领导一家大型专业服务公司的职位空缺,沙欣的名字肯定会出现。确实,随后,沙欣被任命为软件公司西伯尔系统(Siebel Systems)的CEO,东山再起。

声誉在经历一次业绩失败之后幸存下来的另一个例子是埃里克·施密特(Eric Schmidt),网络搜索公司谷歌(Google)的CEO。施密特在担任太阳微系统公司首席技师期间,是Java程序设计语言的主要设计师和传道人。1997年4月他被怂恿离开太阳,成为苦苦挣扎的软件巨人诺维尔(Novell)的CEO。然而,作为扭转局势的CEO,他自己承认"处于困境",在艰难的4年之后,他留下了一家仍苦苦挣扎于财务困境和裁员的公司。[11]尽管彻底改变诺维尔的任务失败了,但是不出两个月施密特被聘为谷歌的新CEO,随后在他的领导下,私人拥有的谷歌公司就成为了互联网上一家赢利颇丰的主要搜索引擎,施密特说节约"到了这个程度,在办公室按摩开始共同支付20美元费用"。[12]对谷歌而言,施密特的技术头脑,他作为一位才华横溢的计算机科学家的声誉,以及随之而来的,他理解谷歌技术专家想法的能力,是聘用施密特的最主要因素。正如董事会成员及风险投资家约翰·多尔(John Doerr)解释的那样,比起施密特在诺维尔所面临的扭转局面的情况,谷歌更"像再次在一开始的太阳微系统一样",因此谷歌与施密特的技能更相配。[13]在施密特的领导下,谷歌从时髦的搜索引擎发展成互联网世界的主宰,被誉为世界最热门的技术公司,在不同市场中与互联网巨人微软、eBay、雅虎展开肉搏战,在历史上最成功的IPO之后,以股票市场的表现痛击了这些成立已久的巨人。施密特继续领导谷歌达到了前所未有的高度,谷歌成为最受追捧的广告媒体网站之一,以及最佳雇主选择。

这两个例子说明,虽然与业绩相关的离职可能并且的确给CEO的声誉带来了负面结果,但如果离职的前因后果能得到解释,其影响可能是选择性的,之前在另一种背景下的优秀表现仍然能够为正面声誉铺平道路,尽管没有这个业绩污点,未来职位的背景将不会受到更多限制。乔治·沙欣的例子也把声誉与未来工作前景之间的联系提到了显要位置。虽然沙欣经历了一次与业绩相关的离职,但是离职的背景限制了对他的声誉和可感知的职业前景的损害,因此即使出现过威普旺的瑕疵,对于他先前获得成功的背景下的职位,他仍然是一个强劲的竞争者。

然而,这一经历,在没有阻碍他在西伯尔系统东山再起的同时,可能也使他成为更受欢迎的董事会成员,即使是在类似威普旺的商业背景下,他在威普旺失败的经历使他处于有利位置,能够对类似环境中意想不到的困难提出建议。确实,对于被赶下台的 CEO 而言,回避新的经理人职位,转而致力于高端公司董事会成员的顾问职务,是很常见的。例如:尽管从 CEO 职位上丢脸地离开,F. 罗斯·约翰逊(F. Ross Johnson),雷诺纳贝斯克(RJR Nabisco)的前 CEO,因为布赖恩·伯勒(Bryan Burrough)和约翰·赫利亚尔(John Helyar)的《野蛮人任务》(*Barbarians at the Gate*)中对他的描写而变得臭名昭著,转而担任加拿大的美洲捷运和能源公司(American Express and Power Corporation)的董事;[14] 约翰·埃克斯,在担任 IBM 的 CEO 时被迫下台,之后出任格雷斯公司、百事可乐有限公司、纽约时报公司(The New York Times Company)和雷曼兄弟投资银行(Lehman Brothers)的董事;阿瑟·马丁内斯(Arthur Martinez),曾任西尔斯、罗巴克公司(Roebuck and Company)的 CEO,现担芝加哥联邦储备银行(Federal Reserve Bank of Chicago)、玛莎·斯图尔特生活全媒体公司、百事可乐有限公司、利兹·克莱本有限公司(Liz Claiborne, Inc.)、国际香料香精公司(International Flavors & Fragrances)以及荷兰银行(ABN AMRO)的董事会成员。为了解决这些职业问题与声誉和职业前景之间的联系,我们特别向猎头顾问询问了被迫下台的 CEO 获得未来 CEO 职位和董事会资格的可能性。

第五章

图 5-3 及图 5-4 表明,事实上,对可能的未来职业角色的看法与声誉是密切对应的,这证实了个人声誉在经理人人才市场上起到了非常重要的作用。有趣的是,也许与直觉相悖,除了与董事会有战略分歧这个原因导致的离职之外,因为离职原因对个人声誉造成的损害,比起获得 CEO 职位,对获得一个未来的董事会席位造成的障碍只大一点点。虽然我们的调查结果的差异非常微不足道并且是象征性的,也许有人会预期,考虑到职位重要性和影响力的情况下,受损的声誉也许在 CEO 级别比作为一群董事中的一位的董事会职务有更大影响。然而,对 CEO 职位而言,背景和适宜是需要考虑的更重要的因素;虽然声誉有重大影响,董事会级别的职位对它的倚重只稍多一些,在此岗位上,经理人的技能组合与公司需求的精确配合没有 CEO 职位要求的那么重要。

图 5-3　获得另一个 CEO 职位的可能性

分值范围从 1 到 5,1＝没有机会获得另一个职位;5＝几乎肯定能获得另一个职位。

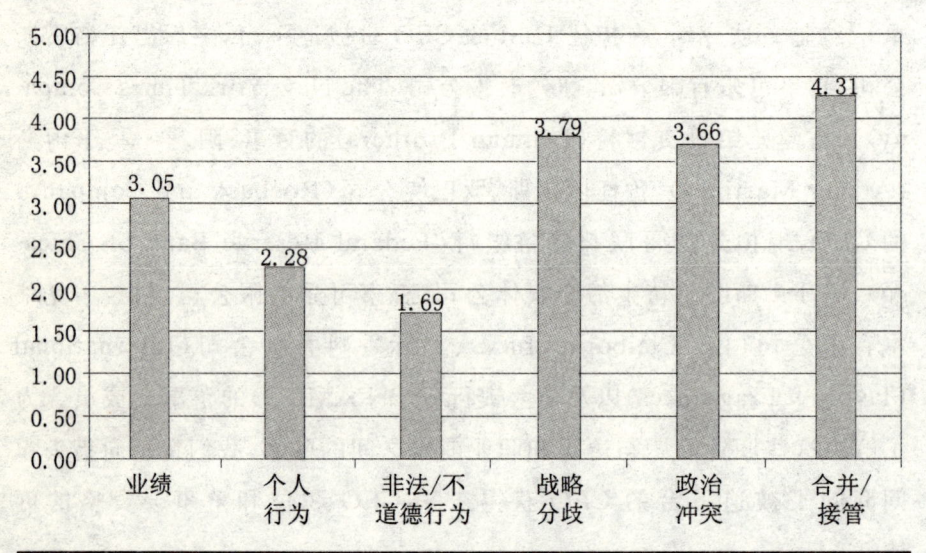

原因	分值
业绩	3.05
个人行为	2.28
非法/不道德行为	1.69
战略分歧	3.79
政治冲突	3.66
合并/接管	4.31

图 5-4 获得董事会席位的可能性

分值范围从 1 到 5，1 = 没有机会获得董事会席位；5 = 几乎肯定获得董事会席位。

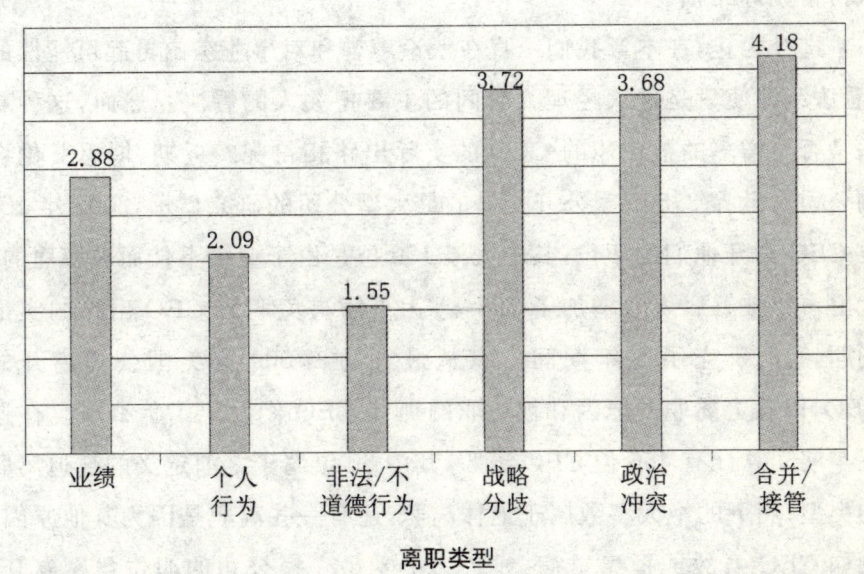

离职类型	分值
业绩	2.88
个人行为	2.09
非法/不道德行为	1.55
战略分歧	3.72
政治冲突	3.68
合并/接管	4.18

不应忽视，当声誉和职业前景因三个免职原因，受到严重危害时，对于另外三个原因而言，造成的声誉损害很小或者没有，并且将来获得一个 CEO 职位或董事会席位的可能性被认为很大。对于一般公众而言，这也许违反直觉，他们可能认为 CEO 被辞退的任何原因对本人的声誉和职业前景都有负面影响。但是事实证明，高级经理人人才市场重视并评判声誉。对于那些正在经历这些类型的失败的人而言，这同样是个重要结论。当你经历了一次罢免，往往会觉得其他人看轻你；如果你不在组织中担任领导职位，其他人会躲开你——事实上，无论离职的真正原因是什么，你的声誉和社会地位都不可挽回地受到了损害。正如我们将在下一章进一步探讨的那样，这可能会导致人们回避社交和商业活动，

第五章

而这样可能会遏制这个人的恢复前景。然而,这些结果显示尽管受害者通常有非理性的恐惧,但其他人——尤其是关键把关人,例如猎头顾问——确实理解并考虑到离职相关的背景,并且在许多事例中声誉可以保持得完好无损。

迄今为止,在本章我们一直在谈论声誉和对事业东山再起可能性的"看法",即使只是进入经理人套间的主要把关人的看法。然而,这种看法是否与增多的被免职的 CEO 的实际出路相符呢?近期,博思艾伦咨询公司对世界 2,500 家公开交易的最大型公司的研究显示,2002 年 253 位 CEO 离开他们的职位,其中大概 100 位是由于业绩不佳而被解雇的,比上一年被解雇人数增加了 70%。[15] 为了解决免职后 CEO 出路的实证问题,我们研究了 5 年期间所有从最大的 1,000 家美国公司离开的 CEO,以确定离职的原因和被免职的那些 CEO 们发生了什么事。在这五年期间总计有 456 位 CEO 离职,其中 60 位属于之前定义的被迫离职的类型;剩下的绝大多数属于退休离职,还有一些离职是因为其他原因,例如 CEO 身故或罹患重病,或者为接受另一家公司的职位自愿离开。考虑到解雇的数量相对较少,并且对猎头顾问看法的研究表明我们基本上有两大名声效果——对 CEO 声誉有实际负面影响的离职(由于业绩、个人行为不当以及非法或不道德行为引发的离职),和对 CEO 声誉没有负面影响的离职(由于与董事会的战略分歧、政治冲突,或者合并、接管造成的离职)——我们将离职分成两个截然不同的类别。

表 5-2 说明了属于不同离职类型的被免职 CEO 的职业出路,在革职两年后测定。我们将职业出路分为三种状态。活跃的经理人角色表示 CEO 已经重获另一家组织的全职职位。可能是在另一家组织被聘为 CEO 或者高级经理人,或者创办了另一家商业企业并在该企业担任全职领导角色。

或者,比起全职的经理人角色,被免职的 CEO 可能会从事活跃的顾问角色。这包括加入其他商业组织的董事会成员身份,实际上以多重董事会成员身份成为全职的专业董事,或者以天使投资人的身份亲身实际参与企业运营,相对于被动型投资而言。

表 5-2 不同离职类型的被免职 CEO 的职业出路

	带来负面声誉的离职	带来中性声誉的离职
重任活跃的经理人角色	29.6%	39.4%
重任活跃的顾问角色	14.8%	27.3%
退休	55.6%	33.3%
	100%	100%

对于拥有可观财务资源的离职 CEO 而言,专注于与他们专业技能相关的某一领域内一家较小的初创期企业,持有该企业大量股权并作为活跃的顾问将时间贡献给这一年轻的初创企业,是非常常见的——例如,时代华纳的前联席 CEO 尼克·尼古拉斯,和美国运通的前 CEO 詹姆斯·鲁宾逊所采用的方法。如果一位 CEO 在离职两年内没能担任活跃的经理人或顾问角色,我们将此归类为退出了企业界。当然,其中一些经理人可能会花费相当多的时间和精力追求其他激情,例如非盈利的慈善活动,选择将他们的时间贡献给回报更广的社会,而不是尝试重获他们以前在商界的地位。

从表 5-2 中能够看出,那些出于被猎头公司认为损害声誉的原因——业绩、个人行为不当或者非法或不道德行为——而离职的 CEO 们,重获活跃的经理人或顾问角色的可能性实际上较低。的确,此类经理人在离职两年内重返活跃岗位的人数不足一半。与此相反,因为战略分歧、政治冲突或者合并及接管的原因——对他们的声誉没有可感知的

第五章

影响的原因——而被解雇的那些CEO们,有2/3在两年内取得了活跃角色。

这一论据证明了猎头顾问的观点与离职的经理人所发现的事实相符。但是更为重要的是,它表明对声誉的影响,尤其是在猎头行业关键把关人中的影响,的确削弱了离职CEO事业东山再起的前景。

那么,声誉,在离职领导者的事业东山再起的可能性中是强大的影响因素。受损的声誉能够使职业生涯一文不值并让东山再起变得极其困难。正如本章开头引用的莎士比亚的《查理二世》中的国王和贵族们一样,声誉是CEO拥有的最宝贵财富,并且,正如引文所得出的结论,声誉值得战斗到底进行保护和重建。并且它成为,正如我们将在第九章中看到的那样,重振旗鼓的关键因素之一。与此同时,我们在上一章关注离职的企业背景,在本章关注其他人对离职的看法,我们现在将研究当事人在自己头脑中构建的妨碍东山再起的障碍,并就离职对个人的心理影响进行深入研究。

第六章　妨碍东山再起的
　　　　心理压力

2000 年 2 月吉尔·巴拉德(Jill Barad)被迫离开玩具制造商美泰公司(Mattel, Inc.)的 CEO 职位时，得到了一个薪酬包，包括五年的薪水和奖金共计 2,640 万美元，每年 708,989 美元的退休金，免除 420 万美元的个人贷款和 300 万美元的住房贷款，另有 331 万美元支付因免除贷款所欠的税费，外加额外津贴，例如支付乡村俱乐部成员的会籍费，以及以一美元购买她办公室家具的选择权。著名股东活动家内尔·米诺对巴拉德令人震惊的离职条件评论道：

> 它(巴拉德的离职包)的价值在 4,500 万到 5,000 万美元之间。对于要为股票价值损失超过 70% 负责的人，同时也是造成美国历史上最具灾难性的并购之一的人而言，她得到了许多奇妙的临别礼物，包括超过 2,000 万美元的现金。这非常说明问题——公司知道她在理财方面需要一些帮助，因此公司为她提供财务建议，毫无疑问她的确很需要。如果你身处董事会，你的主要义务之一就是调度公司资产，以确保对股东的最佳回报。不知何故，这个董事会认为给她价值 300 万的房子抵押贷款，能为股东带来不同凡响的回报

第六章

率。而她离开时,他们不仅免除了抵押贷款,他们还为免除这个终极版芭比梦幻屋的抵押贷款支付税费。他们这么做,因为那不是他们的钱。[1]

美国的CEO一天挣的钱比普通工人辛苦工作一年挣的钱还多,而给即将离任的CEO如此慷慨的薪酬包更是增加了相关的统计数字,大多数人认为这些领导者生活的世界和他们自己的世界之间存在巨大的断层,并且不认为CEO的失败能够引发巨大的痛苦,更不用说会构成一个灾难性的挫败。[2]的确,对于遭遇事业挫折的大多数人而言,失去工作导致的经济困难可能是他们和他们的家庭产生压力的主要原因,并且会导致他们为了维持基本的经济需要,被迫接受不太理想的工作。再加上大公司频繁宣布成千上万人的裁员,少量被解聘的CEO似乎不值得关注。因此,离职的CEO和其他杰出领导者失去地位后的命运很少被考虑。

然而,虽然减轻了经济方面的担心,但那并不意味着离职带来的压力也随之降低。它只意味着压力的形式不同。的确,一位被迫下台的领导者遭受的心理损害可能很严重,并且有时会为东山再起树起难以逾越的障碍。一家媒体大公司的董事,一直与被董事会革职的CEO有联系,他生动地捕捉到CEO所感受到的痛苦、一些压力的来源,以及社会大环境普遍漠不关心的态度:

> 从某种意义上说,他已经经历了这一切——从另一种意义上说,他永远不能完全结束它——你无法从这样的事情中幸存下来。我认为这件事会一直跟着他直到死亡。他被毁掉了。但是,他又把他的生活拼凑在一起,他得到了健康和他的家人。他会好起来的,那是一段可怕的经历,我非常了解他。我认识他的妻子,我认识他

的孩子们。我极其同情他所经历的一切,即使他可能是自作自受。那也没什么差别。没人应该经历他经历过的一切。太残忍了。即使作为报刊上的故事也是令人难以置信的。然而,生活还在继续。那并不是人生悲剧和死亡。我的意思是说,基本上,谁在乎啊……他之外的其他人?那不是世界末日。此外,他带着巨大的财富离开。那不能弥补他的自尊,他的自尊可能受到了永久损害。³

这个个人悲剧也许标志着一个杰出事业的终结,或者至少是个人生活中的重大转折点。正如安迪·沃霍尔(Andy Warhol)早在1968年评论的那样:"未来,每个人都会有15分钟的时间闻名世界。"这些CEO在阳光下已经享受了远远超过15分钟——至少在自己企业的世界里——但是从高位坠落的不光彩的最后15分钟可能最能揭示他们的性格。一些人把失败作为通往更美好未来的跳板。一些人从未真正从被革职的致命一击中走出来,他们陷入了自我怀疑和消沉,或者陷入了与以往对手的长期争斗。与他们的组织的分离引发的心理损害,和一些与革职相关的环境,可能为东山再起树起障碍。当事人性格中的心理恢复能力会决定他能否克服这些障碍。

分离的负担

我们在上一章讨论过,声誉,代表了一个人在更广阔的世界中的身份认知,同时人们也有他们自己的个人身份认知——他们把自己看作是什么人。大量研究表明,专业人才和组织中较高层级的人从他们的职业中得到较多的个人身份认知;对于这些人而言,比起其他群体,他们是谁与他们做的事联系得更为密切。⁴ 比起其他群体,这一点可能对组织的领导者而言更为准确。CEO,除了对组织有私人认同感之外,同时也是该

第六章

组织的代言人,组织内外的人都将其视为组织的象征。通常,会发展出一个关于领导者的英雄主义神话,CEO 的事迹和行为在组织内部以故事和传奇的形式得以传播,在外部则通过媒体传播,CEO 必须应付苛刻的社会并履行商务日程表,以及无数象征性和仪式性的职责。在《声名癫狂》中,文学大师利奥·布劳迪声称,社会总是产生渴望生活在公众视线中的人。[5] 心理学家戴维·贾尔斯(David Giles)在《不朽的幻想:名声与名流》(Illusions of Immortality: A Psychology of Fame and Celebrity)中研究了同一群体,在书中他探索了名气的上瘾性和名人心理的紧张感,因为创造了名声的聚光灯,是失败时折磨名人的同一束强光。[6] 布劳迪声称名利客构成了一小部分人口,他们的存在既是必然的,也受到了社会的欢迎,因为这使得大多数人能够欣赏他们的与众不同之处和潜能:

> 在一个致力发展的社会中,追求名声、攀登名望的阶梯,表现了该社会类型的一些本质。即使更为荒诞不经的炫耀形式都与因某人的才能或某人本身而出名的正常渴望有关。艺人和政治家,大张旗鼓地谋求公众欣赏(以及可能的反对),不能被认为是他们所在社会的正常成员。受到文化意义上潜移默化的影响,所有人都会渴望得到自己应得的东西,他们正是这种渴望的延伸……名声使得求名者鹤立鸡群,但是是在公众的赞同下;反过来,公众在英雄的品质中挑选自己所珍视的特性。[7]

即使在这群名利客当中,也存在两种不同的基本动机,驱使他们追求名声。有些人的满足感主要来源于自己得到广泛认可,以及伴随现世名声而来的诱惑。正如凯瑟琳·赫本(Katharine Hepburn)所说:"一开始,我并不渴望成为演员或学习如何表演,我只是想出名。"[8]

我们把领导者在组织内部追求杰出称作英雄地位:因为他们在组织中的地位而被赋予的世俗名流地位。或者,有些人的基本动力是对不朽的深层次需求,希望通过他们的存在对世界做出永恒的贡献或改变,并得到认可,而一些人只追求当代人的认可,并以此作为对他们的贡献的永久性认可的象征。艾萨克·牛顿(Isaac Newton)为了作为光学、天体力学和微分学领域的科学发现的发现人得到认可,在科学界和更广阔的社会中长期与同一时代其他杰出却敌对的科学家们争斗,并为此付出了高昂代价,他了解并追求这些发现将赋予的不朽名声。[9]

我们把这种追求流芳百世的动力称为领导者的英雄使命感:通过永恒的成就赋予当事人的不朽名声。被罢免的领导者感受到的分离的负担是由失去英雄地位和英雄使命两者的失落感构成的,但是正如这两个成分所代表不同的动机,他们的失落感也是通过不同形式表现出来。

领导者对组织的认同感:失去英雄地位

对于商业组织而言,CEO 的作用是独一无二的。在现今欣欣向荣的商界中,CEO 已经成为公司的象征。此外,随着当今媒体对流言蜚语和阴谋诡计的疯狂热衷,以及商业的拟人化,高薪的 CEO 们在媒体面前呈现的角色有时已经与他们所代表的公司同样重要了。CEO 们可以立即得到认可,并且事实上与他们的组织同义。一部分名声是由 CEO 自己呈现的,创造了一个符合他们巨星级薪酬水平的英雄形象。的确,据说有 CEO 将自己与运动界和娱乐界名人比较,尤其是在为他们相似的薪酬水平辩护时。然而,一部分名声也是社会需要的结果,尤其是,商业的需要。比起缺乏鲜明个性的公司实体,通过树立领导者的传奇将大型组织拟人化,能够卖出更多的杂志。

汽车行业史上有名的李·亚科卡(Lee Iacocca)的职业传说,比尔·

第六章

休利特(Bill Hewlett)和戴维·帕卡德在车库里修修补补的传奇故事，史蒂夫·乔布斯在苹果、NeXT 和皮克斯(Pixar)的豪言壮语，比尔·盖茨与司法部(Justice Department)的斗争——都造就了成千上万的新闻报道和杂志封面故事，更不用说畅销书，如果没有这些生动有趣的描写，它们可能会成为滞销书。用莎士比亚的专用术语来说，CEO 们被迫接受伟大的头衔，为名声所累，无论他们喜欢与否。这种名流地位可能对其值得称赞的成就夸大其词，因此地位本身给 CEO 施加了更大的压力。精神病学家史蒂文·贝格拉斯(Steven Berglas)在他的《成功症候群》(*The Success Syndrome*)中阐明，这种名气的后果会增加个人的心理压力，扩大业绩以确保被抬高的地位，并且不辜负追随者逐渐升高的期望。[10] 即使他们没有每天在《财富》杂志或《华尔街时报》的封面上看到自己，CEO 在自己的领域中仍然是名人：在公司和他们生活的团体中。的确，本研究所采访的一位 CEO 评论说，他对自己说的每句话都必须非常谨慎，因为有五万人随时准备因他的心血来潮投入行动。如果他只是表达对某种事态的暂时性偏爱，那么它很可能就会发生。

伴随名声而来的是 CEO 周边的人和想要从掌权者那里得到青睐或利益的那些人的阿谀奉承。礼仪方面的职责，从向扶轮社(Rotary clubs)或母校发表讲演到为地方博物馆主持募款活动，都需要 CEO 来承担，但同时也将其置于所在社交圈的中心。这种名声的提升感使得 CEO 的个人身份与组织的身份牢固地纠缠在一起。CEO 要解开名声地位与其来源——对 CEO 职位的掌控——的这团乱麻变得非常困难。CEO 掌权时，奉承讨好者和无数与商业无关的社交邀请都让 CEO 相信他是一个被需要的人。然而，他们一旦离职，邀请就迅速消失了，而社会地位的下降可能是戏剧性的，会对曾经相信这种名声的 CEO 造成巨大的心理损害。

这种突然的失势不仅剥夺了权力的魅惑力，并且还是以一种令人痛苦的公开方式加以剥夺的,同时使领导者快速脱离在组织中和更大的团体中的社会地位,这深深刺伤了失势的领导者的自尊。领导者从注意力的中心——经常被其他人挑选出来,并且经常得到组织内部与社区全体的一大群人的认可和尊重——到最好的情况,离开公众视线,最坏的情况,被曾经赞美他们的同一家公司和团体诽谤中伤并加以驱除。似乎在一夜之间从"谁是哪位名人"转变为"他是谁",我们采访的无数被免职的 CEO 对这种变化发表过看法——这幅画面非常生动地说明了丧失 CEO 职位赋予的地位后感受到的伤害。汤姆·巴雷特(Tom Barrett),固特异轮胎橡胶公司(Goodyear Tire & Rubber)的前 CEO,讲述过,他曾经经常被要求在母校麻省理工学院(MIT)发表演说,直到他不再担任 CEO:

> 我常去参加专题研讨会,为了一件事或另一件事,突然之间一旦不再拥有那份工作,你甚至连一个电话也接不到了。因此明白了……突然你不再被需要了……你为了许多那样的事做出了个人牺牲。为了去 MIT,我得飞到那儿,一直工作到下午两点,乘飞机,飞抵,与他们共度所有的时间,我只是觉得他们不承认我这么做是有价值的,因为我现在要讲的故事比之前的要好得多。但是他们很笨,他们不了解这一点。[11]

因此免职代表失去了领导者的英雄地位。无论组织内外,领导者位置的名流性质,增强了他们对组织的认同感。对于这些领导者而言,个人的身份与组织的身份紧密交织,至少在领导者的头脑中,它们是一体的。组织的身份被迫与领导者个人的身份分离可能会导致他们产生丧失大部分自我的感觉;领导者将组织视为他们生命的主要部分。拉尔夫·沃尔多·爱默生(Ralph Waldo Emerson)的格言"一个机构是一个

第六章

人拉长的影子"正是这些领导者的观点。[12]

除了伴随领导者职位的通常广受欢迎的英雄地位之外，CEO们常常发现CEO的职责本身使人满足并且具有智力上的挑战性。作为组织中的顶级人员的报酬——虽然通常就有形的物质方面而言是可观的——通常不如从担任CEO职位中获得的巨大心理报酬。这些报酬源自权力的魅惑力和其他人显示出的尊敬服从，以及运营一个组织和实现组织目标的内在激励。作为公司地位最高的执行官，只需要向董事会汇报，因此在日常工作中没有直接上级，通常是整体上唯一的象征管理者，CEO拥有自由代表公司做决定和不受约束地设定组织方向的大量机会。大多数CEO认为这种管理自由本身非常地令人满足。汤姆·巴雷特惋惜道："回顾往事时你会想念的是，作为CEO，你能得到整个一个组织，无论它是什么，并且你确实能左右它，全体员工生活优裕，股东因此也将更富有，你绝对能完全左右一些东西。我真的很怀念这一点。"[13]

许多CEO也发现对组织的根本责任和大量的层层员工是带来巨大满足感的源泉。知道他们对许多人的职场命运负有直接责任增加了获得CEO职位的满足感，也带来了免职时的挫折感。一位CEO表现出对留下的那些人的关心，以及因此产生的内在挫折感：

> 我觉得因为我与董事会的分歧，会让许多人的生活受到影响。你有很多伙计，他们携妻带子，横跨全国（来做我的高级经理）。现在谁知道他们会发生什么事？所以，我想我内心充满矛盾，产生了严重的挫败感，并且我对此无能为力。我不能——我其实陷入了与董事会的权力斗争，而我输了。现在很多人的生活将受到影响。因此我产生了沉重的挫败感。我真的很不开心。

领导者追求不朽的动力：失去英雄使命

　　随着英雄地位的丧失，个人身份与组织身份痛苦地撕裂开来，丧失了职责本身固有的满足感，给领导者的英雄使命带来了巨大的挫折——领导者为确保流芳百世而渴望做出永久贡献。杰出领导者通常受到追求不朽的驱使——一种证明自己存在的深层次心理需要，并力图通过做出超越自身必死的躯体且不易受时光侵蚀的贡献，为自己的存在提供意义。个人使命的英雄主义含义是一种内在感受，是领导者或英雄，在世上有一项特殊职责来完成，并且只有这位英雄能够实现这一追求的感受。19世纪的社会改革者约翰·拉斯金（John Ruskin）在他的名句"真正的伟人有一种奇妙的感觉，伟大不是来自于他们而是通过他们表现出来"中，表达了这一想法。这些领导者对自己的贡献有一种命中注定的感觉，并将组织看成自身的延伸，组织的唯一目的是为了实现他们的英雄使命。因此他们的失败、与组织分离会引起强烈的挫败感，因为他们的使命将无法实现。他们觉得被剥夺了存在的唯一目的，他们一生的工作都是徒劳的，因此他们将自己视为无目的的行尸走肉。

　　如果领导者相信自己将继续他们与组织一起开始的旅程，并最终完成使命，那么可以减轻这种挫折感和随之而来的妨碍东山再起的障碍，或者至少能够忍受。领导者能够继续相信他们的英雄遗产将得以建立，并且组织将会在他们设定的方向上继续前行；然后领导者们通常能够心甘情愿地与组织分离，即使与组织分离后仍能保持对组织的认同感，意识到他们的英雄使命将得以实现，他们在不朽者中的地位将得以确保。如果继任者是可信任的门徒，当然能够减轻这种担心。一个超越时空的例子，并且实际上是领导者们寻找自己的"希望之乡"的隐喻，就是圣经中先知摩西的故事。摩西，带领希伯来人在荒野中穿行了40年，即将实

第六章

现他的英雄使命——带领他的人民进入应许之地;他得到了远远看一眼应许之地的机会,但是知道他注定无法进入。在对他的继承人约书亚(Joshua)和他的子民说的倒数第二段话中,摩西命令他们:"要记住我今天向你们郑重宣布的所有言语,这样你们才能命令你们的子孙认真地遵守这部法律的所有条款。它们对你们而言不是无意义的话——它们是你们的生命。遵守它们,你们将在跨越约旦河后拥有的这片土地上长久地生活下去。"[14]在对他的继任者的总结性陈述中,摩西树立起他的领导所设立的英雄使命的庄严重要性,设计出通过遵从他的指示确保实现这一使命的方法,如此一来,他平静地接受了不能亲眼看到使命实现的事实。

即使不具备信任继任者的这种奢侈,如果领导者相信整个组织将牢牢坚持该领导者的愿景,仍能够克服担心英雄使命无法实现的这个障碍。当被迫与他共同创立的苹果电脑分离时,史蒂夫·乔布斯对他的继任者约翰·斯卡利不屑一顾,但他相信公司整体仍旧反映他所灌输的价值观。他列出他觉得自己的英雄使命已经得到实现的条件:

> 对我而言,苹果存在于在那里工作的人们的精神之中,存在于他们处理工作的哲学和目的之中。因此如果苹果变成了一个计算机只是一种商品而毫无浪漫可言的地方,人们忘记了计算机是人类曾经创造的最不可思议的发明,那么我会觉得我失去了苹果。但是如果我距它百万里之遥,而所有人的感受仍然和从前一样,他们还在创造下一个伟大的个人电脑,那么我会觉得自己的基因还在。[15]

然而,如果被免职的领导者担心因为没有他们的存在和指导,组织无法实现该领导者的英雄使命,或者更糟,他们的继任者会毁掉组织实现使命的进程,这会带来巨大的挫败感,因为他们相信他们一生的工作将宣告无效,他们的使命没有实现。我们采访的一位CEO明确地表达了后一种担心:"我觉得好像有很多事没有完成。我担心这些事将会被束之高阁。我担心我推上正轨的很多事将会无法完成。这给我带来很大困扰……我的内心很矛盾。"

这种情况给领导者留下了一种重大损失感,因为他们觉得自己一生迄今为止的工作都是徒劳的,他们的英雄主义追求将无法实现。这对失败领导者的精神会是致命的一击,因为他们要面对无法回避的现实——自己是必死的,并且他们渴望做出持久贡献的雄心壮志是有局限性的。大多数人在所谓的中年危机中与这一现实搏斗,但是因为追求不朽的强劲动力和比例夸张的天生使命,这一现实通常被领导者们忽略。[16]在《高层决策》(*Decision Making at the Top*)中,戈登·唐纳森(Gordon Donaldson)和杰伊·洛尔施(Jay Lorsch)研究了影响总经理动机的心理因素,并且注意到当总经理们意识到自己十有八九到达了事业的顶端时,他们对自己职业影响的极限进行的调整:

> 因此他们开始觉得公司的成功等于个人成功。第二,他们已经到了公司层级金字塔最窄的部分。只有一个CEO,那些直接与他工作的人必须设法接受这个事实,在他们的年纪,内部竞争游戏已经结束了。他们已经到达事业的巅峰,不用再攀登梯子的最后一级。他们必须将自己的早期梦想向能够实现的现实妥协,这是所有成年人必须做出的妥协。[17]

所有成年人,也就是说,不包括CEO。

杰出的双刃剑

CEO,正如其他领域的领导者一样,之前不必面对这样的现实;他

第六章

已经登上梯子的最后一级,他的事业往往不知道极限所在或者没遇到过重大挫折。领导者的事业通常不断从一个成功走向另一个成功,不懈地攀登,并且迅速升至组织的最顶层。他们在事业上没有发生过重大或持续很久的挫折,没有巨大得无法跨越的障碍,并且没有挡住通往最高职位之路的最终高度限制。

向上攀登职业阶梯的每一步同时结合了技巧和运气——个人才能加上以下因素,如拥有天时地利,认识或与正确的良师益友有联系,并且抓住了机遇。通过在每一个事业的关键时机不断战胜困难取得出乎意料的成功,领导者在通往巅峰的上升途中已经获得了一种英雄的感觉,但现在,就像神话中的伊卡洛斯,突然面临从高空坠落的新的现实,被迫提前从他们工作了那么久而且那么辛苦赢得的位置上坠落。

在希腊神话中,代达罗斯(Daedalus)与他的儿子伊卡洛斯被米诺斯国王(King Minos)监禁,代达罗斯试图利用以蜡加固的羽毛翅膀逃跑。在为自己和儿子精心做好翅膀之后,他指导他年轻的后裔保持在中等高度,这样他的翅膀不会受到低处湿气的阻碍,或者因为太靠近太阳而被烤化。但是在他们出发并成功出逃之后,年轻的伊卡洛斯因为他的新能力而欣喜若狂,冲向高空翱翔,太阳开始融化他的翅膀。很快,随着羽毛的脱落,无论他如何拍打翅膀也不能停留在空中了,最终他坠入海中。[18]

正如伊卡洛斯从高空坠入海中死亡一样,人们不得不怀疑被驱逐的领导者会受到什么样的影响。考虑到坠落发生的高度,失去地位是否会更加艰难?还是杰出的事业经历和通向高位的机会为减轻失败提供(有时候是黄金)降落伞?尤其是,这些引人注目的失败是否能为各层级的失误提供教训和见解呢?我们认为老话说的"爬得越高,摔得越疼"对离职的领导者而言是真实的。领导者的职位和名声独具特色,能将他们提升至极高的高度,而失势独有的情况使得失去地位变得更加难以忍受。然而,尽管被解雇的领导者经历着戏剧性的下跌,但是一些人能够从中东山再起。的确,通过领导者对英雄使命的追求可以感觉得到,并实现他们对不朽的强烈需要,而当这种需要遇到毁灭性挫折时会引发致命的一击,在领导者重新定义他们的英雄使命,并开始追求不朽的另一段行程时,这种对不朽的强烈需求同样也能成为导致东山再起的因素。

分离情况带来的后果

因为领导者被革职的独特环境带来的附加精神包袱,与组织分离的负担变得更为沉重。当遇到重大挫折时,将责任推卸给外部原因或他人的能力减轻了个人的精神损害,因为他们的失势不能被归咎于个人能力不足或者努力不够。例如,如果一家公司精简了一个部门或关闭了一家工厂,因而减少了成千上万的工作岗位,任何一位下岗工人的体验都和被解雇的 CEO 的体验不同,因为组织的业绩失败归咎于 CEO。当工厂关闭时,成千上万的下岗员工当中的车间工人很难因为他的失业状态而责怪自己,或者认为这是因为他个人能力或努力不够造成的,但是 CEO 事后会不断地评判他过去所做的决定。

在很多情况下,尤其是在商业和社会环境中,下面几个因素使得将革职的责任归咎于外部因素变得更加困难。第一,领导者被革职是由董事会或全体有投票权的一群人决定的。因此,罢免领导者的职位是一个集体决定,不是个人决定,这减少了把免职归因于受害者和某个有权解雇他的人之间的性格或处世哲学冲突的可能性。影响推卸责任的第二个因素是这样一个事实,即除非该组织被并入另一个组织,否则领导者的位置永远不会被取消,与组织裁员或重组时其他职位会发生的情况不一样。

这些因素减少了领导者将其免职合理解释为一个孤立的随机事件的可能性,他很难说免职与自身领导者的能力无关,要么是一个人的一

第六章

时心血来潮,或者是经济环境的命运安排。相反,领导者很少能完全将他们失势的责任推卸给外界,他们不仅会问"为什么这种事会发生在我身上",而且还会质疑他们在自己的失败中的不足和所扮演的角色。此外,对领导者的公开离职和领导者的现实情况的公众关注,是不可避免的。

离职的公开性质和对失败的恐惧

一个领导者的倾覆,无论是一位 CEO、政治家或者其他公众人物,将公众注意力集中到这个人和这次失势的环境上。这种公众关注和媒体关注剥夺了领导者否认或隐藏挫折的能力。当没有公众关注时,和大多数事业挫折的普遍情况一样,受害者倾向于生活在对该事件的否认之中。心理学家凯瑟琳·纽曼(Katherine Newman),在研究由事业挫折引发的美国中产阶级的趋下流动时发现,一些经理人假装每天早晨起床去"工作",隐瞒他们已经失去工作的事实。[19] 一些人这样做是出于心理否认,一些人保持固定不变的工作惯例,一些人是为了在邻居面前保全脸面,一些人甚至向家人隐瞒他们失业的事实。即使是即将离职的 CEO,在大部分情况下,组织精心策划的合谋掩盖了他们被迫离开的真相。试图保全脸面或者掩盖公司迫其离开,例如请 CEO 继续担任"顾问"或者甚至在被免职后的短期内担任董事会成员。CEO 和董事会普遍认为,离职的真正原因一旦公开对任何一方都不利,因此经常齐心协力否认离职的真实情况,而将其伪装成一次友好的分手以及对组织有利的平稳过渡。这些保全脸面的伪装被认为能够帮助把对 CEO 声誉造成的损害降至最低,增加了其找到另一个职位的可能性。然而,对于这一事件真正性质的公开否认本身可能会给东山再起树立障碍。

被免职的 CEO,当然首要关心的是他们的声誉和这次解聘对这一最宝贵财产的影响。这可能会导致 CEO 们最初同样将公开否认这一事件视为出于他们的最佳利益,即使 CEO 最初觉得他的离开是不公正的,而后来希望自己这一边的故事传播开来。然而,最初的震撼太过强烈,足以引起不希望这件事超乎所需公开范围的反应。对于离职时仍然拥有大量公司股票的 CEO 而言,尤其如此。在这种情况下,他们通常想脱手大部分股票,不想让市场对他们的离职有负面反应。这同样涉及被忽略的事实,CEO 与公司之前的财务合约和安排,虽然经常提供慷慨大方的财务契约,有可能成为额外的压力来源,尽管与许多遭遇事业挫折的人由于缺少财务资源引发的压力有本质的不同。在这种情况下,强加于这些资金上的种种限制产生了这种压力。虽然通常会向 CEO 提供慷慨的财务奖励让他离开组织,但是聘用终止协议通常包含阻止他们在同行业工作或公开他们对免职事件的看法的条款,这降低了修复因免职而受损的声誉并重新证明他们能力的机会。这迫使 CEO 们必须对他们的声誉和由此而来的未来机会进行评估,这会导致压力的增加。我们采访的一位 CEO,中西部一家大型工业公司的前 CEO,清楚表达了他的挫败感:

当然,我们的竞争者马上给我提供了工作机会,但是我不能在接受那些工作的同时保留我的股票期权和类似的东西。因此你必须找到一个全新的生活,因为他们把你紧紧地包围了,你什么也不能做,除非你想放弃一大笔钱。如果你 40 岁,见鬼,你能那么做,但是当你 65 岁了,你不能那么做……我们都有自尊。那是伤害。我想最困扰你的是你知道,外面世界的人们真的不了解你在生命中成就了什么。我上周收到一位伙计的一封信中说:"嗨,我知道我们现在在做什么鬼事是因为你布局合理。"……我得到了赞扬,我真的这么想,从那些(在我公司的)人那里,他们还在那儿工作,从事这样或

第六章

那样的工作,我收到了整抽屉的信件。我得到了他们的赞扬,当然不是来自董事会或外部世界的,因为(董事会)必须维护他们的所作所为。

在这一悲叹中,我们看到由于英雄地位和英雄使命的丧失,对财务的关切是如何以三个特定途径加重分离负担的:对已经取得的成就的广泛认可,无法完成这个使命的挫折感,以及不能在相关领域完成使命的限制。因此,虽然比起大多数人,离职的领导者,尤其是CEO,所承受的经历和压力之间有更为明显的不可否认的断层,离职的领导者必须与更深刻的心理挫折和挫败感战斗,否则它们会占据他们的头脑,并给东山再起造成重大障碍。

代人受过的CEO

公开否认的阴暗面是在一些情况下,CEO作为公司罪恶的牺牲品代人受过——例如,当公司卷入一些不正当行为时,例如合谋或操纵市场。即使CEO没有直接参与,他们仍然作为替罪羊被开除,为这些行为承担责任和指责。即使他们因遭受打击而得到慷慨的财务补偿,这对他们的名声、社会地位和自尊还是会造成重大的负面影响,如果不是毁灭性影响的话。正是在这种情况下,罢黜CEO的一位董事会成员评论说:

> 我们有一点儿道德问题。但是你看,我们不会对外部世界这么说。我们不想那么做。因此我们达成交易,他承认事情没得到正确处理——你不想公开讨论这些事。我们将他置于无法辩驳之地,而他没有辩驳,是不是?他有一两次想要开口,但是(我们的律师)提醒他合同上是怎么写的。我不是说这对公司不好,但是对个人而

言,相当残忍。

这些契约禁止 CEO 讲述他们对事件的看法,这会严重妨碍领导者重塑形象和名声,而形象和名声对于成功重新定义和重建他们的事业非常关键,因此这为东山再起树立了另一个严重的障碍。

抛出替罪羊同样会发生在与业绩有关的解雇中。虽然 CEO 对组织的业绩直接负责,但是由于变化的环境情况和组织执行战略的能力,在 CEO 的决定和业绩成果之间显然有一些断层。在业绩不佳的条件下,CEO 会被董事会解雇是很常见的,这作为给内部和外部相关人士的信号,表示改变是必需的,即使他们相信其他任何人在同样的情况下也没办法表现得更好。在职业体育中,这种象征性的代人受过现象经常发生,例如,就像输了比赛的队伍的教练都例行公事地被解雇掉,作为给选手和粉丝的信号——业主对这个队现在的表现不满意。[20]

私下否认

对失势的领导者而言,否认的另一面是私下否认。这是指 CEO 对他人的否认,但更重要的是对自己的否认,他们是被迫离职的,他们更喜欢坚持离开组织是自己的决定。他们通常会用以下"证据"来支持自己的说法,他们是辞职的,不是被直接解雇的,因为在大多数被迫离职的情况下,董事会会给 CEO "辞职的机会",实际上暗示着 CEO 别无选择。然而,辞职的"证据",加上同样否认被迫离职的公开报道,使得离职的 CEO 能够否认离职的真实性质。

印象管理的伪装技巧,在于在各层面进行保全脸面的复杂伪装,反映了我们的社会对失败的普遍恐惧,反映了个人用来对付失败的防御体系。[21]虽然我们的社会对失败有潜在的迷恋——媒体兴高采烈地将名人

第六章

和著名公众人物的失败编载成册,正如在他们一路上升时赞美他们的成功一样——在这种迷恋中没有换位思考的同情心。虽然我们的社会比起大多数社会对创业者的失败更加宽容,甚至会赞美开拓精神,但失败还是会有导致社交孤立的负面影响。的确,有相当多的证据表明失业时间越长,人们变得越与世隔绝。[22] 对于 CEO 而言,这种与世隔绝可能部分来源于他们掌权时的行为。通常,他们孤立自己,怀疑下属和其他亲近他们的人怀有不可告人的目的,并且只是为了他们的职位利用他们。这种站在顶端再三慨叹的孤独会导致失败后的孤独,因为离职的 CEO 由于掌权时的孤立,会发现他们没有发展什么深厚的友情。除此之外,受害者关于他们的处境日益增加的窘迫感,加上那些身为支持角色的人们不知道如何应对朋友或深爱的人的经历,与世隔绝会成为一个难以征服的障碍。在关于白领失业状态的一个研究中,斯蒂芬·法恩曼(Stephen Fineman)在对遭遇了此类事业挫折的人们的采访中发现,通常他们的朋友和其他潜在支持者就是不知道如何对他们的情况做出反应,最后以说一些鼓励的陈词滥调而告终。法恩曼写道:"很少有人有知识或经验(提供适当的支持)。很少有人曾见到他们的配偶或朋友处于这样的状况。关于此类问题的就业前角色关系没有形成:他们对可能需要支持的人感到陌生和困惑(因此退回到温和的陈词滥调或老生常谈之中)。"[23]

比陈词滥调更糟糕的是,支持网络中的人们自然而然表现出来的怜悯和同情。这些原以为鼓励的话通常围绕着经济如何不好,其他人也在经历同样的事而展开。虽然出于好意,鼓励受害者他们不是唯一的,这些意见通常会被视为增加了受害者无助、被拒和他们在社会中现有位置的耻辱感。法恩曼又解释道:

> 陈述(蒙受污名)的过程对于那些已经感觉到自己失败和被拒

的人而言是个特别的恶性循环。对他们而言,世界是凄凉的,因此他们对可能的歧视更为敏感。他们,就像其他人一样,感到与众不同,通常为此感到不舒服。他们感觉到别人对他们的窘境感到尴尬,这让他们更为尴尬。因为他们的生活缺少中心,谈话和社交都变得极为勉强。稳定器的缺失制造了一个令人不快的真空地带。家人和朋友感到困惑,因为熟悉的参照物消失不见了。工作曾为生活添加了特点,形成了社会链接;现在工作没有了,生活变得含糊不清。有什么可以谈论呢?随着失业时间的流逝,关于这个领域的谈话变得越来越忌讳或困难,就像医治无效的恶性疾病带来的后果一样。[24]

然而,虽然失败和事业挫折是社交禁忌话题,受害者和他们的支持网络双方对这一话题的厌恶,会对东山再起起到反作用,这包括以下三个原因。第一,因为避开了有关挫折的话题,受害者继续否认失败。第二,其他人避开这个话题,不能有效地给予帮助,如果这些支持者知道如何处理这种情况的话,则能够给予有效的帮助。第三,受害者回避社交和其他人提供社交活动的减少,导致了他们日益与世隔绝,减少了受害者潜在的人际网络,而正如我们将在第八章看到的那样,这是东山再起和帮助重振旗鼓的一个关键因素。

虽然领导者失势的公开性质肯定会给领导者带来公开的困窘,加大对领导者声誉的损害,但是公开的一个副作用是减少了否认该事件的可能性,迫使领导者和他们的支持网络面对现实。然而,这可能会带来正面或负面的效果。从积极的一面来讲,它能减少与支持者最初接触时的笨拙感,因为失势已经众所周知。它也能省略受害者的否认行为,让他们早日开始考虑其他选择,在不可共患难的朋友们离开之前,从他们的支持网络中寻求实际帮助。从消极的一面来讲,公开离职的窘迫感会让

第六章

受害者试图躲藏起来,隐居,完全切断他们的支持网络,甚至粗暴地拒绝支持者主动提供的大量帮助。另外,即使知道受害者的失势,通常也无法帮助支持者了解如何处理这种情形,因此即使受害者准备好接受鼓励和支持,通常支持网络中的人也挣扎于如何提供所需要的帮助。

陷入同归于尽的陷阱

尽管,如前面详细说明的那样,有一些因素会降低离职CEO将他们的离职归咎于外部原因的可能性,但推说是外部因素的责任仍然很普遍。虽然对帮助挽回公信力是非常重要的步骤,正如我们将在第七章看到的那样,如果不谨慎选择战役的话,它仍然可能消耗珍贵的能力和稀缺资源。正如我们前面所见,伯尼·马库斯,家得宝的创始人,因被罢免在巧手丹家具装饰中心的职务,明白地指责桑迪·西哥洛夫,并且因为离职可能要进行两个战役——一个是针对西哥洛夫的不合理解雇,并进行索赔,另一个战役是保卫他的声誉免受西哥洛夫发起的无聊控告的损害。马库斯选择将他的资源集中在第二场战役上,他将其视为最重要的战役,因为他的声誉受到了损害。有限的时间、机会和金钱资源使他远离第一个战役,他将那些资源都花在创建家得宝,而不是昂贵而消耗巨大的诉讼上。

在将指责推给他人或环境时,如果CEO不能准确定位一个人或一群人为他们的免职负责,他们可以例证环境难以控制,例如整体经济环境、行业周期或者竞争者的不公平优势。然而,更频繁发生的是,指责指向特定的个人,CEO认为此人应对该情形负责,此人或者是希望取而代之的野心勃勃的潜在继任者,或者是无法放开权力的前任,或者是不能胜任的管理团队成员。在这种情况下,CEO们将免职视为一场政变,将参与者视为邪恶的杀手,他们以背信弃义的表现反对他们的领导者。这

妨碍东山再起的心理压力

为伊丽莎白·库布勒·罗斯关于灾难性诊断结果和濒临死亡的言论提供了强有力的佐证,当谈论时:

> 在我们的潜意识中,关于自己的死亡是绝不可能的。对我们的潜意识而言,想象自己生命真正结束了是不可思议的,并且如果我们的生命必须结束,那么这个终止毫无疑问归咎于外界其他人的恶意干涉。简单地说,在我们的潜意识中,我们只能被杀死;死于上年纪之后的自然原因是不可思议的。因此死亡本身和一件坏事、一次可怕的意外、本身应该得到惩罚和处罚之类的事有关。[25]

同样对于CEO而言,他们被推翻的这件"坏事"归因于策划他们离职的个人,这只能通过"惩罚和处罚"得以纠正。CEO对组织的强烈认同感,和无法将他们的身份认知与组织分离开来的无能为力,导致他们无法将组织看作超越自身的东西,而是将其视为自己的一部分。因此,鉴于组织其他层级的人们将公司视为超越自身(具有更强势力)的东西,而CEO们不惧怕组织和它的势力,把它看作自身的延伸,并且因此不怕攻击那些迫使他们与自己的影子分离的人。然而,他们很少攻击整个组织,相反,他们会瞄准董事会的一个成员或一小部分人,那些他们认为应对他们的革职负责的人。在大多数情况下,CEO对组织保持高度尊敬,而讨厌的人在他们的头脑中与组织的其余部分脱离开来。如果,在免职之后,CEO起诉公司和指名道姓的某些人,通常CEO只是真正指责被指名道姓的那些人。CEO们将注意力集中在他们认为已经超出支持CEO的彬彬有礼的会议室游戏规则和会议室准则的那些人身上。政变的决断力需要幕后的密谋策划,这被CEO视为狡诈而卑鄙的行为,目的是在他们没机会保卫自己的情况下决定他们的命运。私设公堂和政变是被驱逐的CEO在描述被逐过程时最常使用的词。

第六章

　　CEO们对他们觉得应负责的那些人所感到的内心辛酸，在他们对个人或组织采取的行动中表露无遗，（至少在 CEO 们内心）开始了双方的长期争斗。这种争斗行为的一个例证中，一位 CEO 描述了他不得不与继任者坐下来聊天时的情形，他认为这位继任者煽动了针对他的政变：

　　　　他打电话给我说我们得谈谈。所以我们去了一家餐厅，要了一个包间，然后他对我说："你为什么要反抗呢？你从哪儿来的钱进行反抗？"我回答说："你知道，我有 600 万美元的公司股票，你觉得我哪儿来的钱和你斗？我留了 100 万美元专门干这个，我打算打你的屁股，事实上我的律师希望你出庭，因为他们想听听你和其他董事会成员关于你们对我做的事的解释。他们全都得出庭发言。"他说有没有协商的可能，我说："我不在乎。我想看你们上法庭，除非你们提出一个我的律师说好的合理协议。"他们这么做了，我接受了。这花了他们一大笔钱。我不需要这笔钱，但是我当然接受了。为什么不呢？我并不感激他们对我做过的事，我不感激他们试图对我做的事。他们试图榨干我的钱和医疗保险，但是他们必须兑现它。我不喜欢这个新人，我认为他是个骗子。我认为他的履历很糟糕。我不喜欢我离开后公司所走的道路，我认为它正走向失败。

　　虽然以这种方式寻求报复有助于离职 CEO 的恢复进程，但是有很大的风险，这种争斗行为不能得出很快或有利的结论。如果复仇没有成功，CEO 很可能完全陷入争斗行为的循环和对过去组织中应对革职负责的那些人的怒火中，无法翻过生命和事业的那一章。这种争斗行为会成为消耗 CEO 全部精力的噬心愤怒。这会导致立即转移 CEO 对重建事业机会的注意力（因此代表了另一种妨碍东山再起的障碍），同时加剧了由免职引发的愤怒感。

恢复力的性质

　　压力是始终支撑有关失业的心理影响的知识积累的理论构想。[26]虽然不论环境如何，失业无疑是有压力的，正如我们前面探讨的那样，有关领导者失势的一些情况会大大加剧所感受到的压力。[27]由于这些极端的压力水平，我们注意到，正如预计的一样，不是所有领导者都能够从他们灾难性的事业挫折中恢复过来。的确，我们的研究表明只有少数人能够成功地在事业上重整旗鼓，只有很少的人能够超越曾经的高度。正如我们在上一章报告的那样，当我们深入研究五年期间美国最大的1,000家上市公司解雇的CEO时，我们发现，综合所有的免职，只有35%的CEO在离职两年内重新取得了活跃的经理人职位，22%的CEO退居二线，只担任顾问角色，通常在比他们离开的公司小的组织中投资或担任顾问，还有43%的CEO实际上结束了他们的职业生涯，进入退休状态。[28]虽然我们研究过的东山再起的障碍都在妨碍恢复方面起了作用，但是我们感兴趣的是什么使得一些人面对灾难性挫折重新振作，并克服了这些难以逾越的障碍。

　　可与压力匹敌的力量是恢复力和个人的顽强。关于恢复力和相关概念，已经有了大量的学术研究。本研究的大部分综合了几个基本特征，以区分那些面对挫折能够迅速重新振作的人和那些无法恢复的人。第一个特征是被黛安娜·考图（Diane Coutu）称为直面现实的能力。[29]这是冷静地评估、理解和接受失败现实的能力，避免我们之前讨论过的试图否认或掩盖挫折的行为。用我们的话说，这就是战斗，而不是逃避的决定——勇敢地面对真实处境，不逃避或推卸面前的重建领导者声誉和事业的战斗。对于失势的领导者而言，"战斗，而不是逃避"的概念无

第六章

疑涉及准确理解由失势引起的声誉损害的能力,因此能够评估哪些保护和恢复声誉的战斗是值得进行的,哪些战斗会导致之前描述的徒劳无益的争斗行为。

萨尔瓦托雷·麦迪(Salvatore Maddi)博士,顽强学院(Hardiness Institute)的创始人,进行了关于顽强和恢复力的一项开创性研究,在20世纪80年代初期贝尔系统(Bell System)瓦解之前、之中和之后,对伊利诺伊州贝尔电话公司(Illinois Bell Telephone)的四百多位员工进行了追踪。麦迪和他的同事发现,因为这一转变带来的压力,大约有2/3的员工经历了严重的心理或生理创伤。通过对相反保持健康、表现良好并在这一压力巨大的时期茁壮成长的1/3少数人进行研究,他发现,他们的恢复力归功于他们持有的态度、参与的实际行为,以及给予和接受社会支持与鼓励的特定模式三者合一。虽然离职的领导者关于恢复的大部分焦点可能集中在他们自己能够通过他们的行为和态度独立地做些什么,但是不忽视招募他人参与战斗的力量,或者忽视人际网中那些忠实支持者感受到的相关损害,也非常关键。

这些支持网络鼓励克服失势带来的心理影响,并且提供有助于重建领导者声誉和增加新的就业机会的实际帮助,这也是非常宝贵的。但是正如麦迪指出的那样,即使领导者已经从组织的岗位上被驱逐出来,正处于最需要他们的人际网支持的时候,即使在最困难的时候,这些关系当中给予和接受两方面仍然很重要。在他们困难时,经历过挫折的人们通常忘记了支持者自身常常受到因失势引发的压力的负面影响,由于对他们所关心的人造成的伤害,他们也会感到痛苦,同时还有当事人所需的更多的关心和关照。因此,为了回报网络中的人们,领导者需要同情地回应那些提供支持的人,鼓励并让他们参与恢复的进程。在关系极度紧张的这一时刻,失势的领导者们会发现谁是真正共患难的朋友——那些关系通常由于经历了困难时期得以巩固,虽然很多不可患难的朋友因为担心与失败联系在一起,以及给自己的声誉带来潜在损害,舍弃了失势的领导者或者与之脱离关系。

回答"为什么是我"的问题

能够诱惑一个人并降低从任何一种挫折中快速恢复的可能性的心理陷阱之一,就是这个阴魂不散的问题:"为什么这种事发生在我身上?"没有让这个问题导致破坏性的质疑和自怜自艾,具有迅速恢复能力的人们与众不同的地方,在于他们拥有这个问题的答案。他们能够找出这件事发生的原因,以及为什么这件事不能反映他们的综合能力、胜任与否、性格特点,并使它符合他们整体事业和生活目标的宏图。关于压力的心理学研究显示了能够以最佳方式处理高压事件的人们具有三个特性:决策控制——对决定未来结果的行为有选择余地的认知;认知控制——让压力诱发事件符合整体的生活画面的能力,并由此减少它们的消极意义;以及应变能力——对应激情景的一系列成熟反应,能够利用它使压力事件的影响最小化。[30] 为了让人们回答"为什么是我"的问题,认知控制的程度在能够将该事件置于事业和生活的整体目标的背景下起到非常重要的作用,并赋予该事件充当恢复的正面平台的意义。然后决策控制感能够让失势的领导者觉得控制了自己的恢复和未来的选择,他们也许会追求重获并超越过去的成就。使失势合理化是必不可少的第一步,不仅对于个人的心理健康和恢复如此,对于在更广泛的群体中重建个人声誉的进程同样如此。能够对免职相关的事件、决策、环境和个性做出合理解释——如此一来,即使它反映出个人方面的一些不良决策,也不能反映整体竞争力的缺乏,而是环境使然——能够重建个人的英雄地位并恢复他们在市场中的形象和声誉是非常重要的,首先是在领导者与之有直接接触的人群之中,然后是在范围更广的公众之中。

第六章

对于东山再起而言,部分必不可少的应变能力被黛安娜·考图称为仪式化的足智多谋。[31]这是在不具备一般需要得出解决方法的显而易见的资源的情况下,对个人面临的形势或问题即席找出解决方法的能力。擅长这种才能的人们在心理学和组织学文献中被称为能工巧匠。[32]正如组织(管理)心理学家卡尔·韦克(Karl Weick)说明的那样,当人们处于压力之下时,他们通常会回到自己最熟悉的方式上,因此在巨大的压力之下创造力通常会受到遏制;然而,"能工巧匠在压力下仍具有创造力,正是因为他们在杂乱无章的条件下按部就班地做事,没有脱离条理性。因此,情况不明时,对能工巧匠而言这只是平常而自然的麻烦,他们用手边现有的材料继续工作,通常与其他同样熟练的人们一起,将这些材料或见解变为新颖的组合。"[33]

领导者们在典型的不确定环境中工作,经常要在缺少重要信息的情况下做出决策。他们必须理解会对组织有不利影响的多重事件和多方势力的意义,并且要将组织置于万全之地。因此,他们通常具有能够理解自己新发现的环境的能力,利用可获得的资源重建他们的事业。然而,重要的是要注意能工巧匠的创造力不属于大多数人认为的随便得到灵感的领域,事实上更多的是一个理性过程或者处理问题的惯常程序。以一种综合的系统化方式搜集信息和材料,缺少的部分,则根据明确的解决问题的方法进行即兴创作加以补充。这个过程可能会让创造过程显得缺乏创造性,但事实上正是该过程的逻辑使得创造性方案呈现出来,而不必重新改造过程自身。通过完成这一过程,迈出通往恢复事业轨迹的第一步,领导者们能够证明他们的勇气,开始重新赢得手握进入上层社会钥匙的人们的信任和信誉。

然而,在对恢复力的研究中,也许最普遍的主题是个人生命具有核心意义的必要性。虽然这种生命意义可能有许多形式,从根深蒂固的宗教信仰到过圆满生活的决心,心理学家苏珊娜·科巴萨(Suzanne Kobasa)注意到,在最基本的层次,首要的是对个人生命活动的信奉。她说:"心有所属的人有一种简洁的体系,将任何特定有压力的生活事件带来的威胁感最小化。阻止在重压之下放弃社会背景和自我的目的感,缓和了与压力环境的遭遇。"[34] 奥地利精神病学家及大屠杀的幸存者维克托·弗兰克对这一课题进行的研究,源自他在奥斯威辛集中营的亲身经历,在那儿他意识到为了生存下来,他必须为自己的继续存在寻找一些目的。在《追寻生命的意义》中,他详细讲述了集中营里生死攸关的恐怖,以及囚徒为了在集中营日常生活的恐怖考验中幸存下来,在其生活中拥有生命的意义的必要性。[35] 一旦有人失去了生命的意义和目的,衰败、腐烂和死亡通常很快接踵而至。弗兰克写道:"追寻生命的意义是生活的主要力量,并非本能动力的'续发性合理化'。这种意义是唯一而特殊的,因为必须且只能由他本人来实现;只有这样它才能获得重要意义,满足他自己追求意义的意愿。"[36]

我们发现,在领导者从组织中被驱逐出来的背景下,他们的英雄使命感通常是推动事业的驱动力,正如弗兰克描述的那样,是一种他们觉得只有自己能实现的使命;因此,这种动力能够提升他们从灾难性挫败中恢复过来的能力。考虑到在之前的位置上,他们将组织视为实现他们对不朽的需要和英雄使命感的方法,这种成就感明显在个人与组织分离时带来了毁灭性的打击,正如我们描述的那样。然而,如果能够从之前的组织中重新定义获得它的方式,并重新思考一个新路径,同一种重于生命的英雄使命感能变成失势领导者的救赎。开辟通往重新认识英雄使命的航线使得领导者能够抛开与前面组织的分离,开始新的英雄追求。

我们已经看到领导者的失势与影响组织其他成员的事业挫折有何不同,不论是出于节约、精简还是其他原因。这不是诋毁其他层级遭遇的事业挫折的严重性或影响,而是解释尽管普遍认为高薪酬的领导者们

第六章

不会受到事业挫折的过度折磨,但实际上从心理角度讲,挫折可能更具毁灭性。遭遇事业挫折的每个人都会遇到需要克服的心理障碍,通常因为避免失败的社会准则而无法得到帮助。但是考虑到领导者失势在心理上具有更严重的性质,它特别有启发性,并为所有遭遇挫折的人研究领导者如何征服如此具有毁灭性的失败并重新获得为仍旧增加的成就而奋斗的动力提供了经验教训。我们已经定义了恢复力的性质以及什么使得快速复原的领导者与众不同。这从本质上可以浓缩为恢复力的五个基本成分:

1. 战斗,而不是逃避——勇敢面对现实情况,辨别需要进行的名誉之战与那些只会消耗能量和意志的战斗。
2. 招募他人参与战斗,有效地使用可以获得的支持网络,同时认识到因这次失势导致其他关键人士感受到的关联损害。
3. 通过将导致这次失势的事件合理化,重建英雄地位,为"为什么这种事会发生在我身上"这个问题提供答案,让领导者能够将此事置于适当的情景之中,并向其他人提供一个合理的解释,因此可以重建声誉。
4. 证明你的勇气。利用能工巧匠的创造性技巧,根据明确的解决问题的方法进行即兴发挥,重新赢得信任和信誉,开始事业重建。
5. 通过重新定义过去的努力的深层目的,来开辟新的道路。

我们在余下的章节里把注意力转向具有快速恢复能力的领导者用来重建事业、反败为胜的五个关键步骤。

第七章 战斗,而不是逃避
——正视问题

我去哪个部门挽回我的声誉?

——雷·多诺万(Ray Donovan),

总统罗纳德·里根(Ronald Reagan)的劳工部长[1]

在对重大事业挫折做出反应时,一个人要面对的首要决策就是战还是逃的问题——与指控作战,还是退却并经受暴风骤雨的考验。我们将在这章证明的主要原理是,领导者声誉所受的损害或潜在损害是战或逃问题的关键决定因素。虽然指控,或公开垮台的附带后果本身具有破坏性,而与之对抗会加大损害,常常因为反驳而将罪名弄得更加沸沸扬扬。尤其当战斗扩展至法庭和民意法庭时,与战斗相关的损害本身可以证明是难以逾越的。因此,只有在指控本身足以引起——或者已经引起——毁灭性的事业挫败,并可能阻碍事业上的东山再起时,一定要与之战斗。事实上,复仇本身作为一种激励因素,能够为受害者的东山再起之战增添活力,并对遭遇的不公正起到疏导作用。与此同时,复仇会病态地分散注意力,甚至加剧破坏。考虑一下,例如,惠普在2006年9月著名的公共危机——逐渐升级的公共与私人交易信息泄露引发了证

第七章

券交易委员会、加利福尼亚州司法部、联邦调查局和国会不受欢迎的调查。在高度机密和敏感的战略信息多次从会议室泄露之后,新任 CEO 马克·赫德(Mark Hurd),感到很担心。他和董事会一致认为,既然没人承认是过错方,那么有必要对泄密进行调查。董事会主席帕特里夏·邓恩,让公司的法律总顾问雇佣了一个外部私人侦探,来实现董事会的意愿。

2006 年 4 月调查证明董事乔治·基沃斯就是泄密的源头时,指责开始螺旋式上升。当董事会主席说出他的名字,董事会要求他辞职时,他拒绝了。另一位董事托马斯·珀金斯,因为朋友受到羞辱愤而辞职;他对高度可疑的调查技术感到尤为心烦,该技术为了获得个人电话记录使用了不诚实的身份资料。虽然董事会不知道使用了这些手段,珀金斯觉得董事会应该阻止此类调查。2006 年 9 月他开始了一场针对邓恩的媒体运动,结果在一周内导致了他的朋友基沃斯的辞职,邓恩于 2007 年 1 月提前离任董事会主席,以及司法当局关于此次侦探活动的一连串调查,调查包括媒体曝光的文件、最初的泄密,以及向证券交易委员会完整报告此事。很难说谁是这场逐渐升级的针锋相对的赢家。

我去哪儿挽回声誉?

即使在成功地战胜了没有事实依据的指控时,战斗或逃避之间也充满了不愉快的选择以及可能对声誉造成的损害,没有什么能比总统罗纳德·里根的劳工部部长列举雷·多诺万的具有告诫意义的艰辛努力更能说明这个问题了。

多诺万是新泽西州巴约讷(Bayonne)一个信奉天主教的工人阶层家庭的 12 个孩子中的一个。在他小时候,父母就过世了,他帮助养育了他的兄弟姐妹,从事过工会电工和保险推销员的工作。1959 年,他加入斯齐亚沃尼建筑公司（Schiavone Construction Company），一家资产不足两万美元的小公司，担任负责劳工关系和融资的副总裁。1981年多诺万离开这家公司并成为劳工部部长时，他已经成为这家公司的共有人，公司拥有总计超出六亿美元的合约。[2]

多诺万成了里根的重要支持者，担任新泽西州里根—布什委员会的主席，并在1980年总统竞选期间为里根筹集了60万美元的资金，包括说服弗兰克·西纳特拉进行演唱的一次募捐会。

当选总统之后，里根不顾许多大工会的反对，任命多诺万担任劳工部部长。参议院关于他的任命举行了持久的听证会，在此期间，斯齐亚沃尼建筑公司被指控有非法用工行为，并可能与黑手党有关联。多诺万否认了这些指控，把它们归为"新泽西综合征"，他说："如果你在新泽西承包行业，你就得接受审判，如果你是意大利人，你肯定有罪。"[3] 尽管有争议，多诺万得到参议院的批准，成为了劳工部部长。

然而，就在批准后不久，多诺万的名字出现在对卡车司机工会勒索敲诈进行的大陪审团相关调查中，在斯齐亚沃尼分包商被窃听的谈话中提到了他的名字，该分包商被证实与黑手党有联系。不久之后，关于斯齐亚沃尼与纽约一个劳动者工会之间的非法关系的指控再次出现，在联邦调查局进行调查之后，1981年9月一位公诉人被委派对此案进行调查。此外，1982年1月，布鲁克林的一个联邦大陪审团被指派调查多诺万。与此同时，联邦调查局在多诺万的批准听证会之前知道一些指控，但是没能向参议院委员会透露这一事实，认定它是"不相关的"。[4]

因为寻求并接受了一份高度曝光的领导职位，多诺万将自己置于严格的公共监督之下，无论他喜欢与否。领导者们常常发现自己被以更高的标准要求，虽然领导职位提升了他们的声誉，但它同样经常将其声誉置于显微镜之下。

尽管有呼声要求他辞职，甚至白宫内部也有未指名的呼声来源认为

第七章

指控本身对里根政府造成了政治伤害,但是里根总统支持多诺万在调查期间继续担任本职工作的意向,向新闻界宣布指派特别检察官并不代表多诺万有罪。多诺万自己批评那些要求他辞职的人说:"很明显,我们的一些民选官员对以有序方式确定事实并不满意。他们似乎对先宣判后审理的仙境司法学院更感兴趣。"[5] 1982年6月,联邦大陪审团和特别检察官利昂·西尔弗曼(Leon Silverman)都撤销了指控,特别检察官报告说"没有足够的可靠证据"能对多诺万提起任何诉讼。然而,当一位记者问道他的调查是否证明多诺万无罪时,西尔弗曼重复了他的声明"没有足够的可靠证据",尤其拒绝说他的调查已经"证明"多诺万"无罪",并且还说"令人不安数量"的指控将多诺万"以一种或另一种形式与著名的有组织犯罪人物"联系在一起,但是,"进行的广泛调查没有产生充分的可靠证据,不能据此提出公诉,认为部长对有任何此种联系的否认是不诚实的,无论是在参议院劳工委员会(Senate Labor Committee)还是在大陪审团面前"。[6]

特别检察官这种半心半意的澄清,虽然让多诺万摆脱了在法庭上辩护的前景,但是当然不能在民意法庭上洗脱罪名,尽管多诺万声称对特别检察官的看法"非常高兴,但并不惊奇",但是不能平息滔滔不绝的指控。实际上,甚至在特别检察官结束调查之前,他得到了另外14项指控的证据,8月,在多诺万案件中作证的一位主要证人在一次黑手党风格的谋杀案中被谋杀。然而,1982年9月下旬,特别检察官结束了他第二阶段的调查,仍然没有证据对多诺万提起公诉。在一次庆祝他胜利的招待会上,多诺万讥讽道:"我一直相信并且仍然相信,在过去两千年里耶稣只复活过一次——但是一些人告诉我,我复活了四次。"[7]

尽管有第二次澄清和里根总统的鼎力支持,但是仍然不断有压力要求多诺万辞职,尤其是来自里根政府高级成员的压力,他们仍然视多诺万为政治障碍。在后来为人们熟知的"像火鸡一样视而不见的采访"中,白宫幕僚长詹姆斯·贝克三世(James Baker III)在他的得克萨斯牧场上进行火鸡狩猎期间,在采访中告诉记者:"雷·多诺万不应该在这儿。他在想什么?他现在已经得到了美名,他无罪开释。现在他应该去做对总统有利的事。"[8]然而,多诺万拒绝放弃,并表明他打算在里根的第二个任期继续留任,他说:"我支付了如此高昂的入场费,我要看完两场连映。"[9]

然而,1984年里根连任竞选前一个月,多诺万以欺诈和盗窃的罪名被起诉并开始休假。转年4月纽约州最高法院的法官裁定,多诺万必须接受大窃盗罪和诈骗罪的137项罪名的审判,多诺万尽管坚持这些指控是没有事实依据的,但是被迫辞职进行申辩。里根,一直都忠于他的关键支持者,"以深深的个人遗憾"接受了他的辞职,告诉多诺万:"我希望你知道,你离开内阁时带着我的友谊和对你对本届政府多年服务的感激——并且感谢你在我的竞选活动中做出的不懈努力。"[10]尽管自任命后一直处于交战状态,多诺万在这个职位上待的时间,比起自艾森豪威尔政府之后的任何一位接受任命的共和党人都长。

两年多之后,1987年5月25日,在几乎持续了九个月的马拉松式审判之后,法官宣布关于所有指控,多诺万和他的共同被告全部无罪。陪审团主席一结束无罪裁定的叙述,多诺万马上转向检察长,问出了现在非常有名的问题:"我去哪个部门要回我的声誉?"[11]

在问这个问题时,多诺万愤怒地指向领导者在声誉保卫战中面临的基本问题:无论结果如何,指控和战斗本身将会不可挽回地伤害领导者的声誉——即使赢了此类诉讼也只是得不偿失的胜利。不幸的是,这确实是大多数领导者被迫通过法庭保护他们声誉的案件的一个特征。现实是,比起好消息,媒体描述和公众记得更清楚的是坏消息,因此声誉遭受损害,进行补救可能需要很长时间。雷·多诺万赢了这场官司,但失去了他的公众声望。很明显,选择对保护和恢复公众声望重要的战斗是

第七章

事业东山再起的关键因素。

我们从多诺万案例中学到的一课是指控本身会对声誉造成极大的损害。作为一个领导者,你必须不仅做正确的事,还要让人认为你在做正确的事。寻求领导职位的一个后果,就是被置于严格的公众监督之下,被公众以高标准要求,还要提升处于不断威胁之下的声誉。正如传奇投资家沃伦·巴菲特(Warren Buffett)所说:"建立名声要花20年,但失去它只要五分钟。"[12]即使成功地对指控进行了辩护,也不能完全减轻在那五分钟里造成的伤害。然而,有时你得被迫进行战斗。

恢复控制,应对压力

虽然诽谤和羞辱的公开实例似乎令人难以躲藏,因此受害者被迫予以反击,事实上具有优势的情绪通常是选择远离负面新闻的暴风骤雨,而不是走出来与对受害者进行迫害的仿佛势不可挡的力量进行战斗。然而,承认并改变由事业挫折引发的压力的任务,尤其在很可能对个人声誉造成毁灭性影响的情况下,是事业东山再起的必要先兆。

事业困扰可能是生活压力的最大来源之一。取得声望和公众名声的领导者被视为等同于他们的事业和组织,他们同样将自己等同于他们的组织角色。失去这一角色可能对该职位上的领导者而言,是具有毁灭性和有很大压力的。常见的说法,"爬得越高,摔得越疼",对于经历了公开下台和被人取代的处于杰出领导角色上的那些人而言,这句话无疑是正确的。

虽然由此类事件引发的慢性压力的心理和生理症状会有深刻的腐蚀作用,我们的许多治疗方法对于许多创造性人物和领导者而言不是适当的压力反应。压力是在处理严肃需求时的无助感。克服压力意味着重新控制形势,而不是逃得远远的,或者避开媒体的聚光灯。没有独立存在的客观压力这回事。我们对人、地点和事件只是应激地回应；我们的反应依靠我们对资源的充分感知，应对压力源。

因此，既然压力是根据个人对能力和优点的感觉对事件进行的诠释，那么通常开出的治疗方法，如度假、规避和其他回避技巧，不可能让创造性人物产生他们需要感觉到重获控制的力量感和关联感。对压力反应的心理强度进行的研究，是恢复力的基础，该研究表明，受害者必须重获控制力，承担外部事件，对挑战做出反应，愿意采取积极的方式，并且必须对他们的恐惧视而不见。[13]应对压力不意味着回避、适应或接受压力。不是通过否认、回避、投射和撤退来降低压力的严重性。也不仅仅是通过锻炼、节食、冥想和互助小组来降低压力的影响。有力且有成效的应对压力需要减少压力源，也许可以通过直接面对压力的方法得以实现。[14]尽管面对会带来短期压力，但是对抗压力源的能力可能是该问题最长期的解决方案。

杰弗里·卡曾伯格(Jeffrey Katzenberg)与迪斯尼公司之间高度公开的斗争，尤其是和他的前指导人及老板迈克尔·艾斯纳之间的斗争，说明了领导者可能会遇到的挑战和困难，同时说明了有时在被迫离职之后进行战斗恢复声誉和正义感的迫切需要与好处，以及这些遭遇的私人性质。

杰弗里·卡曾伯格在纽约的林荫大道长大成人，是富裕的股票经纪人的儿子。十几岁时，因为纪律原因被踢出夏令营，他自告奋勇参加了约翰·林赛(John Lindsay)的市长竞选活动，因为干劲十足、忠诚并热情，他成为竞选活动以及后来的市长办公室的固定人员。在一连串的短期工作(其中包括六个月的职业赌徒，一些工作比其他的更有益健康)之后，通过关系，卡曾伯格最终成为巴里·迪勒(Barry Diller)在派拉蒙(Paramount)的行政助理。在直接为迪勒工作了很短一段时期之后，卡曾伯格被迪勒放到派拉蒙的市场部，在那儿他遇到了派拉蒙电影公司的

第七章

新主管迈克尔·艾斯纳。卡曾伯格证明了自己作为一个可靠、精力充沛、忠诚和日益必不可少的调节器的价值,他平步青云,直到成为制片总裁,艾斯纳任公司的二把手,当时年仅 31 岁。

在艾斯纳之下的这项任命开始了两人之间持续了 16 年之久的吵吵闹闹的师徒关系。两个人个性都很强,不时冲突,但是各自都意识到对方在推动自己事业方面的价值。但是,正如在长期师徒关系中通常发生的情况一样,随着时间的流逝,徒弟渴望作为伙伴得到更多的认可,而不是作为两人关系中的下属,虽然师傅继续将两人的关系视为有明显的等级关系。

1984 年,当艾斯纳被吸引出任境况不佳的迪斯尼公司的 CEO 时,卡曾伯格追随他出任迪斯尼制片厂(Walt Disney Studios)的主管,在那儿他致力于日趋衰弱的动画部,该部在历史上曾是迪斯尼的核心竞争力所在,自从沃尔特·迪斯尼(Walt Disney)18 年前去世后,一直停滞不前。卡曾伯格成功地扭转了该业务的基础部分,带来了几部风靡一时的动画,最著名且破纪录的是《狮子王》(The Lion King)。作为卡曾伯格加入迪斯尼的补偿交易的一部分,弗兰克·韦尔斯(Frank Wells),迪斯尼总裁、艾斯纳之后的二把手,许诺了卡曾伯格一个激励方案,包括卡曾伯格投产项目的"所有开发形式"带来的利润的 2%,这不仅意味着电影本身,而且还包括电影创造的所有相关产品开发和其他衍生品。

在迪斯尼制片厂取得成功之后,卡曾伯格开始开阔自己的视野,参与业务相关的消费品和主题公园方面的工作。然而,卡曾伯格在公司内部和行业中日益突出的表现,同样也导致了他和艾斯纳之间进一步的针锋相对。当卡曾伯格写了一个 28 页的关于重塑迪斯尼前途的备忘录时,必不可少地展开了他对经营战略的宣言,此时一件具有说明作用的事件发生了。艾斯纳对这个备忘录勃然大怒,既是因为他看到了属于自己职责的公司战略,也是因为他认为其中大部分内容剽窃自他自己数年前在派拉蒙写的一个备忘录。艾斯纳警告卡曾伯格不要向他人透露这个备忘录,但是它在公司内部流传开来,这进一步激怒了艾斯纳。

尽管两人之间的关系不断恶化,在合同续订协商期间,韦尔斯告诉卡曾伯格如果韦尔斯或艾斯纳因为任何原因离开公司,卡曾伯格将成为二把手。为了对卡曾伯格渴望更多责任进行回应,艾斯纳和卡曾伯格后来进行了一次谈话,内容包括卡曾伯格在公司的未来,同样让卡曾伯格留下了这样的印象,如果韦尔斯出于任何原因离开,卡曾伯格将升入艾斯纳之后的第二位置。

1994年复活节,这些假设情景将受到检验,当时弗兰克·韦尔斯悲剧性地死于直升机坠落事件。考虑到之前的谈话,卡曾伯格猜想他会被任命为迪斯尼的总裁,接替韦尔斯。然而,艾斯纳发表了一份新闻稿,正式宣布他将在自己的职责之外承担韦尔斯的工作,不会任命继任者。卡曾伯格几次想与艾斯纳讨论这个问题,但是没有得到满意的答复。他给出信号,除非艾斯纳遵守他的诺言,否则他将离开。艾斯纳认为卡曾伯格正在公开情况,在《纽约时报》、《华尔街日报》和《洛杉矶时报》上发表文章宣布他对迪斯尼的重要性。

此后不久,艾斯纳被迫入院接受心脏搭桥手术。尽管可能会在公司高层留下领导真空,艾斯纳办公室打电话通告情况的人员名单上并不包括卡曾伯格。艾斯纳回来工作后不久,两个人又开了一次会。卡曾伯格说他意识到艾斯纳绝不打算坚守他之前的承诺,他决心辞职。艾斯纳要求几天时间解决问题。在艾斯纳回到办公室的第一个整天,他打电话给卡曾伯格,交给他一份四页的新闻稿,宣布公司重组和卡曾伯格的离开。在和卡曾伯格讨论之前,这份通告已经送给了新闻界。

在韦尔斯的意外死亡后不久的决裂之后,这两位好莱坞巨头随后的摊牌堪比肥皂剧。战斗开始在媒体上上演,从洛杉矶到纽约的报纸和杂志迫不及待地报道这一争斗。尽管艾斯纳想轻描淡写,告诉《洛杉矶时

第七章

报》说:"这不是一部莎士比亚悲剧——这是人们继续他们的生活,做新的有趣的事。"但媒体无法满足。[15]艾斯纳拒绝让卡曾伯格参加他制作的电影的首映式,也不允许为他举行告别会,这出肥皂剧继续发展着。媒体战很快变得严重起来,卡曾伯格鼓励他的朋友们对艾斯纳进行诽谤,而艾斯纳教唆公司内部人员和董事会成员对卡曾伯格进行打击报复。卡曾伯格的朋友,音乐大亨戴维·格芬(David Geffen)宣称:"艾斯纳缺乏友善,缺乏慷慨,无法给予信任,非常可耻。"[16]而史蒂文·斯皮尔伯格(Steven Spielberg)则预言说:"杰弗里·卡曾伯格的离开将会是迈克尔·艾斯纳权谋的损失——和X公司的理想黄金国。"[17]与此同时,迪斯尼董事会成员斯坦利·戈尔德(Stanley Gold)对《名利场》杂志(*Vanity Fair*)说:"我曾认为杰弗里在他(在迪斯尼)十年中的大部分时间,都是一位极有才华的、勤奋而能干的经理人。但是出现了一个时间点,杰弗里的自负和他对成为重要人物的几乎病态的需求,超出了他良好的判断力。"[18]

尽管艾斯纳自己也说了刺耳的话,卡曾伯格发动的媒体战对他而言太尖酸刻薄了,他设法缩短它,他与卡曾伯格见了两次面,看看他如何能够停止滔滔不绝的文章。卡曾伯格回答说:"你知道怎么结束它。就你将如何处理这件事而言,你没有实现你向我许下的唯一诺言。你对我进行了暗杀。还没付给我一分钱。请诚实地对待我。"[19]

当艾斯纳不断拖延和解方案时,卡曾伯格最终聘请诉讼律师伯特·菲尔茨(Bert Fields),并于1996年4月起诉迪斯尼,要求一次付清相当于他投入制作的全部项目的预计未来收益2%的金额,正如他与弗兰克·韦尔斯达成的交易那样。

虽然媒体战已经很严重了,但是法庭之战,可能会揭露艾斯纳和迪斯尼更多不可告人的秘密,这是他们拼命想要避免的。卡曾伯格和迪斯尼已经同意,审理将分成两部分。第一部分将确定卡曾伯格的要求是否

战斗，而不是逃避——正视问题

正当——换句话说，迪斯尼是否该给卡曾伯格钱。卡曾伯格只有在这部分成功，才会有关于多少钱的仲裁。然而，随着审讯日期的接近，和解商谈仍在继续，在涉及第一个争论点的审理开始前十天，迪斯尼让步了，同意支付给卡曾伯格最初的 1.17 亿美元——其中 7,700 万美元作为最终仲裁数字的预付定金，以及 4,000 万美元解决卡曾伯格的电影电视作品相关商品的索赔问题。

是战斗还是转身离开，通常要做一个有意识的决定。有时需要为你合约中的内容战斗——通常合约在很高的水平上，因此组织打算食言，在情况良好时签署的合约在情况变糟时似乎显得太过慷慨了。

在从合约中应该给予的内容可能获得的财务利益，与开始战役可能出现的声誉损失和进行这场战役的机会成本之间很难取得平衡。在卡曾伯格的案例中，尽管可能冒声誉风险以及花费的机会成本，牵扯了他作为梦工场共同创始人进行的未来事业的时间和精力，但他认为值得付出这些代价。

当最终仲裁到来时，一些不可告人的秘密泄露出来。艾斯纳被迫出庭作证，艾斯纳和卡曾伯格之间的尖酸刻薄变得完全清晰可见。在幕后，迪斯尼董事斯坦利·戈尔德正努力让双方和解，甚至在仲裁继续进行时，试图避免将迪斯尼的内部账目进一步公诸于世。的确，为了减少和解金额，审判可能会迫使迪斯尼故意轻描淡写它的未来前景，这同时对它的股票会有负面影响，因为这种悲观看法会被公之于众。最后，在发展到这一幕之前，戈尔德设法达成了一项交易，1999 年 7 月 5 日，据报道迪斯尼与卡曾伯格以接近 2.7 亿美元的总额和解。

然而，尽管取得了胜利，卡曾伯格知道了与前雇主战斗的痛苦："有点儿像发生车祸时，保险公司付清了钱。不幸的是，这带不走精神创伤。"[20]

卡曾伯格与艾斯纳和迪斯尼的战斗同样为那些在恶意解雇后寻求

第七章

正义的人提供了几个经验教训。虽然一些人——例如伯尼·马库斯被巧手丹解雇,依照经历过此事的其他人提出的意见——选择不为合约协议与前雇主战斗,而是选择将精力集中在新的事业上,而卡曾伯格对此番算计看法不同。最终,对于卡曾伯格而言,与迪斯尼和解所提供的机会正是他东山再起的跳板,给了他创建梦工场的财富。但是也许更重要的是,考虑到迪斯尼和艾斯纳面临的声誉损失可能更大,卡曾伯格认为值得冒进行这场战斗的声誉风险。

虽然这类战斗很少带来正面影响,但是卡曾伯格之战的公开性实际上有助于为他赢得名声。卡曾伯格已经在行业中因其固执而闻名。在与迪斯尼和他的前导师艾斯纳的对峙中,他拒绝退让,增强了那一名声,而他在迪斯尼的成就变得更广为人知,而不是被隐藏于公司门面之后。因此,他在行业中的地位由于进行战斗而上升了——从艾斯纳身后几乎看不到的二号人物,成为梦工场背后的主要推动力量。同时,威胁反手一击——曝光艾斯纳和迪斯尼不可告人的秘密——最终为他提供了解决诉讼的杠杆手段。这是有价值的一课,巨兽的威胁可能没有你认为的那么严重——就名声而言,它也要损失很多。

这种战斗同样也能说明谁是你的朋友——戴维·格芬、史蒂文·斯皮尔伯格(两人在卡曾伯格离开迪斯尼后,都加入卡曾伯格成立了梦工场),而其他朋友为了卡曾伯格对新闻界畅所欲言。进行战斗迫使人们选择立场,展示出他们的支持(或不支持、缺乏支持)。此番去伪存真清晰地显示了哪些人能够信赖并在事业东山再起之路上予以支持和帮助,这是我们将在下一章进一步研究的问题。

选择你的战斗

尽管卡曾伯格在与迪斯尼的战斗中取得了胜利,尽管领导者们必须为保护他们的声誉而战,但是谨慎选择你的战役也是必不可少的。正如索尔·普赖斯建议伯尼·马库斯不要为自己应得的赔偿起诉桑迪·西哥洛夫和巧手丹一样,在你的声誉没有受到威胁时,巧妙地避免代价昂贵的战役通常比较好。采取这样的行动,虽然它们也许被认为是无可厚非的道义之战,通常最好的结果不过是比鲁斯之捷(Pyrrhic victories),因为时间、精力和错失机会的成本通常超出了赢得战斗带来的好处,正如普赖斯自己发现的那样。确实,对公众人物而言,在进行战斗之前需要认真考虑媒体可能对声誉造成的破坏。

选择在指控造成实际伤害之前进行战斗时,这一点尤其重要,正如卡曾伯格被迪斯尼解雇时所经历的那样。然而,一些人也许察觉到威胁在增加,在它带来实际危害之前,撤销可能带来损害的指控。这种情况下,在开始之前,你需要认真考虑指控的严重性,它可能带来的后果,以及进行战斗的后果。虽然媒体上一则起诉的报道似乎可能迫使人做出回应,保持沉默也许会导致对声誉和自尊的短期伤害,但是能够使得媒体和公众的短期注意力转向下一个故事,而战斗的反应可能导致更大的灾难。公众人物,尤其是政客,特别容易受到这种挑衅的影响,经常受到媒体谴责的狂轰滥炸,如果没有回应,其中许多指责都在几天之后逐渐销声匿迹了。虽然他们的声誉和自尊可能受到伤害,但是他们的地位本身不会有危险。只有当指控本身会导致垮台时,才使得战斗真正势在必行。太多的公众人物犯了回应媒体指控挑衅的错误,最终败北,或者最多不过付出高昂代价取得了比鲁斯之捷。

20世纪90年代初,英国首相约翰·梅杰(John Major)的保守党政府正处于似乎滔滔不绝的私生活指控之下,范围从性丑闻到从想获得影响力的人那里接受未报告的丰厚礼物,这导致了政府部长的相继辞职。

正是在这一背景下,1993年10月《卫报》(Guardian),一家反对保守党政府的重要日报,从著名的哈罗兹百货(Harrods)与同样有名的位

第七章

于巴黎的里兹大饭店(Ritz hotel)以及其他商业的拥有者和董事长,穆罕默德·阿尔·法耶德(Mohamed Al-Fayed)那里收到秘密消息。阿尔·法耶德在20世纪80年代中期与英国伦何集团(Lonrho)进行的痛苦的哈罗兹收购战激发了政府内外大量的公开论战。除此之外,阿尔·法耶德多年来一直设法获得英国公民身份,并为此尽自己最大努力讨好英国当局,但是他为自己和他兄弟提交的入籍申请屡次被拒。阿尔·法耶德告诉《卫报》,议会的一些保守党成员(下院议员)通过他的说客伊恩·格里尔(Ian Greer)接受了现金和其他礼物,在他与英国伦何集团战斗期间,代表他向议会申诉。《卫报》,在1993年10月5日,发表了一篇关于伊恩·格里尔及其游说手段的简介,提及两位保守党下院议员蒂姆·史密斯(Tim Smith)和尼尔·汉密尔顿(Neil Hamilton)接受一家未指名的英国公司的礼物,包括(汉密尔顿)在一家未指名的当时五星级的欧洲酒店度假一周。尽管这些指控可能很严重,史密斯和汉密尔顿都没有回应,也许因为信息来源不详,没有发生任何不利的事情。

然后,差不多一年之后,1994年9月,阿尔·法耶德试图通过中间人约见首相,以求撤销或修改一份悬而未决的政府报告,这份报告批评了哈罗兹百货收购战中他的公司以及他的行为。中间人告诉首相,阿尔·法耶德拥有对梅杰政府成员不道德行为的指控,正在"考虑将其转交给他人"。[21]当梅杰拒绝时,阿尔·法耶德联系了《卫报》的编辑彼得·普雷斯顿(Peter Preston),告诉他,他现在愿意公开证实他的指控。通过《卫报》,阿尔·法耶德指出时任北爱尔兰助理部长的蒂姆·史密斯,和时任贸易工业部助理部长的尼尔·汉密尔顿,接受现金在收购哈罗兹百货期间为他向议会申诉。内阁秘书长罗宾·巴特勒爵士(Sir Robin Butler),以及后来的诺兰勋爵(Lord Nolan),受指派调查阿尔·法耶德的指控,其间另外两位部长,崛起之星国防部助理部长乔纳森·艾特肯(Jonathan Aitken),和内政大臣迈克尔·霍华德(Michael Howard),也

战斗,而不是逃避——正视问题

被阿尔·法耶德点名并遭到媒体抨击。

有四位部长在媒体上被指名道姓,全都面临着同一消息来源的腐败指控。这些指控足以让战斗正当化吗,还是忽略它们逃之夭夭,寄希望于愤怒渐渐平息,哪一个才是保护他们事业的精明方法呢?这四位的不同反应具有启发性,让我们思考何时最好与公开指控作战,何时最好等待风暴过去。

逃跑带来了致命挫折

在《卫报》指明阿尔·法耶德是信息来源,并公布指控的当天(1994年10月20日),蒂姆·史密斯立即辞去北爱尔兰助理部长的职务。在下一次选举时,他放弃了他的席位,作为一位前会计师,他试图重建商业生涯,虽然他同样面临着特许会计师协会(Institute of Chartered Accountants)的惩戒处分。他的事业依旧支离破碎,他永远没有重获这些指控出现前的地位。通过他的行为,史密斯实际上承认了不道德行为,没有讲述他这一面的故事就逃跑了。如此一来,他让只有一面之词的故事——而且还是最具破坏性和耸人听闻的一面——决定了结果。正如史密斯发现的那样,这种方法最常证实为致命的挫败,为事业的东山再起竖起了难以逾越的障碍。

一场可以避免的战斗

尼尔·汉密尔顿采取了不同的方法。他否认这些指控,声称自己对里兹大饭店的访问实际上是对阿尔·法耶德一处"私人住宅"的拜访,因此与作为礼物的议会利益登记表的报道无关。两天后,"此事到此为止",杰弗里·约翰逊爵士(Sir Geoffrey Johnson),议员个人利益特别委员会(Select Committee on (parliamentary) Members' Interests)主席,与内阁秘书长罗宾·巴特勒爵士发表意见,表示对汉密尔顿公开相

第七章

关利益感到满意。然而,《卫报》毫不留情,每天继续发表更多针对汉密尔顿的有害指控,直到五天后,1994 年 10 月 25 日,约翰·梅杰要求并接受了他的辞职。在写给首相的辞职信中,汉密尔顿陈述,"我要洗脱罪名",已经"因为动机卑鄙的谣言和媒体的政治迫害,被迫辞职",并且马上起诉《卫报》诽谤,索赔一千万英镑。在将近两年的时间里,汉密尔顿对《卫报》进行控告,甚至改变了 1689 年制定的《权利法案》(1689 Bill of Rights)中关于允许诽谤诉讼案发生的议员特权部分。然后,突然之间,1996 年 9 月 28 日,在审判开始前一天,当局向他的律师出示文件,破坏了他的陈词,文件证实了《卫报》所述为实,汉密尔顿撤诉。在被《卫报》编辑称为当时"诽谤罪法历史上最惊心动魄的坍塌事件"[22]中,汉密尔顿的事业遭到了严重破坏,而且,尽管当地的选区协会支持他进行下一届选战,他还是以很多的票数差距输给一位独立候选人,失去了议席。仍然决心恢复名誉,汉密尔顿随后在 1999 年起诉了阿尔·法耶德本人,并且,虽然法庭审理了这次诉讼,但是更多的确凿证据证实汉密尔顿因其政治影响力接受现金,导致他败诉并破产。

对于声誉处于险境的领导者而言,此事的经验教训是,长期建立的声誉可能被相对而言微不足道的劣行毁掉。虽然"申诉现金"的指控严重违反了议员道德,史密斯和汉密尔顿容许自己接受相对小额贿赂,也许因为他们认为问题本身值得一问。然而,接受报酬时,他们将自己的事业置于危险之中。通过简单地宣布与所涉及的公司的咨询协议取得商业利益,在议会看来,他们本来能够轻易地洗脱自己的罪名。虽然他们的问题也许已经被偏见所玷污,但是仍然能以同等效果提问。

无事实支持的战斗

乔纳森·艾特肯采用的方法与汉密尔顿类似,但结果甚至更糟。艾特肯是一位贵族出身的保守党成员,保守党下院议员威廉·艾特肯爵士(Sir William Aitken)与佩内洛普·艾特肯夫人(Lady Penelope Aitken)之子,首位橄榄球大亨之孙,媒体大亨比弗布鲁克勋爵(Lord Beaverbrook)的外甥。他在伊顿(Eton)和牛津(Oxford)等精英机构接受教育,暑期为财政大臣(chancellor of the exchequer)撰写演讲稿,二十几岁时通过在澳大利亚和加拿大的投资交易发财致富。艾特肯是保守党一名快速上升的明星,被评价为一位将来的保守党领袖和可能的首相,以在议会关系良好而著称,朋友遍布全世界。1994年10月指控突然出现时,艾特肯有所准备。数月前,他与《卫报》编辑彼得·普雷斯顿通过信,普雷斯顿与艾特肯联系试图揭示阿尔·法耶德指控的细节,艾特肯在担任国防部长期间,曾在法国的利兹大饭店停留,秘密会见中东商人,他们替他支付酒店账单。为了证实这件事,普雷斯顿甚至冒充艾特肯,从利兹饭店拿到一份酒店账单副本,但是没有收集到更多的实质性证据能够在他的报纸上继续这个报道。在指控出现的数日之后,艾特肯否认了这些指控,并且尽管论战升级,仍然控制着没有宣布进行诉讼案(不像汉密尔顿);他得到了首相的继续支持,保留他的职位。他也通过"官方渠道"发布普雷斯顿得到他酒店账单的方法细节,进行反击,唤起指向指控来源的大量批评。这削弱了《卫报》进行指控的可靠性,减少了对他的压力。

然而,围绕着艾特肯的争论没有消散。正如《金融时报》(*Financial Times*)在转年四月份评论的那样,"艾特肯那些见不得光的事还会继续响个不停"。[23]的确,在《金融时报》上的文章出现数天之后,BBC一个名为《阿拉伯的乔纳森》(*Jonathan of Arabia*)的电视节目的播出最终迫使艾特肯采取行动,节目调查了艾特肯与中东的联系,随后《卫报》的一篇文章进行了类似的指控,包括艾特肯设法为一位沙特王子安排妓女。这些新的指控促使艾特肯发布了一份针对《卫报》和电视节目制作方格拉

第七章

纳达电视台(Granada Television)的诽谤调查令。在发起诉讼时,艾特肯宣布:"如果运用英国公平竞赛的简单真理之剑与忠诚之盾开始剪除我们国家扭曲变态的肤浅文章的战斗任务落到我的头上,那么诚心所愿。我已准备好战斗。对抗谎言和那些散布谎言的人。"[24]尽管艾特肯发起了诉讼,首相,已经经历了政府中如此之多的被迫辞职,采取了与汉密尔顿不同的处理方法,允许艾特肯保留财政部首席大臣的职位。然而,不到三个月之后,随着针对艾特肯的指控继续出现,他在内阁改组时被撤职,并且在 1997 年 5 月,当托尼·布莱尔(Tony Blair)领导的工党将饱受批评的保守党清扫出局时,尽管有来自当地选区政党的支持,他随后在接下来的选举中失去了议席。

1997 年 6 月,选举后一个月,法庭开始审理艾特肯针对《卫报》和格拉纳达电视台的诽谤诉讼。因为艾特肯的政治意义已经不复存在,因此媒体的兴趣减弱了,在审判前夜,《卫报》和格拉纳达电视台主动提出让艾特肯撤诉,各方支付自己的费用。艾特肯拒绝了,诉讼案在法庭上接受审判。

为了辩护报道都是合理的,《卫报》和格拉纳达电视台提及之前纠缠艾特肯的所有指控,包括他 1993 年在法国利兹的停留。艾特肯在法庭上声称,他酒店房间开出的账单是酒店方面失误的结果,他妻子已经用现金付了账;后来,当他了解到她粗心大意只付了一半账单,而另一半账单已经开给了一位沙特阿拉伯朋友阿卜杜勒·瑞奇曼(Abdul Rachman)时,艾特肯寄了一张支票给瑞奇曼支付差额。在 12 天的审判之后,在将要作证之前,艾特肯的妻子宣布她已与艾特肯分开。第二天,艾特肯的案子引人注目地崩溃了,辩方出示证据,在艾特肯宣称她在巴黎支付酒店账单时,艾特肯夫人身在瑞士。《卫报》的编辑得意洋洋地从法庭出来,宣布艾特肯已经"把自己钉在'质朴的真理之剑'之上",他现在已经"因为向高等法院(High Court)虚假宣誓犯下了致命的错误"。[25]

《卫报》当时公开要求以伪证罪指控艾特肯,随后艾特肯受到此项指控,1999年1月被宣布犯有伪证罪,并被判入狱18个月;他因无法偿付高达数百万英镑的律师账单而破产。

只是表面上的行为不当就能破坏声誉。即使事实上没有不幸的事发生,其表象可能导致猜测,以不可抵挡之势成长为谣言。对艾特肯而言,身为一位亿万富翁,支付微不足道的酒店账单,而不是让别人支付,本来可以消除任何指控,这个故事也不再有新闻价值。尽管微不足道的酒店账单支付本来可能不会影响到他身为部长的决策制定,但容易受到影响的表象足以使其具有破坏性。

如果战斗,请确认好你的证据。从汉密尔顿和艾特肯的故事中得出的最显而易见的经验教训就是,归根结底,两个人都没有有利于自己的事实。他们的战斗基于扑克游戏的唬人策略,不断地冒更大的风险,寄希望于他们的对手打退堂鼓。这一策略有时候能够奏效,但是面对不会退让的对手时,它会导致灾难。这一现象的有趣推论是允许并且有时选择优雅退场的重要性。的确,许多动物不会进攻,除非它们被逼进退无可退的死角。允许对手优雅退场能够阻止战争的血腥升级,这场战争最终没人想参与。类似地,允许你自己撤退,不把自己逼入死角或注定的行动路径,这一点很重要。即使在最后一刻,审判开始的前一夜,这样的退场机会提供给了艾特肯,但是他没能抓住它。

在拒绝被卷入战争时,坚持你的立场

阿尔·法耶德指控的第四位,也是最资深的部长,迈克尔·霍华德,这也许是他的主要目标。事实上,据报道,阿尔·法耶德揭露的整个"现金提问"事件是由于阿尔·法耶德无法获得英国公民身份的失望引起的,对此最终负责的是身为内政大臣的迈克尔·霍华德。火上浇油的是,在贸易工业部(DTI)对阿尔·法耶德收购哈罗兹百货发起调查期

第七章

间,霍华德还是该部的部长——此次调查产生了一个极其重要的报告,报告开头为:"对国务卿(Secretary of State)、公平贸易部(Office of Fair Trading)、弗雷泽商行(House of Fraser)(哈罗兹百货的母公司)董事会与股东,以及他们自己的顾问,法耶德家族不诚实地曲解他们的出身、财富、商业利益和他们的资源。"[26]

在关于史密斯和汉密尔顿的报道曝光时,霍华德获得了针对《金融时报》的法庭禁令,阻止《金融时报》刊登指控霍华德的报道。然而,禁止令本身在议会引出问题,迫使霍华德对他的行为做出解释。现在,其他文件已经提出霍华德在发动贸易工业部对法耶德的调查中可能扮演的角色,以及这样一个事实,霍华德的远方表兄弟是英国伦何集团一家子公司(哈罗兹百货的竞标者)的董事,这激起了他对阿尔·法耶德有潜在偏见的猜测。因此,虽然由于他的禁止令,针对霍华德的指控没有全部公开,但是指控的谣言很快传播开来。违背了内政部拒绝对个人入籍申请进行评论的标准政策,霍华德发表声明解释说,阿尔·法耶德的情况遵循了正当程序,并详细概述了采取的所有步骤。这个程序包括了由一位助理部长做最终决定,而非由他,虽然申请文件到过他的办公室三次,每次他都指示这位助理部长进行全面调查并做出最终决定。没有提及任何一项更多的指控,一天之后霍华德又发表了一份声明,罗宾·巴特勒爵士的调查也让他摆脱了任何行为不当的嫌疑。

不像汉密尔顿和艾特肯,霍华德拒绝被进一步卷入保护自己不受阿尔·法耶德指控伤害的战争。他只是发表了一份简短的声明,详细叙述了关于他行为的事实,否认对指责他的行为负有责任,让这件事就此过去。尽管与其他人一样,压力与随之而来的反击诱惑继续跟随着霍华德,但是他依旧对指控冷眼旁观。

在后续的政府调查中发现,阿尔·法耶德指控霍华德收受至少100万英镑的贿赂,对阿尔·法耶德收购哈罗兹百货进行调查。当政府委员会的报告洗脱了霍华德进行不道德行为的罪名时,阿尔·法耶德在大选前一周上诉最高法院,要求对议会的调查进行司法审查。

在保守党大选失败和随后约翰·梅杰辞去保守党领袖之后,霍华德竞选保守党领袖。然而,议会中关于他处理阿尔·法耶德入籍申请的持续质疑——包括,讽刺的是,揭露了霍华德试图让他的助理部长忽略贸易工业部的调查结果,批准这一申请——从根本上毁掉了他赢得领导权的机会。

大约六个月后,随着领导权选举的失败,伦何集团的泰尼·罗兰(Tiny Rowland)发布一项针对阿尔·法耶德的诉状,指控他向罗兰提出以高端衬衣制造商特恩布尔与阿瑟(Turnbull & Asser)的所有权和1,000万美元的现金,让他向议会委员会撒谎并支持他的主张,说霍华德接受了百万英镑的贿赂。阿尔·法耶德被捕,但是最终没有受到控告,在罗兰去世前不到一周的时间里正式撤诉。

尽管指控不断,即使面对阿尔·法耶德的直接挑战,霍华德拒绝踏上汉密尔顿和艾特肯的诽谤诉讼之路。最高法院在对尼尔·汉密尔顿对阿尔·法耶德的诽谤诉讼进行审理时,汉密尔顿的律师评价说阿尔·法耶德对霍华德的指控是"毫无根据的",阿尔·法耶德对此回应道:"你怎么确定它是没有根据的?我才是确切了解事情是如何发生的人——150万英镑。他是通过他叔叔哈里·兰迪(Harry Landy)收取的,那是个恶棍。我曾经挑战过霍华德先生起诉我,我称他为恶棍。如果他有尊严或者荣誉,知道他没有犯罪,他就会起诉我。"[27]

霍华德从未起诉,在伊恩·邓肯·史密斯(Iain Duncan Smith)的领导受到党派质疑时,他在2003年秋出任保守党领袖。

这四位政治家所做的选择显现出两个主要原则,对本章的课程进行了总结。首先,先发制人通常比回应行为更为有效。霍华德对《金融时

第七章

报》采取了先发制人的禁止令,阻止针对他的最初指控披露出来。如此一来,他成功地对信息如何传播进行了更多掌控,并且在指控公开之前,将他的案子提交官方进行封闭询问。到公开之时,官方调查已经洗脱了他的嫌疑,因此他能够置身事外,通过官方调查表明他无罪。

第二,能够对指控的严重性持有客观、公正的观点是很重要的,然后相应地选择你的战略。在一切都尘埃落定之后,甚至《卫报》策划了导致史密斯、汉密尔顿和艾特肯下台的报道的编辑对这一结果也很惊讶,承认说如果他们没有被文章激怒,那么没人会被击垮。在试图理解艾特肯发伪誓的一篇文章中,普雷斯顿写道:"他究竟为什么那么做?为什么开始编造这样的连篇谎话?当你回顾来往信件时,它似乎是另外一件不可思议的事。他本来可以锁上门,什么也不做。我们没办法强行开门。"[28] 再一次,这些失败给领导者上的最重要的一课是,因为领导者所处的位置,一些对声誉的抨击是不可避免的,但是除非攻击严重到直接导致下台,或者不用进行血腥的战斗就能轻易地平息下来,否则战斗通常要付出比指控本身更高昂的代价。因此,战斗最多不过带来空洞、得不偿失的胜利,而最坏的情况是导致下台,这是不值得冒的风险。正如中国古代军事家孙子在他的经典之作《孙子兵法》中说过的那样:"百战百胜,非善之善者也;不战而屈人之兵,善之善者也。"

虽然我们在本章中专注于什么时候与指控战斗,什么时候经受风雨考验并逃避的问题,我们同样看到,尤其是在杰弗里·卡曾伯格的例子中,朋友和其他熟人在恢复过程中提供支持和意见时所起到的帮助作用。在下一章我们将更为深入地研究其他人作为支持网络的来源所起到的重要作用,以及与东山再起的实际联系。

第八章　招募他人参与战斗
——社交网络与间接损害

老话说"有本事不如认对人",在组织的最高层尤其如此。哈佛商学院的拉克什·库拉纳最近对如何选择 CEO 进行了调查,该调查显示,几乎所有参选高层职位的名字都是董事会成员所熟知的,不是通过自己的朋友私下认识的,就是久闻其名的。[1] 对董事会内部工作流程的披露显示,朋友、熟人和声誉是 CEO 事业恢复的关键所在。我们在上一章深入地研究了声誉,下一章还会继续研究,现在我们先转向朋友和熟人——社交网——在事业恢复中如何起到重要作用的。如此一来,我们也必须记住,这些人,尤其是亲密的朋友和家人,在当事人被迫转换职业时同甘共苦,经受了当事人所面临的情绪大起大落。

熟人的重要作用

虽然很容易想象当事人经历这一精神创伤时朋友们所起到的有力支持作用,但是通常熟人才是对寻求下一步职业发展起到关键作用的人。事实上,较早的研究已经表明,在增强职业流动性方面,熟人关系和朋友关系所起到的作用非常不同,许多其他组织中的新职位并非来自亲

第八章

近的朋友关系,而是来自相对薄弱的熟人关系。[2]熟人关系如此宝贵的部分原因在于它的容量更大、范围更广。绝大多数人拥有的亲密朋友通常远远少于他们所认识的熟人,亲密朋友又全都互相认识——因此限制了朋友网络的大小和范围。然而,人们往往有很多熟人,熟人又有自己的熟人,这些通常是非常不同的密友和熟人网络。

关于熟人网络的延伸范围,最早在20世纪60年代的密歇根的初中进行过试验,这个试验要求学生们列出八位最好的朋友并标出顺序。[3]然后研究者们顺着头两个选择的网络算出涉及的总人数。换句话说,就是计算每个人的第一和第二选择,然后加上这些人的第一和第二选择,以此类推,只计算那些之前没有被选过的名字。然后他们就第三和第四选择重复了这一过程,以此类推直到第七和第八选择。他们发现,从第一和第二选择产生的人数最少——最亲密的朋友关系——从第七和第八选择产生的人数最多——熟人。

迄今为止,大多数人都很熟悉凯文·培根的六个分离刻度(Six Degrees of Kevin Bacon)的游戏,你能在六步之内将几乎任何一部好莱坞电影里的任何人与凯文·培根的一部电影联系起来。例如,如果你想把阿尔·帕西诺(Al Pacino)与凯文·培根联系起来,阿尔·帕西诺与伊莱·沃勒克(Eli Wallach)出演了《教父第三部》(The Godfather: Part Ⅲ),而伊莱·沃勒克与凯文·培根出演了《神秘河》(Mystic River),因此一共只要两步。这么少的步骤并非独一无二的。事实上,弗吉尼亚大学(University of Virginia)计算机科学系的成员整合了一套算法,用来计算好莱坞电影中出现的任何演员联系到凯文·培根的步骤数目,发现他们能够将数据库里的622,920位演员中的任何一位与凯文·培根联系起来,平均只要2.944步。[4]基本上,你能在几步之内把一个人与好莱坞的任何一个人联系起来,虽然乍一看似乎令人惊讶,这个原理最先在20世纪60年代的另一个试验中为人所知,其效果更为引人注目——事实上，通过熟人网络的力量，你能够在几步之内将几乎任何人与其他人联系起来。

有多少次，你第一次见到某人，却在几分钟之内发现你们认识同一个人？实验者斯坦利·米尔格拉姆（Stanley Milgram）称其为"小世界"现象，并对这个熟人网络效应是如何运作的进行了检验。[5]米尔格拉姆与同事们一起，选择了波士顿的一个人，然后从内布拉斯加州（Nebraska）随机选人。米尔格拉姆给内布拉斯加州的人一份文件，请他们送给他们认识并更能推进这一进程、把文件传给波士顿收件人的人。在每一位收件人传递文件的同时，他们会寄一张明信片给米尔格拉姆，这样他就能追踪这两位随机选择的、相隔1,300英里之遥的个体之间的步骤数。米尔格拉姆发现，平均只要5.2步就能联络上波士顿的收件人！

这些例子全部说明了熟人网络可触及的距离和范围，这其中蕴含着这些网络帮助事业恢复的力量。这一点在各级别的就业中都存在。劳工经济学者早就知道，美国的蓝领工人获取工作更多的是通过人际关系，而非其他任何途径。[6]对于专业和管理工作而言，情况更是如此。但是同样真实的是，特别是专业和管理岗位，人们找到工作，更多的是通过薄弱的熟人关系，而非牢固的朋友关系。在揭示这一发现的著名研究中，马克·格兰诺维特（Mark Granovetter）发现在通过关系找到工作的人当中，只有16.7%是通过亲密的朋友——一周见面两次以上的人；55.6%通过只在假期见到的熟人找到的工作，但至少每年见面一次；还有27.8%是通过每年见面不到一次的交情不深的人找到的工作，例如曾经大学时的朋友、前同事，或者他们通过专业协会认识的人。[7]

可能很令人惊讶，格兰诺维特发现不仅大部分工作门路来自于熟人而非朋友，而且更多的来自一年见面不到一次的人，而非一周见面两次以上的密友。正如我们稍后将在本章看到的那样，并非这些密友不想或者不积极帮忙。而是，他们往往与想找工作的当事人拥有同一个重叠的

第八章

社交圈,因此他们很少能带来有关工作的新消息。与此相反,没有深交的熟人拥有非常不同的社交圈,很可能带来当事人很难获得的新鲜资讯。正如格兰诺维特总结的那样:"通常(带来新工作的)这种关系在最初形成时并不十分牢固。对于与工作相关的联系而言,被调查者几乎毫无例外地说,他们在非工作环境下从未见过面。偶尔相遇或者共同的朋友起到了重新激活这种联系的作用。不同寻常的是,人们从已经被遗忘的人那里得到极其重要的信息。"[8]

从管理和专业工作的整体市场转到 CEO 和董事会级别,人际网的重要性,尤其是松散关系的重要性变得更为明显。正如好莱坞是一个定义相对清晰的团体,因此通常很容易将任何人与凯文·培根在远远少于六步之内联系起来,企业界也是如此,CEO 与董事的团体组成高度连结的网络,沃顿商学院的迈克尔·尤西姆称其为"核心圈"。[9] 密歇根大学的教授格里·戴维斯(Gerry Davis)和同事发现,和在好莱坞一样,他们的研究所涉及的、来自美国最大的 516 家公司的 4,538 位独立董事中的任意两位可以通过仅仅 4.3 个联系或分离度联系起来。[10] 尤西姆发现在两家以上公司的董事会担任董事的人际网几乎能够联系起美国和英国两国横跨各个行业的所有重要公司,并且该网络在企业之间的资源交换中具有高度影响力,包括向核心圈内人士提供董事职务和经理人职位。事实上,尤西姆发现,高级经理担任至少一家公司的外部董事被视为必要的先决条件,并且加入董事会的邀请"往往沿着故交私友的网络进行",因此保持了核心圈的相互联系性。[11]

这些熟人网络的价值在于搜索过程是双向进行的。换句话说,寻找新 CEO,以及事实上寻找组织各层级人选的公司,使用他们的董事会熟人网络寻找适合的候选人。正如拉克什·库拉纳在关于公司如何从外部寻找新 CEO 的专著中揭示的那样,几乎所有的候选人已经是其他公司的董事会成员,并且通过企业精英网络被寻找 CEO 的公司董事们所熟知。库拉纳评论说,几乎所有的候选人都由公司的董事们提名,即使大多数情况下雇用外部猎头公司,它对潜在候选人的产生做出的贡献也可以忽略不计。[12]

即使不在知名企业寻求职位,而是想创办一家新公司,使用熟人网络也证明对取得成功是必不可少的。最好的例子就是伯尼·马库斯与家得宝的创立。马库斯原来是总部在洛杉矶的巧手丹家装中心的CEO,巧手丹是戴林公司的一家子公司,他在1978年春突然被戴林的董事长桑迪·西哥洛夫解雇,尽管他是戴林的后起之秀,而也许这才是被解雇的原因。马库斯——与他两位同事阿瑟·布兰克和罗恩·布里尔一起,就在西哥洛夫驱逐了马库斯之后,他们也被解雇了——开始创建家得宝,有史以来最成功的家装零售商。但是马库斯如何得到资金,使他能够开始他的第一家家得宝,这是一个建立并使用人际网的故事,马库斯可谓个中好手。

数年前,还是巧手丹CEO的马库斯考虑过在东海岸并购一家小型连锁家装商店帕诺拉马(Panelrama),这家店的总部在费城。虽然他没有完成这次并购,但是通过尽职调查认识了该店CEO加里·埃尔本(Gary Erlbaum),并建立起友谊。1976年,埃尔本与他的投资银行家肯·兰格恩进行了一次谈话,谈话内容是有关家装行业以及谁是业内最佳经营者的。埃尔本提到了巧手丹以及他和马库斯通过之前未完成的交易的相互了解。兰格恩质疑巧手丹,因为它的母公司戴林当时正在破产中,但是埃尔本向他保证,巧手丹本身是盈利的,并且马库斯是一位优秀的经理人。兰格恩问埃尔本能否致电马库斯,介绍他们认识,埃尔本这么做了。兰格恩飞往洛杉矶会见了马库斯,并对马库斯和他负责的经营状况留下了深刻印象,回到纽约后,他开始购买巧手丹公开交易的全部股票(戴林拥有巧手丹的85%,另外15%是公开交易的)。经过很短一段时间,兰格恩买下了几乎所有公开可得的股票,并与马库斯保持定期

第八章

联系。

在被巧手丹解雇后不久,马库斯接到了兰格恩的电话。但是兰格恩并不是同情马库斯的境遇,而是热情地鼓励他注意此事提供的机会:创造自己的愿景,建立一家更大的仓储式家装商店。兰格恩建议马库斯不要因为西哥洛夫异想天开的解雇灾难而恸哭,或者通过不公正解雇的诉讼直接攻击西哥洛夫,他应该开始新的生涯,建立一家比巧手丹还要好的商店。此外,兰格恩除了口头鼓励之外,还给予马库斯更多支持,他成为一位及时雨般的合伙人,对马库斯全心信赖,并通过自己的声誉与关系提供了巨大的热情和信誉。通过兰格恩的帮助,马库斯从兰格恩的投资人那里筹集了两百万美元的原始资本,这正是兰格恩为这些投资人从巧手丹股票收益中赢利的结果——他说服他们将一些利润"翻番",支持确保之前收益的人。如此一来,为了让马库斯能够证明他有继续工作的能力,兰格恩将自己的声誉与投资人置于极大的风险之中。

关于建立关系的重要性的一课,就是即使身处困境之中,即使是看不出任何长期结果的没有深交的关系,在事业脱轨时对恢复也可能是关键的。因此,此处的一课在于永远不要过河拆桥,即使在无足轻重的商业交易中也要善待他人。即使对埃尔本企业的收购半途而废,马库斯在交易时真诚、尊重、礼貌地对待埃尔本并非偶然事件。这是马库斯性格的一部分。因此虽然他不知道或期望埃尔本会把他推荐给兰格恩,成为他未来东山再起的关键环节,但事情就这么发生了也不令人吃惊。如果不是埃尔本,也可能是在马库斯职业生涯中受其善待的其他人。虽然对有些人而言,与失败的收购目标建立积极正面的关系似乎很罕见,这种对正面熟人网络的建立正是马库斯的技能之一。他在建立并保持关系方面的技能,即使是其他人也许会弃之不顾的关系方面,在帮助他东山再起时起到了非常关键的作用。

另外一个例子是马库斯与霍因·格林伯格(Hoyne Greenberg)的

关系,他是马库斯在巧手丹工作时的供应商。在马库斯被从巧手丹解雇后不久,格林伯格致电马库斯,告诉他,他打算带马库斯去一家刚开业的新家装商店。当格林伯格告诉马库斯,帕特·夫亚(Pat Farrah)开了这家店时,马库斯,在之前的会面中对夫亚没有留下印象,说他对过去看看不感兴趣,但是格林伯格坚持让他去,转天早晨到马库斯的家中接他。当马库斯走进这家店时,发现它与自己设想的店一模一样。格林伯格把马库斯重新介绍给夫亚,这次马库斯以完全不同的态度看待他——热情而不可压制,而非讨厌且趾高气扬。虽然夫亚的企业很快失败了,因为他的财务技巧远逊于他的商品企划才能,马库斯说服夫亚加入马库斯和布兰克作为第三位合伙人,而事实证明夫亚在家得宝取得商业企划成功方面起到了决定性作用。

在与埃尔本和格林伯格的关系中有趣的一点在于,马库斯没有联系其中任何一位——他们两人开始时都是反过来联系的马库斯,大概是出于他们对他的尊敬,马库斯过去对待他们的方式足以使他们特意不怕麻烦地帮助马库斯,即使对他们没有立即或明显的潜在好处。尤其是在格林伯格的例子中,马库斯已经被巧手丹解雇了,因此不再拥有 CEO 地位,不能向格林伯格提供业务了。

熟人关系在他们提供的联系方面最有价值。埃尔本和格林伯格两个人都扮演了通向他人的桥梁,这些人在马库斯的成功中必不可少。埃尔本介绍了兰格恩给马库斯,而格林伯格说服马库斯再见一次夫亚。即使埃尔本与格林伯格本身没有帮助马库斯改善境遇的资源,但是因为他们拥有的人际网不同于马库斯,他们能够提供重要的联系,联系到能够提供那些资源的人——这种联系是马库斯本人无法做到的。

即使与关系更为紧密的商业伙伴,马库斯也以同样的方式运作。尽管兰格恩已经帮助他筹集了 200 万美元的原始资本,还是不足以让马库斯的企业顺利开始,因此必须进一步融资。马库斯向无数银行申请信用

第八章

额度，让他和他的合伙人能够购买股票、签署商铺租赁协议，但是一家又一家银行拒绝了他。然而，另一位熟人，提供了急需的融资。尽管他们的新企业是在亚特兰大启动的，马库斯求助于他在巧手丹用过的洛杉矶银行家，美国安全太平洋银行（Security Pacific National Bank）的利普·弗莱明（Rip Fleming）。利普·弗莱明是马库斯在巧手丹时信任的顾问，马库斯和弗莱明都相信银行家和客户之间存在紧密的关系，而不仅仅是基于交易的关系。因此，马库斯随时向弗莱明报告巧手丹的状况，而弗莱明相信马库斯不会只报喜不报忧。

尽管有先前的关系，弗莱明还是不愿意发给马库斯信用额度。然而，马库斯不接受否定的回复，飞往洛杉矶与弗莱明会晤，劝说他同意。最后，美国安全太平洋银行提供了350万美元的信用额度，使家得宝能够顺利启动。但是不为马库斯所知的是，银行的贷款委员会反复拒绝这项申请，弗莱明手持辞职信冲进银行总裁的办公室，威胁说除非银行批准马库斯的贷款，否则他就辞职，只有在这时申请才得以核准。

创建家得宝的这种不同寻常的环境（以及更多这里没有讲到的事），证明了即使不是深交的关系在帮助重整旗鼓方面的价值和效果。从马库斯的故事中得出的主要经验教训在于，你建立关系的方式会影响你事业恢复的前景。即使在大多数人只能建立薄弱关系的环境中，马库斯也有一套建立相对紧密关系的做法。他与利普·弗莱明的关系就是最好的例子。大多数人与他们的银行家之间更多的是一种基于交易的关系，而马库斯更关心与弗莱明建立一种更为坦率和信任的关系。这不是马库斯的一时兴起，而是他通常跟员工和其他与他的商业利益相关或无关的人的相处方式。建立起这种关系的类似马库斯的人物，更可能引起我们在类似利普·弗莱明的人的反应中所看到的行为模式，弗莱明为了马库斯将自己的事业置于危险之中。他们知道他会为他们做出同样的事，在关系的一开始就有一种绝对的信任。马库斯不知道弗莱明为他采取的行动,直到多年之后他受邀参加弗莱明的退休宴会时,银行总裁告诉了马库斯这个故事。弗莱明不需要告诉马库斯——知道他帮了忙就足够了。但是当马库斯得知此事时,他想要有所回报,并聘请弗莱明担任家得宝的终身顾问。

关系是商业交易成功的先兆。在寻求原始资本时,马库斯远离罗斯·佩罗的投资,因为他对这个关系以及它的发展方式、他对它未来发展的预见感到不舒服。类似的还有与桑迪·西哥洛夫乱成一团的关系,马库斯知道如果没有信任的基础和可以合作的关系,那么就不值得与之共事,无论自己多么需要这个资源。

虽然这些熟人关系对于帮助马库斯的事业东山再起是必不可少的,他也从更紧密的朋友关系中得到了支持。尤其重要的是他与共同创始人阿瑟·布兰克以及肯·兰格恩的紧密关系,兰格恩开始是另一位熟人埃尔本介绍的,但是后来发展成为一位紧密的朋友,尤其在马库斯被从巧手丹解雇之后。两个关键的友谊都发展自商业关系——布兰克是巧手丹的CFO,兰格恩是该公司积极的投资人。

那么,马库斯深谙关系之道。无论是没有深交的关系,还是事业上定期打交道的人,或者亲密的朋友,这并不重要——马库斯尊敬、诚恳、信任地对待他人。这些品德在他需要帮助时得到人际网中人们的回报,使得马库斯能够在事业上东山再起,并为其公司成为世界第二大零售商播下了种子。

在马库斯的案例中,虽然熟人关系极其宝贵,主要体现在提供扩展人际网的联系上,这些联系无法以其他的方式获得,你同样也需要更紧密的关系的帮助,这种关系在恢复过程中提供了一种不同的支持功能。这将我们带入对帮助事业恢复的紧密关系的重要性的更值得注意的研究之中。

第八章

紧密关系的支持作用

就人际网所提供的联系和支持而言,当事人的人际网具有很重要的作用。正如我们看到的那样,较薄弱的熟人关系的主要作用在于提供与未来机会的重要联系,并且事实上,在实现这一功能上,熟人关系通常优于紧密的朋友关系。然而,紧密的朋友关系是汲取支持的来源,尤其是在克服第六章讨论过的妨碍东山再起的心理障碍方面。

来自于家人、朋友和前同事的社交支持,在降低当事人遭遇事业挫折时所感受的压力水平,以及鼓励应对压力的行为方面是非常具有影响力的。与家人和朋友持续的乃至增强的联系帮助提高了社交互动,通常在失去工作之后社交互动急剧减少,因为当事人与他人的大部分互动往往发生在工作日。下台的领导者尤其需要来自家人和朋友的社交支持,因为就在团体中的社会地位而言,失去高高在上的地位一般来讲深深地伤害了当事人的自尊。我们与之交谈过的众多被赶下台的CEO,都对似乎一夜之间从"谁是谁"到"他是谁"的转变发表了看法,这个事实深刻地反映了失去伴随之前职位而来的地位所引起的痛苦。我们访问的一位CEO的评论显示了灾难性事业挫折引发的强大压力以及强力支持系统必不可少的重要性:"我的家人和孩子们支持我做的每一件事。我的每一个生日都过得很开心,我接受我能得到的一切,因为我记得那一天(在被革职的动荡期),当时我以为没有下一个生日了。"

研究表明,因为失败感受到的羞愧和耻辱感,失业的专业人士往往倾向于将自己与可能的支持来源隔绝开来。[13] 因为最高领导者下台的公开性,以及随之感受的被驱逐感,他们尤其具有这种倾向,在离职原因损害了他们的个人或专业声誉时更是如此。因此,被驱逐的感觉可能会成为自我促成的预言,因为被驱逐的领导者避免与他人接触,甚至不与亲密的朋友和家人接触,他们担心失去领导职务带来的地位之后遭到拒绝。如果当事人发现下台暴露了他们本以为是朋友的人的背信弃义,这种感觉就更强了。一旦领导者失去了之前职务所赋予的地位,先前的朋友和熟人仿佛中途散去,古人所说的"患难见真情"变得很明显。一位CEO把他的革职描绘成董事会的一个派系进行的一次政变,他在脑海中看到了朋友们的两极分化,一些还是忠实的朋友,而另一些则证明不过是顺境中的朋友而已,谈到前者:"有一些人支持我,并且,顺便提一下,我知道他们受到了威胁。"而谈到后者:"他们只是附和(这次革职)——他们中有些人对此感到不高兴,但事情就是这样。我再也不会把他们当作朋友,如果你不能坚持战斗到底的话。"

这种强加给自己的与世隔绝在许多情况下,也可以归咎于领导者内心对他们能否有效领导一个组织的能力的自我质疑。迄今为止,领导者的事业不断取得成功,并且正如社会科学家早已证实的那样,人们有一种强烈的倾向,将理想的结果归功于他们自身的才能和长处。[14]这导致领导者对他们的能力具有一种强烈的自信,这种自信因为事业挫折彻底受到了动摇。例如一家经营多种消费品的公司的前CEO告诉我们:"可能直到现在为止,相对而言,我一直过于自信自己能够找到某个地方做些事情并感到幸福。我可以评判各行各业以及各行业的工作流程,然后指出自己能够改变哪里。我之前一直都非常相信,我能够增加各种不同行业的价值。"

附加说明"可能直到现在为止"指出了虽然之前具有强烈的自信心,但是信心已经被这次挫折削弱了。即使挫折没有阻止领导者再次进入一家新企业继续冒险,但像过去一样相信一定能成功的信心减少了。

朋友和家人在缓解这种与世隔绝及自我质疑,乃至消沉方面能够起到极其重要的作用。胜腾酒店的CEO亨利·西尔弗曼,曾被华尔街视为顶级交易者,通过并购建立了一家名为餐旅连锁加盟的公司。他集合

第八章

了诸如房地产经纪21世纪、华美达酒店、豪生饭店、戴斯酒店和艾维斯租车公司等品牌,带来20%以上的增长率和高涨的股价。公司股票从1992年的每股4美元,到丑闻来袭之前上涨到每股超过77美元。在与一家名为CUC的直接营销商合并之后,这次合并在当时看来似乎是对他自己公司(1997年晚期合并后的实体重新命名为胜腾)的完美补充,他的王国和声誉灰飞烟灭了。一系列的调查显示,前CUC的大量财务不当行为导致了三年间夸大收入7亿美元。随后的股灾导致胜腾损失了大约130亿美元的市值。

西尔弗曼的父亲是一家商业金融公司的CEO,他被迫走出父亲成功的阴影:"你想因为你的成就获得认可,而不是因为你父母的成就。"[15]在与臭名昭著的企业狙击手和阔气的投资银行家们磨练技能之后,西尔弗曼已经通过建立自己的王国成为另一个传奇。紧随CUC丑闻之后,他的勤奋和管理风格遭到抨击。愤怒和耻辱逐渐毁掉了他。虽然他没被赶出公司,但是声誉尽毁,他作为交易商的前景被严重贬低了。但是个人的痛苦,对西尔弗曼而言,与专业上的耻辱一样糟糕。"我的自我价值感减小了",他回忆说。[16]

尽管有应对丑闻影响的压力,以及他继续进行的不可避免的工作进度的压力,在社交上他和妻子与世隔绝。西尔弗曼的妻子南希(Nancy),解释说他们无法面对在每一次社交活动时发表对丑闻的看法:"我们没有勇气坐在那儿谈论它。"[17]因此他们尽可能地远离纽约,待在他们从朋友那里租来的房子里。随着时间的流逝,主要是他的妻子和亲密的朋友帮助他度过了强烈的愤怒期。

在妻子和朋友的帮助下,如金融家利昂·布莱克和达拉·穆尔,以及一些专业咨询的辅助下,西尔弗曼找到了引导自己怒气的方法。正如他后来告诉我们的那样,"我情绪太激动了,特别是对被免职。我觉得好像遭到了抢劫:个人方面、专业方面以及财务方面。我去见一位非常有帮助的压力治疗师(一个小时)。他的建议是:锻炼、锻炼,更多的锻炼。事后想来,我本应该更加专业和超然。"[18]结果,他变成一个运动锻炼狂,但仅仅是锻炼不能填补他需要重获信誉所造成的空虚感。他告诉我们:"我从未想过不留下来解决问题。是否是我的错没有关系;我是CEO,我有责任。"[19]在政府的一项调查中,他更换了CUC全部领导层,并起诉了它的会计师事务所,安永会计师事务所。然而,也许更为重要的是,西尔弗曼获得了他最亲密的人际网——作为扭转业务局面第一线的董事会的帮助。他直爽地告诉我们:

> 我对董事会非常坦白——不要粉饰太平。我告诉他们,我们"陷入了麻烦",我们/他们是清白的,但无论如何都有个人责任,我的工作就是确保胜腾幸存下来,并最终取得成功。我在一段非常艰难的时期反复沟通,让董事会参与我们的每一项决策。信不信由你,20世纪60年代我担任海军军法署(JAG)军官时学过危机管理。想象一下,美国政府教我"说实话,全都说出来,现在就说",那是我们的咒语(一直到今天)。[20]

我们也同董事会的全体成员谈过话,他们证实西尔弗曼立即来找他们,不断沟通,告诉他们一切,让他的战斗和股东的战斗成为他们的正义之战。

西尔弗曼卖掉了非核心业务,回购了20%的已发行股票,以推动股价上涨。他通过小型收购以及与类似约翰·马隆的自由媒体之类的公司结盟开始重建工作,重建信用并推动电子商务为他的服务业务所用。西尔弗曼恢复的迹象出现了,当时另一位朋友迈克尔·利文,他在创立酒店集团美国特许经营集团之前曾为西尔弗曼经营过戴斯酒店,来见西尔弗曼,西尔弗曼问他:"你来这儿是买,还是卖?"利文回答说:"哦,亨

第八章

利,我想你又回来了。"[21]

亨利·西尔弗曼在情况最糟的时候本来可能轻易放弃。事实上,本能迫使他逃避社会和自己的问题。然而,他亲密的朋友和家人是真正的朋友,在最黑暗的时刻前来帮助他,帮助他重新部署,正确看待他的问题。拥有这样的家人和朋友在情况最糟糕的时候是一件无价之宝。然而,许多人发现,在事情顺利时他们没有注意到这些关系——对他们时间的其他需求打扰了建立这些紧密关系所需的时间——只有在事情出问题时才发现他们的关系缺乏深度。因此如果希望这些关系在困境中保持紧密,那么在顺利时对它们予以关注是很重要的。

关系程度有明显的不同,从家人的亲密联系,到疏远的很少见面的熟人。虽然与家人和最亲密的朋友的联系可能很紧密,但同样重要的是与危机时刻将做你后援的人们建立一组更广的适度紧密的联系。杰弗里·卡曾伯格与迪斯尼公司激烈地分道扬镳之时,正如我们在上一章描写的那样,他得到了行业中许多朋友的有力支持和声援。事实上,卡曾伯格能够借助该行业各方人士的帮助:演员、电影导演和制片人、经纪人,甚至竞争对手和仍在迪斯尼工作的人。演员沃伦·贝蒂(Warren Beatty),过去曾因电影《至尊神探》(*Dick Tracy*)的评论与卡曾伯格发生过冲突,现在也站出来保护他,说:"我从未与更具活力、更舍得花时间、更风趣的制片厂执行官一起共事过。业界没有比杰弗里更宝贵的企业人才。"[22]这个观点得到了电影导演史蒂文·斯皮尔伯格的共鸣,他声称:"他是周围最有价值的自由人。"[23]顶级经纪人同样强烈支持卡曾伯格。影响强大的威廉·莫里斯经纪公司(William Morris Agency)的总裁杰丽·卡茨曼(Jerry Katzman)说:"当杰弗里在线上,给演员打来电话时,他们很高兴。他绝对富有魅力。"[24]创意艺术家代理公司(CAA)创始人以及后来的迪斯尼总裁迈克尔·奥维茨(Michael Ovitz)赞同道:"与杰弗里共事是件乐事。他反应灵敏,容易接近,很快就给你回应。即使他不同意我的观点,我也更愿意和杰弗里·卡曾伯格共事,也不愿意和知识较缺乏、回应较慢的人合作——对经纪人而言那就是死亡。"[25]甚至迪斯尼最大的竞争对手,华纳兄弟的联合主席罗伯特·戴利(Robert Daly)也承认:"杰弗里是电影行业的最佳执行官之一。"[26]

引人注目的是,甚至那些与迪斯尼有密切关系的人在向新闻界谈论卡曾伯格的失败时,也认为此事对迪斯尼和他们有切身影响。电影制片人、因特斯科普传媒公司(Interscope Communications)总裁罗伯特·科特(Robert Cort),他的电影主要由迪斯尼发行,对《洛杉矶时报》评论道:"在电影业,我们生活在不断出错的故障线上。总有让人震惊的事发生——而这件事太令人震惊了。杰弗里是个定位器。公司反映了他的许多个性。让我们的生活恢复平衡将需要一些时间。"[27]甚至继任卡曾伯格领导迪斯尼制片厂的乔·罗思(Joe Roth),评论卡曾伯格对迪斯尼的影响时说:"(制片厂里每一个人)与杰弗里的密切关系便是对他的重要证明——这令我畏惧。我没有预料到。人生中的第无数次,我判断失误。"[28]

来自该行业各方朋友的所有公开证明对卡曾伯格起到了几方面的作用。第一,他们让他对行业中的地位和成就价值恢复信心,因此降低了此类失业挫折之后通常发生的对自我能力质疑的可能性。第二,来自可信人物的公开支持增加了他的正确性,并提升了他在市场上的价值。我们将在下一章讨论在失败之后重建英雄地位。这些公开评论帮助保持英雄地位或者说业内关键人物的看法,并将损害降到最低。最终,保持或重建这种公众形象对于赢回同样或更高的职位是一个关键。第三,诸如支持卡曾伯格的那些公开评论,在他的事业恢复中给予了发表此类评论的发言人既得利益。这些人已经公开表示了他们的支持和他们对卡曾伯格价值的看法,因此看到预言实现对他们有利。

除了支持性的公开证明之外,卡曾伯格在发动东山再起之战时也得

第八章

到两位最亲密的朋友的实际支持。卡曾伯格在被解雇后立即开始恢复,并开始组建梦工厂。当卡曾伯格与迈克尔·艾斯纳会谈并被告知他离职的新闻公告已经发出之后,回到办公室,他的秘书告诉他史蒂文·斯皮尔伯格在电话上等他——消息已经传到了斯皮尔伯格那里,他正在牙买加(Jamaica)同同为电影导演的罗伯特·泽梅基斯(Robert Zemeckis)家里度假。斯皮尔伯格试图安慰卡曾伯格时,泽梅基斯在后面大叫:"你们为什么不一起做些什么?"斯皮尔伯格,仍在试图安慰卡曾伯格,引用电影《回到未来》(*Back to the Future*)中的话,说:"你去的地方,不需要道路。"卡曾伯格,已经听见泽梅基斯的话,回答说:"你说'你'是什么意思?我在想的是'我们'。"[29]

几天之后,卡曾伯格在斯皮尔伯格家,斯皮尔伯格说他也有长期的导师—门徒关系,类似艾斯纳与卡曾伯格之间的关系,他也可能已经准备好自立门户。种子一旦播下,卡曾伯格也想让另一位好友戴维·格芬加入。格芬和斯皮尔伯格从在华纳兄弟共事时就知道彼此,但双方都不是特别喜欢对方,他们更多是对手而非朋友。正如格芬描述这一关系说:"我嫉妒他,但是我尊敬他,想得到他的认可,很大程度上我们是被撮合到一起的。"[30]

格芬刚把他的公司格芬唱片(Geffen Records)卖给 MCA,此后继续担任唱片业务董事长,这时合约即将期满。尽管因为出售公司成为亿万富翁,他正在追寻其他兴趣,如收集艺术品,并与总统克林顿成了朋友。他对与卡曾伯格共命运没有把握,和斯皮尔伯格一起共事的把握就更小了。然而,卡曾伯格仍旧渴望格芬加入董事会,而格芬渴望能够帮助他的朋友,尤其是因为他觉得对卡曾伯格离开迪斯尼负有责任,因为格芬曾经鼓励卡曾伯格为在迪斯尼升职而开展活动。

三人最终同意在 1994 年 9 月底开始他们的新制片厂,就在三人参加完为俄罗斯总统鲍里斯·叶利钦(Boris Yeltsin)举办的白宫宴会数小时之后。卡曾伯格和斯皮尔伯格回到酒店,在进一步讨论之后打电话给格芬,格芬作为克林顿的客人,正待在白宫的林肯卧房(Lincoln Bedroom)里;他们说服格芬到酒店来见他们,在那儿三个人同意开始他们的新事业。格芬回忆他加入这一具有历史意义的事业的动机时说:"(梦工厂存在的)原因是因为迈克尔·艾斯纳不给杰弗里那份工作。杰弗里是这一切的催化剂。我的意思是……他对我说:'你想做这件事吗?'我说:'不。这意味着大量的工作,而我是一个非常、非常、非常富有的人。'……但是我陷进去了,我不想像迈克尔·艾斯纳一样对他说'不'。我不想成为又一个拒绝杰弗里的人。"[31]

1994年10月12日,他们三人聚在贝弗利山(Beverly Hills)的半岛酒店(Peninsula Hotel),正式宣布在超过60年的时间里的第一家新电影制片厂成立——《纽约时报》称其为"自1919年查理·卓别林、玛丽·璧克馥(Mary Pickford)、道格拉斯·范朋克(Douglas Fairbanks)和D. W.·格里菲思(D. W. Griffith)成立名为联合艺术家(United Artists)的电影帝国以来,最大的人才合并。"[32]

就卡曾伯格的案例而言,他亲密的朋友显然不仅通过公开支持,和一对一地参与思考他的想法,起到了重要作用,而且帮助他形成了新的职业角色。尽管这明显不是典型情节,正如我们在第四章讨论过的企业文化那样,一些行业比其他行业更为紧密相关,并拥有这样一种文化,身处其中的人们能够在业内自由地在公司间移动。在我们称为棒球队的文化中,业内的牢固联系特别有帮助。不像其他许多行业,好莱坞的"小"性质和密切的内在联系意味着斯皮尔伯格和格芬与卡曾伯格拥有重叠的人际网这一点无关紧要,因为他正是在这个小世界里重新复出的,而他们全都知道最适宜的选手。这就是该研究的性质,理解例如行业或地理延伸等因素是如何细分的,这些因素决定了在寻找下一个职位时,熟人与紧密朋友关系相比的重要性。如果更换行业或在一个更分散

第八章

的行业或地理区域,熟人关系更可能帮助找到下一个职位。但是在密切联系的行业里,人们在公司间的移动很常见,通常证明朋友关系除了更多的个人情感支持之外,在连接到下一个职位时也很有价值。

间接伤害

虽然当事人正在经历灾难性事业挫折强加于他们的转变,其他人,特别是亲密的家人和朋友,同样因为这次挫折承受了精神创伤。虽然他们被期望提供支持,但是在他们试图给予能够给予的帮助时也在经历类似的情绪体验。对当事人遭遇事业挫折时的间接伤害已经进行了大量的研究,尤其是配偶的感受,以及其他亲密朋友和家人。配偶很可能遇到心理问题,例如焦虑、消沉或者心因性生理疾病,尽管其强烈程度与面对失业的当事人有所不同。[33]挫折的压力同样可能导致婚姻或家庭紧张,研究表明失业导致分居和离婚的可能性增加了三倍或四倍。[34]失业与虐待儿童风险的增加也有关联。[35]

朋友和同事也受到其朋友和同事所受挫折的影响。虽然研究表明面对事业挫折的人与朋友共度的时间越多,他们遭受的心理困扰越少,但是同样真实的是,一个人失业越久,他朋友身上的压力就越大,当事人越倾向于减少社交接触的频率。卡丽·利娜(Carrie Leana)和丹尼尔·费尔德曼在两个社区对大规模裁员进行了调查,发现许多被裁掉的人描述自己患上了一种"社交病",朋友们因为无法应对由当事人的挫折引发的压力,越来越回避他们。[36]

当应对挫折的当事人是一位杰出领导者时,这增加了家人和朋友身上另一方面的压力。在这种情况下,极端的媒体可能一窝蜂地纠缠朋友和熟人发表关于此次挫折相关的人或事件的声明与内部消息。在卡曾伯格的案例中就发生了这种情形,当时记者反复追问如斯皮尔伯格和格芬等朋友关于卡曾伯格的性格以及对此事的反应。极端的情况是,在领导者被解雇之后进行法律诉讼时,朋友们也可能被问及,或者事实上被迫出庭作证,经历宣誓作证乃至法庭诘问,其证言可能被用于反对他们想要支持的朋友。在玛莎·斯图尔特的审判中,她的好朋友玛丽安娜·帕斯捷尔纳克(Mariana Pasternak)被控方作为证人传唤做不利于玛莎的证明,玛莎进行后来受到调查的英克隆股票交易时,正在与她一起度假。

结论

即使家庭成员和朋友想摆脱由挫折引发的压力,重要的在于记住亲密朋友的忠诚和熟人更广泛的联系对恢复过程是非常关键的,它们是事业东山再起必不可少的基础。然而,一位领导者能否再次建立一个组织,或者能否以领导者的身份获得另一家组织的信任,在于亲密朋友乃至较远的熟人之外更大范围的人们的看法。因此,我们转向领导者发动东山再起之战时,为重获更广泛的公众支持必须要做的事。其实,这就是重建领导者曾经拥有的英雄地位,或者公众声誉。

第九章　重建英雄地位

在社会科学中,关于所谓形象修复理论(image restoration theory)的文献资料越来越多。在这一理论中,构成实质威胁的声誉攻击有两个必要条件:该行为不受欢迎并带来严重后果,并且当事人对导致攻击的行为可能负有责任——换句话说,这一指控有充分根据。正如我们在第七章讨论过的那样,有时指控并不重要,不足以成为战斗的根据,而最佳的辩护可能就是忽略它们,不再火上浇油,这样做防止了指控演变成燎原大火。基本上,这样做就打败了第一种情况。虽然任何攻击都是不受欢迎的,但其中一些不会直接威胁到当事人的地位,因此不会有严重损害当事人声誉的后果。当然,因为日积月累的小型攻击直至似乎毫不起眼的最后一击,声誉可能会受到损害。但是大多数导致失败的对声誉的攻击都具有严重性,并能以此区分。

如果对当事人的声誉进行重点攻击,尤其是导致其下台的攻击,那么责任问题就开始起作用了。下台本身表明了组织认为当事人应该负责,但是这并不一定是故事的结局,尤其就当事人从挫折中恢复的能力而言。凭借其担任的领导职位,领导者通常被认为对组织的违法行为或业绩负责,即使他们并没有直接责任。另外,就商界而言,媒体公开描述

第九章

的故事可能没有说明故事始末,但可能考虑到组织或董事会利益,掩盖了解雇的真实原因。因此,对领导者而言,能够让朋友和熟人之外的更广大的公众了解故事的另一面十分重要,他们也许在提供未来机会的联系方面扮演着把关人的角色——例如猎头公司或者提供新企业的基金来源等团体。领导者必须能够把灾难的真实性质传播出去,维持他人对领导者执行能力的信心。

杰出领导者获得一个英雄角色,这给予了他们重于生命的存在感。当该角色被拿走时,魅惑力、地位和官职的职责权利被剥夺,领导者要冒失去自我身份认知的风险,因为在他们自己和其他人的头脑中,他们的身份已经与他们领导的组织交织在一起。以他们的个性,单纯作为芸芸众生中的一员是不会感到舒服的,他们需要领导他人、脱颖而出。杰出领导者通过发展梦想来实现这一点,该梦想已被贡献为公共财产。如果梦想被接受,他们将享有声誉,如果梦想最终被丢弃,他们将承受个人梦想和公众认同的双重损失。

讲述你这一面的故事

当伯尼·马库斯被从巧手丹解雇,并为他新创立的企业家得宝寻求帮助时,他开始行动,把他的故事讲给无数的潜在投资者和银行家,尽管他有引人注目的愿景和从巧手丹下台的合理解释,仍有许多人把他拒之门外。但是当他继续敲门并得到关键支持者的支持时,形势发生了变化,人们开始聚集在他周围,这使他能够重回领导职位。他们聚集的原因在于,尽管他遇到了挫折,但是他们仍然相信他、他的英雄身份以及他对新企业的英雄使命。马库斯有效地让人们接受了他所讲述的巧手丹故事,给予他们可信的解释。像肯·兰格恩这样的马库斯关键支持者的可靠支持进一步鼓励了他们。当英雄遇到坎坷时,支持者们必须协调当事人的两个形象——重于生命的存在和倒下的新状态。对于领导者而言，维持对他们之前英雄地位的信心，并通过确保其他人了解真正发生了什么事，消除形象混乱，把下台归咎于外部原因，或者使人相信此次挫折是一个孤立的事件，与领导者的能力、性格无关。为他人提供一个相信领导者新使命的理由，并且以那些忠实支持者的支持为基础发展更多的追随者，这些是绝对必要的。

在对被解雇的CEO的采访中，我们发现最大的挫折来自无法通过讲述自己这边的故事重建他们的英雄地位。竞业禁止和不毁谤协议可能会削弱CEO证明不是因为不能胜任或性格原因离职的能力。竞业禁止条款使CEO们很难回到他们已经证明自己、且其才能最广为人知的行业。一份竞业禁止协议最初阻止了斯特普尔斯的创始人汤姆·斯坦伯格。1985年1月，时任新英格兰一家连锁超市主要分区CEO的斯坦伯格，因老板们向董事会许诺无法实现的结果，而对老板们的正直诚恳和真实性进行质疑之后，遭到了解雇。

开始职业生涯时，斯坦伯格拥有哈佛商学院贝克奖学金（Baker Scholar）优异毕业生的权威证书。职业生涯之初，他担任总部位于康涅狄格州的第一全国超市（First National Supermarkets）的销售与销售规划副总裁。他后来成为凡纳斯特业务单元（Finast unit）的部门总经理，然后事情突然分崩离析了。董事长在一次黑帮风格的杀戮中被枪杀，而他的前任因定价和收受回扣被裁定有罪。当斯坦伯格质疑宣布的计划是否具有可实施性时，他被解雇了，而且如果接受解雇协议上的非竞业条款，就有一年的解雇费可拿。

这次解雇让斯坦伯格感到痛苦——在业内曾经闪闪发光的事业突然之间变得黯淡无光了——而他觉得被困在死角。尽管一位前连锁超市业主利奥·科恩（Leo Kohn），刚把自己的连锁超市卖了一亿美元，主动提出支持斯坦伯格从事新业务，但是因为合约上的法律约束，他们不

第九章

能在接手一家新的或现有的超市连锁以重建他的地位时,告诉世人斯坦伯格与他的前雇主真正发生了什么事。这类协议,虽然最初具有财务上的吸引力,但被证明是继续前行中的重大妨碍,并迫使你将事业转入不熟悉的竞技场。虽然斯坦伯格的协议禁止他进入日用百货行业,但是允许他留在零售界,因此他最终转到了另一个零售环境。

在寻找机会六个月之后,他偶然间迸发灵感,对长时间营业的折扣零售店进行调查——7月4日因为库存有限、商店歇业,他无法为他的打印机找到替换色带。1986年,他在马萨诸塞州布赖顿(Brighton)的一座大型的前超市建筑里,创办了他的办公用品供应连锁——斯特普尔斯。现在,20年之后,该连锁成为世界上最大的办公用品供应零售商,聘用了大约两万名员工。最近斯坦伯格自己离开斯特普尔斯,成为深受尊敬的高原资本公司(Highland Capital Partners)的风险投资家。

同样,因为受制于离开协议的不可毁谤条款约束下的财务诱惑,离职CEO可能也会束手束脚,无法讲出他们这边的故事。通常,被免职的CEO在离开时受到诱惑物的吸引,尤其是在它们对离职CEO和公司双方都具有约束力时。然后,他们开始后悔,因为无法澄清问题、重获人们对他们领导力的信心,重建事业受到了限制。此外,来自于公司的谣言仍会以讹传讹地伤害他们,而前CEO想让公司兑现互不毁谤保证,可能会有困难。

我们曾经采访过几个人,他们的离职协议有七位数,这取决于他们离开时是否小心翼翼地走共同路线。一位被解雇的CEO告诉我们:"我们达成的协议是,如果我装出一副公众面孔(这是公司的一次平稳过渡),基本上我将得到共计100万美元。你知道的,不公开离开的真正原因。并且因为我自己在公司还有50万的股份,我不想看到股票下跌,所以我没兴趣公开离开的真正原因。"

在这种情况下,公司将离职归咎于CEO,并限制CEO说出自己这边的故事重建声誉。虽然在许多情况下,这些公关掩饰会伤害到离职CEO的声誉,尤其在CEO承担了不在他们控制或职责之内的事情的责任时,但是这么做不一定对离职的领导者不利。事实上,组织试图将对自身损害减至最小的事实,可能对CEO有正面效应,如果组织将继任描绘成平稳且自愿的,这样尽管幕后的混乱接踵而来,但是CEO的声誉没有受损。然而,当CEO被公开牺牲时,无论CEO在导致免职的指控中是否有罪,都会有损害。在这种情况下,CEO缺乏挑战错误指控并澄清问题的能力,可能会导致新闻界不利的猜测,使声誉损害弥漫开来,令CEO无法恢复。媒体描绘的观点可能比故事背后的真相具有更强大的力量。正如著名律师艾伦·德肖维茨(Alan Dershowitz)在芬顿·贝利(Fenton Bailey)的《名誉扫地:迈克尔·米尔肯未透露的故事》(*Fall from Grace: The Untold Story of Michael Milken*)一书的引言中所写的那样:"令人伤心的事实是,现今,媒体比以往任何时候都拥有更多的权力,凭空捏造个人代用品来代替以他们姓名命名的、其故事远没有那么'有趣'的真人。这种前所未有的诽谤中伤的权力,能够在顷刻之间如此彻底地、无所不在地毁掉无辜的人。恢复被残害的声誉会花掉一个人人生的大部分时间——如果能够恢复的话。"[1]

管理公众(他人)的看法,以恢复信心

即使在领导者自己失策导致下台的情况下,他们的恢复能力取决于能否重建更广大的公众对他们的信心,这需要把此次判断失误与他们的整体能力隔离开来。在这种情况下,需要做的不仅仅是向尽可能多的听众讲出你这边的故事;而是能够让关键选民忘记这个小插曲或判断失误,在信心可能已经受损甚至已经支离破碎之时,让他们能够再次信任你和你的愿景。这需要时间,以及谨慎地管理看法。

第九章

有一个例子是乔治·沙欣,他在网络热潮的鼎盛时期,离开安达信咨询公司(现在的埃森哲)的CEO职位,去领导一家基于互联网的百货送货服务公司威普旺。尽管威普旺存活的时间很短,其失败也很引人注目,沙欣在接受这一职位时的错误决策没有毁掉他在最重要的猎头团体中的声誉。因为能够将此次行动解释为一个尽管风险很大,但可能带来巨大收益的行动,这证明了此次冒险的合理性,所以相应损害是有限的。事后解释说在沙欣上任之前这家企业就难逃一死——但是考虑到人人都沉浸在互联网泡沫的兴奋之中,这一点事先无法得知,或者至少任何人都对这一结论视而不见——使得其他人能够原谅这一判断失误。另外,考虑到异乎寻常的薪酬包,能让人认识到较大的风险得到了甚至更大的潜在回报的补偿,增加了这次职业变换的可谅解性。因此,经理人猎头团体的关键把关人(我们与负责CEO和董事会级别猎头的几个人谈过话)能够忽略他在威普旺的失败,使得沙欣重获在安达信咨询公司拥有过的地位。

因此在沙欣身上体现了成功恢复形象的要素。通过解释说在他到来之前事情已经注定了,清楚地否认了他应受责备或者将责任归咎于意外。通过理解互联网泡沫的诱惑以及同一时期在许许多多通常更理智的人们中间激起的非理性投资和判断,能够减少这一行为令人反感的程度。这样看来,考虑到当时繁荣的互联网经济,从成立已久的相对安全的安达信咨询公司跳槽到威普旺的高风险世界中好像是很合理的。最后,如此巨大的预期财富的诱惑为跳槽背后的动机提供了一个看起来很合理的解释。因此,即使此次跳槽没有像计划的那样进行到底,沙欣通过向理解跳槽所在时期背景的人们提供了一个为什么会跳槽的合理解释,仍能战胜这个错误。因此,尽管这是马后炮,但没有人会因为沙欣离开一家顶级咨询公司前往一家不确定的初创企业对他进行挑剔,并且他能够重获在关键选民中的地位,将自己安放在重返另一家组织领导职位的位置上。后来，2005年4月，沙欣被任命为软件公司西伯尔系统的CEO。

玛莎·斯图尔特的重建战略

也许近期最知名的失败就是玛莎·斯图尔特事件。斯图尔特在针对英克隆可能的内部交易的调查中妨碍司法公正，因而被司法部起诉之后的第二天，她拿出了《今日美国》(USA Today)和《纽约时报》的整版广告——并开办了一家新网站 marthatalks.com——向公众提供以下消息：

来自玛莎·斯图尔特的一封公开信

致我的朋友和忠诚的支持者：

在一年多之后，政府决定为与玛莎·斯图尔特生活全媒体公司完全无关的私人事情指控我。我想让你们知道我是无辜的——并且我将战斗到底以洗脱罪名。

我只是给我的股票经纪人回了一个电话。大部分依据之前与经纪人有关价格的讨论，我授权卖掉我在一家名为英克隆的生物技术公司的剩余股票。我后来在公开声明中否认任何不道德行为并自愿与检察官面谈。政府企图判定这些行为违法，这对我而言毫无道理。

我相信，面对这些毫无根据的指控，我将被证明无罪，但不幸的是审判在几个月后才会发生。我想要为你们在去年期间的特别支持表示感谢——我对此的感激远远超过你们了解的程度。

了解更多信息，请访问我为你们专门建立的网站 www.marthatalks.com。我将尽最大努力公布关于本案的最新消息，你们能够通过 Martha@marthatalks.com 与我联系。我期待你们的来信。

第九章

真诚的玛莎·斯图尔特[2]

在书信开头,斯图尔特开门见山地把指控依据的行为与她的生意,并且含蓄地,与她的商业判断力分离开来。一开始就清楚地分离开来是让人们保持或者重建对她的商业判断力的信任的重要前提。她也将自己的行为描绘得完全合情合理,再次让人们相信她的判断力和行为的牢靠性。网站上律师代表她发表的一篇声明同样带着公开信的个人口吻。罗伯特·G.摩维尔卢(Robert G. Morvillo)和约翰·J.提格(John J. Tigue)写道:

> 玛莎·斯图尔特没有做错任何事。政府正将她作为刑事测试案件的一个实验体,该测试旨在进一步拓宽证券交易法已经无法辨认的界限。
>
> 起诉书显示整个调查的断言——玛莎·斯图尔特根据内部消息卖掉了她的英克隆股份——已被证实是不真实的。最具讽刺意味的是,斯图尔特女士面临刑事指控,是因为妨碍了证实她清白的调查。形势的变化只能形容为怪诞,并且让人不得不质疑进行这种奇怪指控的动机。
>
> 尽管政府没有指控她进行内部交易,但是却宣称2002年6月由她的著名代理人起草的公开声明构成欺诈。这些前所未有的指控是毫无根据的。新闻稿的发布是为了回应国会泄露的信息,该信息认为斯图尔特女士因为得到暗示说英克隆的癌症药物申请将被驳回,才卖掉了她的股票——又一个被证实完全虚构的指控。在这个国家,被错误控罪的人一直拥有宣布他们无辜的自由,不必担心因其反抗受到政府的惩罚。这些新闻稿所做的无非是诚实地否认她得到过关于爱必妥(erbitux)(英克隆的抗癌新药)的暗示。试图

宣告这种声明是违法行为,并运用证券交易法剥夺接受调查的人们毫无保留地为自己辩护的权力,这违反了美国民主的基本原则,非常令人不安。

至于指控的剩余部分,我们同样不知道任何一个案例,证人自发地服从由联邦检察官进行的不经宣誓的会谈——然后因为与此次会谈所宣称的目的完全无关的所谓虚假声明受到指控。在这种情况下,会谈的焦点是爱必妥,并且关于其情况,玛莎诚实地否认得到了暗示。

那么政府为什么在大约一年半之后,选择进行这些指控呢?是因为知名度吗?因为玛莎·斯图尔特是位名人?是因为她是一位凭借自己的才能、勤奋和高标准成功地在男性商业世界中竞争的女性吗?是因为政府想要凭借自己的意愿定义证券欺诈吗?还是因为司法部无法指控安然和世通电讯那些有政治关系的可能诈取了公众数十亿美元的经理们,从而打算转移公众的注意力?

我们敦促媒体提出这些问题——并向法律专家咨询这些非同寻常的指控的合法性及更广的含义。我们相信一次询问将证实这一指控是罕见的,远远超出了任何其他刑事证券案。我们请求公众在政府公开没有事实依据的指控并受到驳斥之前,不要妄下判断。当这一切发生时,我们相信正义将得到伸张,玛莎·斯图尔特将被证明完全无辜。[3]

在采取这一行动,并用这种方式为自己辩护时,斯图尔特意识到,虽然法庭的判决在恢复她的名声和事业方面很重要,但是民意法庭的战斗更为急迫,至少同样重要。斯图尔特知道,逃避不是一种战略。如果想要保护声誉避免遭受持续破坏,试图躲藏并避开公众注意,直到媒体的注意力转向下一个故事,或者全部事实通过法庭或其他诉讼公诸于世,

第九章

这不是一个切实可行的选择。相反地,采取主动的态度讲出你这边的故事十分重要。通常,面对坏消息保持沉默,特别是有机会为自己辩护时保持沉默,会被认为承认有罪。因此,向公众讲出已经发生的事情的另一种观点是非常重要的。

在双管齐下地采取致支持者的公开信和律师的声明两个行动之后,斯图尔特向更广大的公众之中的支持者发表了讲话。斯图尔特在某种程度上是让公众两极分化的一位公众人物——许多人热爱她,而其他许多人憎恨她。她的知名度很高,并以不同于其他很多公众人物的方式得到许多人的热爱。她的粉丝觉得她是他们日常生活的一部分,因为他们向她的节目和杂志咨询关于家和家政的建议,而这本身形成了他们自身认知的核心部分。在竭力效仿斯图尔特的同时,他们认同她,她几乎成为一位密友,在与家相关的所有事情上是一位必不可少的建议者。主要因为许多人对斯图尔特的公众角色有这种强烈的认同和亲密感,同样有其他人反对这种影响力并中伤她,嘲笑人们变得过于"玛莎式"。斯图尔特意识到了这种两极分化,并写了第一封公开信给前一群人;她用非常私人的口吻写信,通过将此信亲切地写给她的"朋友们和忠诚的支持者们"来巩固她与这些人牢固的认知联系。

识别出所涉及的选民非常重要。领导者和公众人物很少只有单一一种选民,他们的担心需要予以关注。更常见的会有多种选民,需要考虑到他们的关注点。在斯图尔特的案例中,不仅是司法部,还有媒体和公众,选民本身被分为对她持友好态度的人,和倾向于反对她的人。在她的公开声明中只是简洁地提及,但关注重点仍是她的公司本身,玛莎·斯图尔特生活全媒体公司。这个选区不仅包括它的雇员以及其他与公司有直接联系的人,同样还有外部群体,例如分析家、股东和广告商。甚至在此之外,还有更直接的个人选民,例如家人、朋友和熟人,他们同样需要恢复对当事人的信心;这些亲近的人士往往被拖入漩涡,因为他们经常被自己的熟人、遇到的人甚至媒体提问。

在信中，斯图尔特清楚地宣布自己是无辜的，以及她准备战斗以洗脱名誉的意图。然而，除此之外，她还做了几件其他有趣的事情。首先，在开头的段落，她将玛莎·斯图尔特这个人与玛莎·斯图尔特生活全媒体这家公司分离开来。这是试图将她的商业利益与她宣称的个人事务分离并加以保护。更为重要的是，尽管面对受众时，这封信将问题私人化，将此事限于她自身，使得恢复她的个人声誉成为问题中心所在，但如此一来，尤其是在面对这一受众时，比起将其描绘成一个商业问题，能获得更多的同情和支持。

第二，她感谢读者的支持。这样做了几件事：做出隐含假设，读者们是，并且将继续是"玛莎的朋友"，他们在任何情况下都支持她；因为公开信明显会有数百万的人们阅读，它暗示了读者不是独自支持斯图尔特的——事实上，在她的"朋友和支持者"圈中的每一个人都打算支持她。因此，如果不算完全背叛朋友的话，放弃支持的读者是不忠实的，并且违背了行为期望准则。

第三，她让她的朋友们知道，她将如何保证信息通畅，并且他们在审判期间如何与她保持私人联系。这保证了她与受众之间的私人关系，并且事实上让读者感觉更加认同她，因为他们现在感到他们得到了与她联系的特别邀请。

意识到这些选民的关注以及他们在东山再起中可能起到的作用是极其重要的。像斯图尔特的案例中，虽然尽量避免法庭做出有罪判决当然是必要的，并且将很大程度减轻她事业恢复的难度，但是最终真正的战斗在于继续取悦一般公众中的大规模支持者，他们将最终裁决她是否还是受爱戴的人物和家政方面的权威，即便后来法庭裁定她有罪。将这个问题与她的专业领域分离开来，这样就没有人会质疑她作为家政方面的榜样能力会有任何减少，这是保持她英雄地位必不可少的第一步。在

第九章

建立网站 marthatalks.com 和写私人信件时,斯图尔特证明她清楚了解,并意识到让她的粉丝群知情并站在她这边的重要性。她的成功源自这一群体,如果不积极地与之联系,并保持其忠诚,即使在法庭取胜,对于她仍旧毁坏的事业而言,不过是空洞的胜利而已。与此相反,尽管结果在法庭上失利,公众担当起对于重新成功必不可少的把关人,并且使得她能够恢复之前的地位。对于其他环境而言,根据失败的背景和有希望恢复的途径,此处的经验教训在于,其他选民,例如猎头公司,可能充当进入恢复路径的关键把关人,因此一定不能忽视对这些选民的关注,即使看起来主要战斗似乎在其他地方。

与这种私人信函相反,斯图尔特的律师的声明语气不同,指向不同的受众。最后一段揭示了目标受众,在最后一段律师"敦促媒体"注意他们的观点,对斯图尔特诉讼案背后的动机进行质询。因为这次诉讼,在更广大的公众心中,斯图尔特的声誉将受到损害,律师这么做承认了媒体在影响损害程度上起到的重要作用。事实上,考虑到她宣称无辜,那么这就是承认,媒体如何描述她和她宣称所采取的行动是唯一将对她在更广大的公众之中的声誉具有持久影响的因素,而她的核心粉丝群,斯图尔特已经亲自写信给他们了。

媒体喜欢吹捧人们、奉承名人,但是更喜欢在这些人开始摇摇欲坠时,彻底将其推倒,这是老生常谈。即使在内部交易的指控出现之前,对于媒体的两副面孔,斯图尔特已经有过很多经验,对于引起注意的人物,他们爱恨交加。斯图尔特和她的律师非常清楚媒体的双刃剑,并实际上暗示,她的名气是此案的主要原因之一,因为司法部确信围绕此案会吸引大量的公众注意,也许,正如律师的问题暗示的那样,借此转移对司法部"无法指控安然和世通电讯那些有政治关系的可能诈取了公众数十亿美元的经理们"的注意力。

通过采用这种方法,斯图尔特的律师们,虽然知道此案的公众关注是不可避免的,尽量将媒体对她的批评转向另一个媒体最喜欢的反派,政府。在声明中,斯图尔特的律师质疑了政府的作用和可靠性。他们一开头求助于基本的宪法权利,人们有权"宣布他们无辜,而不必担心因其反抗受到政府的惩罚",并补充说剥夺这种权利"违反了美国民主的基本原则,非常令人不安"。通过质疑对斯图尔特指控的合法性,她的律师为媒体提供了一个途径,猜测政府放弃正当程序的动机。通过宣称对斯图尔特的追击是性别歧视、一心想出风头、试图掩饰无法指控安然和世通的"真正"白领罪犯的失败,这些人真正伤害了公众和公众利益,但是他们有朋友在政府的最高层,如此一来律师们抨击了政府的可靠性。基本上,斯图尔特的律师们利用这一声明,试图让媒体攻击政府,将其描述为一个恃强凌弱的坏人,针对一个没有防御能力的无辜女人,她唯一的罪过就是在男性商业世界中成功地取得了一席之地。这么做的理想结果将是政府因媒体攻击变得十分尴尬而撤诉,或者至少在公众心目中将斯图尔特塑造成失控政府的无辜受害者。

最后,意识到媒体和公众都有墙倒众人推的倾向,他们请求公众在斯图尔特能在法庭上证明她的清白之前,不要妄下判断。

这么做试图将斯图尔特描绘成在一个合理而勇敢的探索中对抗巨人政府的大卫,这为面临失去或者损害了他们最宝贵的财产、他们的声誉的那些人提供了几个经验教训。立即回应是关键。如果因为逃避已经输掉了民意的真正战役,即使当人们通过揭露全部事实或者在法庭上获胜而洗脱罪名,他们的声誉可能已经遭受了不可弥补的损害。媒体和公众急于埋葬陨落偶像的倾向对公众人物而言是个真正的问题,特别在类似斯图尔特案例的情况下,因为缓慢的法律体系或其他缺陷而不能及时澄清,当事人无法证明损害性指控是虚假的。对于这些公众人物而言,试图通过提供故事的另一面或者通过破坏指控的可信度,尽快让人们不相信虚假指控或谣言是非常必要的。在一些情况下,即使讲出了他

第九章

们这边的故事,公众心目中对当事人主张的合理性可能仍存有疑虑,失势的领导者需要呼吁公众在事实得到证实之前不要妄下判断。

虽然在法庭上证明无罪会极大地帮助斯图尔特重建事业,但是在民意法庭上,与针对她的指责战斗甚至更为紧迫,并最终对她的东山再起更为重要。2004年3月5日,斯图尔特因虚假声明两次被判有罪,一次是合谋,另一次是妨碍司法公正。四个月后,7月16日,她被判入狱五个月以及五个月的家中监禁。然而,尽管看起来是一次难以逾越的挫败,斯图尔特还远远没有结束。在听到判决之后,虽然认识到了情况的严重性以及她面临着什么,她在庭外的声明,同样显示了她东山再起的决心。她开头写道:

> 今天是耻辱的一天。对于我、我的家人,以及我亲爱的公司,对于所有的员工和合伙人而言,都是丢脸的。一件小小的私人事件在过去两年中成为一件几乎致命的史无前例的马戏团事件。在此期间,我感到窒息,憋闷得要死,我自始至终更关心他人的幸福而不是自己的幸福,为他们和他们的损失感到痛苦而不是为我自己的,更担心他们的未来而不是玛莎·斯图尔特这个人的未来。[4]

虽然已经输掉了法庭战役,斯图尔特知道就东山再起而言,更重要的战役,民意战役,仍在进行中,并且这一天是这场战役的关键时刻。虽然诉说了接到裁决和随之而来的宣判的耻辱,她仍然反驳有罪的指控以及现在的定罪,事实上在后来的声明中她重申将会上诉。但是几乎顷刻之间,在她的话语中,她将焦点从她的麻烦转向与他人的联系,与对维持并重建她的英雄地位十分重要的支持者们的联系。她继续评论,与围绕在她周围的那些人建立联系,并且告诉他们,他们对她而言多么重要,以及他们能怎样继续予以帮助:

重建英雄地位

因为现在的情况,超过200人失去了在我公司的工作。我想让他们知道,我对他们和他们的家人感到多么、多么的抱歉。我想要感谢支持我的每一个人,他们希望我走运,在大街上向我挥手,就像这里的这些可爱的人们一样,冲我微笑,打电话给我,写信给我。我们收到了成千上万的支持信,以及发给 marthatalks.com 的超过17万封电子邮件,我感谢每一封及所有这些信件。我对此真的感觉很好。也许你们所有人能够通过订阅我们的杂志、购买我们的产品、全力鼓励我们的广告商回到我们的杂志,来继续表示你们的支持。[5]

在赞颂她的杂志的优点并解释了为什么她的公司不该因为她的法律烦恼受损之后,她发誓要承受这个严峻的考验,然后东山再起:"并且我会回来。我会回来。不论下面几个月我必须做什么,我希望时间快点儿过去。正如你们所知道的,我习惯了各种繁重的工作,并且我不害怕。我不怕任何事。我只是非常非常抱歉,事情到了这一步,一件小小的私人事务居然能够变得面目全非,变得如此恶毒和血腥,我的意思是说实在太可怕了。"[6]

即使在她确信将被免罪并仍然发誓继续法律战的时候,斯图尔特和她的团队在幕后继续计划她的复出,以及在民意法庭上进行重要战役,在法庭裁决之后,她开始赢得这场战役。

东山再起的最大障碍之一在于不确定性。斯图尔特的法律灾难已经拖延了大约两年,她的公司已经因为广告商陆续离开以及她的标志性电视节目停播遭受了巨大打击。然而,驱使广告商成群离去的不仅仅是因为斯图尔特的定罪,更多的是因为已经围绕着她,并且在定罪和宣判后将继续围绕着她的不确定性。她已经在为她的复出制定战略,计划与马克·伯内特(Mark Burnett)开始两个新的电视连续剧,伯内特是热门

第九章

电视真人秀《幸存者》(Survivor)和唐纳德·特朗普的《实习生》的著名制片人,但即使是在定罪之后,她仍然在不可预见的时间内处于不确定的状态,等待她的案子上诉。多亏她坚持不懈的努力,舆论动向变得对她有利,随之斯图尔特迈出了不同寻常的一步,选择在她的上诉得到审理之前,接受她的刑期——服不一定要服的刑期,如果她上诉成功的话——只是为了减少不确定性,自由地摆脱这个小插曲,并继续她的人生和她的重建进程。斯图尔特在CNN的《拉里·金访谈》(Larry King Live)中谈到她在这么做时的决策过程和左右为难:

> 好吧,那是个谜题。我的公司需要我。我想要回去工作。我想让这件事过去。这件事已经持续很久了,而我非常想回去工作。一方面,生意、华尔街、广告商——他们全都想看到最终结局。他们都想看到此事完全结束。我,作为一个拥有权利并且相信司法体系和公正的人,认为上诉是要走的路。所以我该怎么做?好吧,如果它没有牵连我的公司,它不应该牵连,但是牵连了。无法摆脱。你会怎么做?[7]

但是最终,正如沙伦·帕特里克(Sharon Patrick),斯图尔特的朋友以及玛莎·斯图尔特生活全媒体公司的继任CEO,对我们解释的那样:"不确定性比那个判决更糟。在将不确定性埋葬之前,我们无法继续安排她的复出。快点儿做到这一点的唯一方法就是服刑,一劳永逸。"[8]

如图9-1所示,通过跟踪股市对其严峻考验的反应,能够最清晰地看出舆论之战、公众对斯图尔特的看法以及她东山再起的机会的显著变化。在2002年6月最初指控出现之前,MSO(玛莎·斯图尔特生活全媒体公司)以每股大约20美元的价格进行交易。从2002年6月到9月——当时英克隆CEO萨姆·瓦克萨尔因受到证券欺诈的指控被捕,对斯图尔特参与内部交易的猜测正在流行,并在国会调查员正式要求司法部调查股票买卖时达到顶点——MSO 股票大幅下跌到每股五美元。在此期间,舆论动向做出了反对她的最大转变,当时她的诋毁者在猜测她的错误行为时斥责得最厉害。

图 9-1　玛莎·斯图尔特生活全媒体公司(MSO)股票价格

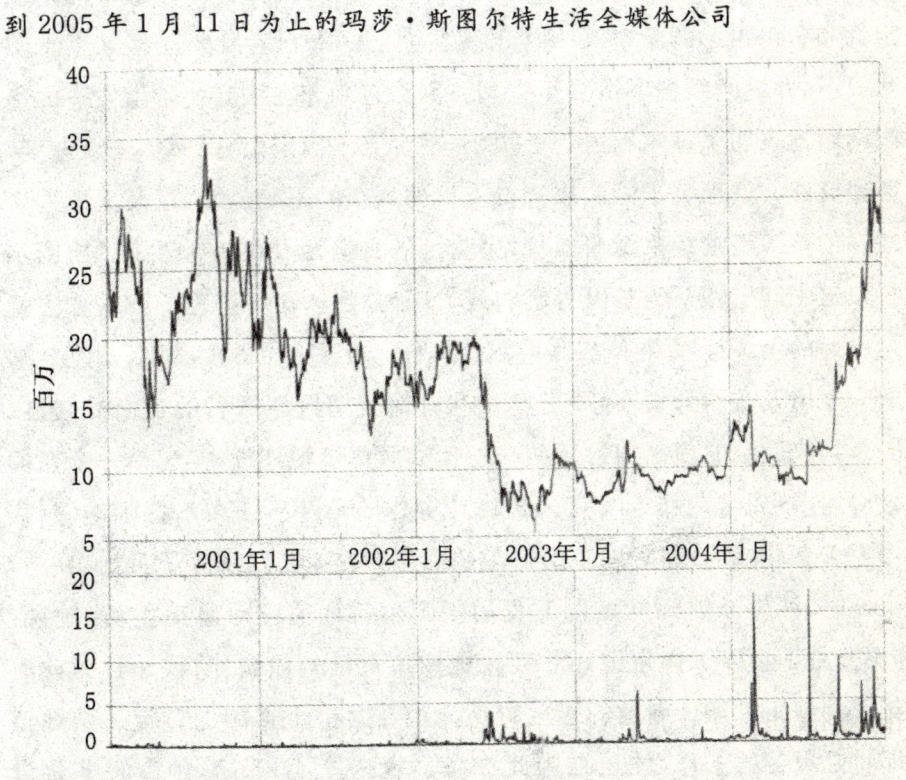

到 2005 年 1 月 11 日为止的玛莎·斯图尔特生活全媒体公司

资料来源:Copyright 2004, Yahoo! Inc., http://finance.yahoo.com/。

当猜测平息,有点儿恢复之后,股票价格上涨到十美元以上,直到斯图尔特在 2003 年 6 月 4 日被提起公诉,并被迫辞去玛莎·斯图尔特生

第九章

活全媒体公司 CEO 职务。六天之后,萨姆·瓦克萨尔因为内部交易、妨碍司法公正和逃税被判七年零三个月。股票再次下跌至每股十美元以下,并保持此价格直到 2004 年 1 月斯图尔特的审判开始。在审判开始前的几天里,斯图尔特再次被推到媒体关注的最前线,并且因为公众对审判场面紧盯不放,舆论动向最终变得对她有利。在审判期间,她将被证明无罪的信心增加,而 MSO 股票上升至十几美元。

然而,快速解决的希望撞上了有罪判决,关于斯图尔特未来的不确定性和东山再起的希望又一次出现在面前。审判后股票立即跌至十美元以下,并继续缓慢下滑直至宣判。因为宣判和在法庭台阶上发表的声明清晰地表明了她东山再起的决心,减少了不确定性,挽回了公众态度,股票反弹。然而关于她未来等待上诉的剩余的不确定性,以及上诉程序潜在的持久性继续束缚着股价,因为她的复出无限期地延迟了。斯图尔特知道不确定性是她东山再起的最大障碍,加速这一进程的唯一方法就是在她的上诉程序发生之前下决心服刑。她这么做的决心,以及将此塑造为复出开端的计划,释放了舆论和针对公司股票两者的正面情绪流。关于判决后她的新计划的新闻——例如两部电视连续剧,包括一个在黄金时段播出、与制作人马克·伯内特合作的玛莎·斯图尔特版本的《实习生》——继续激起对她东山再起的期望。在斯图尔特五个月刑期的三个月时,沙伦·帕特里克告诉我们斯图尔特如何应对监狱生活,她说:"玛莎是一个以工作为中心的人。她知道自己必须做什么,并且为此而努力。她正忙于计划她的东山再起。她在写一个详细的日记。她知道那将是艰苦的工作,她正在为此准备。她减掉了 25 磅,她变得非常健康,为一旦出狱必须要做的事做好了准备。她会回来。"[9]

对深受喜爱的符号的测试就是看当你把它拿走时会发生什么。正如可口可乐公司在 20 世纪 80 年代发现的那样,当它用新可乐(New Coke)取代可口可乐时,人们才意识到他们多么热爱这个符号,他们要求让它回来。对于玛莎·斯图尔特也是一样。她的粉丝们,不但没有放弃一颗陨落的明星,反而团结在她周围,极度渴望她回来。这种情绪令人震惊的程度可以通过股价衡量出来。即使在宣判她入狱的中间点,她的股票不仅完全反弹,而且比任何人听到英克隆和斯图尔特的注定厄运的股票交易之前还要高出50%。

为了提供东山再起的基础而重建声誉可以采取两种广泛的形式。这些形式可以从根本上通过时间导向得以明确。一种形式是保护并面对过去。在第七章我们看到了当指控可能引发失败或阻碍恢复时,保护一个人的声誉免受虚假和损害性指控伤害的必要性。然而,重建英雄地位,虽然需要尽可能地消除过去造成的损害,但是有一个必须向前看的因素,力图显示出领导者的未来将在何处,并向广大受众传达,使受众能够再次对该领导者恢复信心。其中部分信心恢复是通过修辞学和重建或重新确立关系来完成的,即使是心照不宣的关系——例如,玛莎·斯图尔特与她的许多粉丝和支持者的关系。虽然通常这可能足以得到受众的善意,并为东山再起建立一个平台,但是必须有一个更加稳固的基础紧随其后,并在此之上重建信任和声誉,因为领导者被要求在新环境中再次证明他们的勇气。

第十章　证明你的勇气

你不能欺骗人们,至少不能长时间欺骗。你可以创造令人兴奋的事,你可以进行绝妙的宣传并得到各种各样的新闻报道,你能加上一点儿夸张。但如果你不履行诺言,人们最终会明白。

——唐纳德·特朗普[1]

流行演唱组合米力瓦利合唱团(Milli Vanilli)完全没有复出的希望。成立于20世纪80年代末的费柏·莫凡(Fab Morvan)和罗布·皮拉特斯(Rob Pilatus)二重唱,当被证实甚至没有参与创作赢得了格莱美奖的突破性专辑时,被证明完全是欺诈行为。当证明他们只是出现在封面上,在录像和音乐会上只是和预先录好的录音室歌手对口型时,于1990年取消了他们的格莱美奖。在丑闻之后,就演唱才能而言,他们不能证明"仍然具有这种才能",因为他们对音乐根本就是一窍不通。

与此相反,职业拳击手乔治·福尔曼(George Foreman)从退休状态中复出时,冲破了重重困难,并在1995年赢回世界重量级冠军,而被称为"超重量级之王"——在他输给拳王阿里(Muhammed Ali)整整20年之后,他输给阿里是因为阿里比他更能承受击打。当福尔曼在45岁的年纪,以一击绝妙的后来居上的击倒,击败了25岁的冠军迈克尔·穆

第十章

勒（Michael Moorer）时，他震惊了拳击界。

通过与不公正的指控战斗重获他人的信任，请可信的人加盟，并重建声誉都是在遭遇灾难性挫折之后重新启动事业的重要先兆。但是，最终，只有当领导者采取重启事业的步骤——接受下一个职位或者开始新组织——时，他们的地位才能完全恢复。只有在采取可信的具体行动，也就是领导者仍能在值得注意的层级，如果不是更高的层级，工作时，领导者的英雄地位才能在自己和他人心目中得以最终证明。这并不容易。正如我们讨论过的那样，失败的领导者在恢复之路上面临无数的障碍，其中最大的障碍就是自我质疑是否具有回到巅峰的能力。正如一位被解雇的CEO告诉我们的那样："我绝不会坐在这儿说：'老天，我只要复制并再做一次。'再做一次的机会微乎其微。"然而，那些成功人士克服能否"再做一次"的疑虑，并开始在他们的新岗位上行动起来。即使因为行业标准或者加诸于他们的其他限制，被迫从熟悉的领域进入全新的领域，一些领导者仍然毫无畏惧地尝试新的冒险。威廉·莎士比亚写下流芳百世的字句："一些人生而伟大，一些人赢得伟大，而另一些人则是伟大强加于他们。"但也许伟大的最重要标记是再次变得伟大的能力——当伟大，无论最初如何得到的，不再为我们所有时，重新变得伟大。这就是受挫后恢复的能力——重回游戏，再次证明你的勇气——这一点将持久的伟大与飞逝的伟大区分开来。

重获热情

米基·德雷克斯勒出身于时装业。他的父亲是一位纽扣及布匹采购员，父亲让他很小的时候在周末工作，学习这门生意，进行盘点，给衣服贴标签。1967年，他得到了第一个机会，在布鲁克林的亚伯拉罕与斯特劳斯（Abraham & Strauss）百货公司的车间工作。在布卢明代尔百货

（Bloomingdale's）、梅西百货（Macy's）和亚伯拉罕与斯特劳斯百货工作过之后，他从百货界转为专业零售商，加入了安·泰勒（Ann Taylor）。成功经营了安·泰勒一段时期之后，德雷克斯勒最终成为总裁，Gap的创始人唐纳德·费希尔（Donald Fisher），1983年把德雷克斯勒挖走，经营这家苦苦挣扎的连锁店。当时，Gap在竞争中苦苦挣扎，它卖的衣服品牌和其他人一样，因而陷入了价格战之中。德雷克斯勒改变了战略，致力于只卖Gap品牌的服装，甚至最终用Gap自有品牌的牛仔服取代了销路稳定的李维斯（Levi's）。他扩张公司，进行核心Gap商店之外的品牌延伸，例如Gap童装（GapKids）、Gap婴孩服饰（babyGap）、Gap休闲（GapBody）以及其他互补品牌，包括香蕉共和国（Banana Republic）和老海军（Old Navy）。从他加入的1983年到2000年，Gap的销售额从4.8亿美元增长至137亿美元，股票上涨了169倍。[2]然后事情不再一帆风顺。

德雷克斯勒以亲历亲为的管理风格，以及参与公司各个方面的工作而闻名——这对他而言很重要——直至关注发往商店的每个产品细节。他已经将Gap的焦点转向基本品——T恤衫、牛仔裤、卡其裤。但是随着基本品的竞争持续增加，德雷克斯勒将Gap变得时尚化，他似乎丧失了自己的特殊能力，他选择的产品在商店里滞销，越来越多的衣服以大甩卖而告终。结果，Gap进入了低潮期，同店销售额连续两年的每个季度都在下降，股票下跌了75%。德雷克斯勒回忆说："我非常紧张。我一直在想，'我们必须解决它'。新闻界和股市正在杀死我们。"[3]有人告诉我们，德雷克斯勒不得不从公司开除了几个费希尔家庭成员；与此同时，董事长唐·费希尔迫使他在房地产方面增长70%，因为费希尔的兄弟经营修建商店的建筑公司。2002年5月21日，德雷克斯勒向董事会展示了应季商品，他相信自己已经走出低谷，为秋季准备好了热销商品。但是对董事会而言，这远远不够，第二天早晨，费希尔解雇了德雷克斯

第十章

勒,他认为公司现在太大了,不再适用德雷克斯勒这种亲历亲为的管理风格。正如一位前董事会成员所说:"米基不那么热衷于薪酬委员会、预算和战略规划。我们知道公司不能让一位商贾大师继续推动这个品牌运作。我自己的观点是应该转向更加管理导向的 CEO。"[4] 费希尔的发言人补充说:"他(德雷克斯勒)是一位杰出的搭档。2002 年,我们公司的规模和范围需要不同的领导技巧向前发展,是时候再次改变了。"[5]

尽管经历了这次重大的事业挫折,银行里也有足够的钱不必继续工作,但德雷克斯勒决心证明前两年的失败不足以反映自己的能力,自己仍然拥有时尚直觉,当初他就是靠这种直觉建立自己事业的。他知道在自己和其他许多人心目中重建信心的唯一方法,就是重回一个能够再次证明他的勇气的岗位。德雷克斯勒知道自己不能忘记对服装零售的热情,因此拒绝了 Gap 数百万美元的遣散费,因为其中包括一项竞业禁止条款,该条款将禁止他加入另一家零售商或者开始他自己的零售业务。在免职后的几个月里,德雷克斯勒解决了办公场地的问题,一位前董事会成员约翰·鲍斯(John Bowes)借给了他场地。他会见了一系列的服装零售商,例如拉尔夫·劳伦(Ralph Lauren)和汤米·希尔菲杰(Tommy Hilfiger),以及愿意支持他开创新企业的风险投资家们。然而,他认为重新证明自己能力的最大机遇来自苦苦挣扎的时装零售商 J. Crew。

J. Crew 是埃米莉·伍兹(Emily Woods)和她的父亲阿瑟·西纳德(Arthur Cinader)创建于 1983 年的邮购目录业务。自从 1989 年开设了第一家商店,J. Crew 已经成长为一家成功而不落俗套的时装零售商。1997 年私人投资公司德州太平洋集团(Texas Pacific)以 5.6 亿美元的价格收购了它,该集团专门扭转公司局面,然后让公司上市。然而,德州太平洋集团没能让该品牌恢复元气,自收购后,公司在五年内更换了三任 CEO,陷入了愈演愈烈的赤字之中,2001 年损失了 1,100 万美元,2002 年损失了 4,000 万美元。自从伍兹因并购离开公司,管理风格不再关注时尚而是关注成本,这引发了员工的抱怨。正如有人说的那样:"我们拿到了一份清单——几个风格,六条55美元的裤子,七条70美元的裤子。我们挑选面料,设计时要遵循一整箱的标准。创造力完全被扼杀了。"[6]但是,德雷克斯勒认为改变这个正在下滑的品牌是证明自己价值的最佳机会。此时,德州太平洋集团极度渴望得到一个人,这个人拥有亲历亲为的管理技巧和时尚直觉,来扭转这个开始看起来糟糕的投资项目,并且该公司乐于接受德雷克斯勒完整的职业生涯记录,而不是只关注最后两年。

J. Crew只有大约两百家商店,规模相当于Gap的1/20,更容易接受德雷克斯勒亲历亲为的风格,并给予他更大的杠杆产生影响。德雷克斯勒自己投入1,000万美元从德州太平洋集团购买了该公司22%的股份,他所拿的薪水不及在前雇主处挣到的1/10。"你不知道,我为了运营这家公司付出了多大的代价,"在接受任命后不久他开玩笑地说。[7]

德雷克斯勒以特有的风格投入了运营的细节之中,细致到一件衬衣上的纽扣种类或者目录中一件商品的文字说明。他把公司从流行服装转变为核心校园风,这成为公司的核心,同时推出了新颖的高端限量版商品,例如1,500美元的开司米大衣。他面向高端消费者重新设计商店,风格更接近拉尔夫·劳伦,而不是Gap,并转向品质更高的制造商。德雷克斯勒不是确保商店总有充足的存货,充足的存货通常会导致未售出的存货频繁贱卖和降价,而是培养一种产品稀少的氛围,目的在于让顾客产生这样一种想法,一看到产品就得买下来,因为很可能下次再来商店时,那件产品就不在了。立竿见影,J. Crew从2003年3,000万美元的营业损失反弹至2004年3,700万美元的营业利润。零售业的关键衡量标准之一,每平方英尺的同店销售额,从338美元上升了18%到400美元;相比之下,他的前雇主Gap,同一时期的每平方英尺销售额下降了3%。

第十章

既然德雷克斯勒再次与一家规模良好地响应其领导风格的组织在一起,他又一次在 J. Crew 找到了生活的乐趣。正如他所说的那样:"我在 Gap 感觉自己像个雇员。我最大的错误就是没有早点儿离开。不是它过于庞大了我经营不了,而是它太大了我干的不愉快,我无法以自己喜欢的程度影响产品。管理经理人不像管理产品和顾客那么有趣。"[8] 至于在 J. Crew 的前途,德雷克斯勒渴望不要扩张得太快,在前两年关闭了七家商店并只开了九家店。这不是阻碍它未来的发展——有计划要恢复其儿童品牌,Crew Cuts 童装,还有其他想法——但是再次变得庞大可能不适合他。他说:"如果 J. Crew 变得很庞大,并继续获利,对此我会很高兴。我只是不确定那时我是否还在继续运营它。"[9]

虽然在 J. Crew 的二次演出尚在初期阶段,米基·德雷克斯勒已经重新证明了他的勇气,证实了他还没有丧失销售商品和挑选时尚品的技巧,他正是凭此建立了自己的事业。德州太平洋所处的境地正需要像德雷克斯勒一样独特的人的神技,并且它愿意根据德雷克斯勒的整个职业轨迹记录对他进行判断,而不仅仅根据他最近的失误。虽然如此,还是存在瞬间的疑问,尤其是考虑到德雷克斯勒的经济保障,以及他为了东山再起,愿意投入多少。但事实上这些疑问都飞逝而过。正如德州太平洋的合伙人及共同创始人吉姆·库尔特(Jim Coulter)所说的那样:"在看到米基投入此事之前,我担心了大约两三分钟。他有这个精力和热情吗?他热爱它。我打电话给他,他会担心 48 件事,然后我问他怎么样,他说:'我过得太开心了。'"[10] 对于德雷克斯勒而言,就像成功东山再起的大多数领导者一样,不是金钱,而是一种继续创造并建立恒久遗产的需要在驱使着他们。东山再起通常意味着在他人认为困难的情况下,证明一个人的价值——创业或者扭转局势是很常见的情况。但就在这种情况下,这些领导者因挑战而成长,真正向自己和他人证明他们没有失去他们神奇的能力,在他们追求东山再起的过程中没有任何障碍是难以逾越的。在再次证明自己的勇气并让 J. Crew 重焕活力的过程中，德雷克斯勒从零售传奇人物的精英群体中脱颖而出。正如德州太平洋集团的库尔特对德雷克斯勒评价的那样："世界上只有少数几个人做得好专业零售，而我们没有这样的人。现在我们有了。"[11]

在上任后短暂的时间内，德雷克斯勒已经改进了商品的质量和风格，并翻修了该连锁的 167 家商店。在 2006 年以 3.67 亿美元成功 IPO 的一周内，因为对德雷克斯勒掌权的热情关注，J. Crew 股票上涨了 37%。

从头再来

唐纳德·特朗普真的是从会走路开始就进入了房地产业，因为他总是跟着父亲弗雷德·特朗普（Fred Trump）去建筑工地，他父亲在纽约的皇后区（Queens）和布鲁克林区修建中低收入住房。从沃顿商学院毕业之后，特朗普回来为他父亲工作，他父亲通过修建无数租金管控和租金稳定的公寓楼，已经成为纽约郊区最大的地主。虽然从父亲那里学到了很多东西，但是唐纳德拥有更大的梦想和更强的扩张欲。因此在郊区为父亲工作期间，唐纳德搬到曼哈顿寻找机会。机会很快就来了。

1974 年，纽约的房地产市场突然下跌。利率上升，政府住房补贴被削减，纽约的债务一路上升，人们甚至相信这座城市可能会破产。让别人望而却步的因素却为特朗普指明了机会。因此 1974 年 7 月，在 27 岁的年纪，他从破产的宾州中央铁路公司（Penn Central Railroad）获得期权，可以以 6,200 万美元购买曼哈顿西区的两座大型水畔不动产。特朗普将其中一处不动产作为该市计划修建的会展中心的潜在地点开始推销。大约四年之后，该市最终选择了特朗普的地点，从宾州中央铁路买下了它，特朗普没用行使期权，却因期权收获了不到 100 万美元。然而

第十章

此时,特朗普已经把注意力转向别处,还是从宾州中央铁路公司,他获得了老化亏损的海军准将饭店(Commodore Hotel)的期权,该饭店位于四十二大街,毗邻中央火车站(Grand Central Station)。特朗普与该市协商减免财产税,辩称他的饭店将有助改善中央火车站周围地区的环境,当时该地区正在迅速衰落。他用同样的理论从银行得到融资,与纽约君悦酒店(Grand Hyatt)合作管理该不动产,1980年纽约君悦酒店开业,从第一天开始就获得了巨大成功。其房间价格比老海军准将饭店高出五倍,入住率是老饭店前一年入住率的两倍多。在与君悦的交易中,特朗普获得了50%的酒店利润。

就在君悦业绩节节攀升之际,特朗普已经在着手修建将会成为他签名之作的特朗普大厦,该大厦位于第五大道,紧邻蒂法尼公司(Tiffany & Co.)。特朗普花了1.9亿美元取得了这块地皮修建大厦。他给自己留了几个顶层公寓,而以2.4亿美元卖掉了剩下的公寓,并以高额租金向世界最受尊敬的零售商出租了中庭的商用空间,每年收入高达数百万美元。大厦正面的金色外观恰如其分地象征了特朗普的点石成金之术。在20世纪80年代剩余的时间里,特朗普继续从一个成功迈向另一个成功,似乎他触及的每一样东西都获得了特朗普点金术,包括他短暂进入的大西洋城赌场业在内。到80年代末,他的净资产已达到数十亿美元。

然后,在80年代与90年代之交,特朗普自己承认,"转移了视线"。如他所说:

> 我午睡了一下。我依靠了他人,其中许多人是"受过良好训练和教育的经理人"。当然,商业上的成功需要接受教育和训练。但是最终全都归结于感觉和能力。我有这种直觉。这就是我一开始到达巅峰的方法。我不再使用我的直觉。我厌倦了,转移了视线。我想,能让别人替我工作时,我为什么还要拼命工作?一切都变得

太容易了。我的生活一直是一系列的成功,几乎没有失败……

我变得有点儿狂妄自大,可能还有点儿懒。我工作不像以前一样勤奋,我没有注意基本要素……我开始更多的社交生活,可能太多了点儿。坦率地讲,我感到厌倦。我真的觉得自己不会出错。有点像一直打出全垒打的棒球运动员,或一直赢得锦标赛的高尔夫球手——你会有战无不胜的感觉。最终,这种战无不胜感,虽然有时是积极的,但可能是有害的。你放下了防备,你不再像以前一样努力工作,然后事情开始走上错误的方向。这就是发生在我身上的事——我从未想过会发生这种事。[12]

随着房地产价格在20世纪80年代末和90年代初直线下跌,特朗普的净资产陷入赤字之中。不仅他所持股份——主要在房地产、赌场和航空公司方面——的价值远远低于他所负的23亿美元的债务,这些债务以资产为担保,而且他个人也担保了9.75亿美元的债务。

特朗普的全部负债之中有14亿美元来自他在大西洋城的三家赌场,随着经济衰退,赌客减少了。同样,该城扩建得太快,赌场已经增加到12家,大多数赌场正在苦苦挣扎。因为偿还估计高达每年2.55亿美元的债务,现金流不足,特朗普不得已错过偿还特朗普城堡赌场债务4,300万美元的本息。因为这次拖欠债务,关于特朗普资金逐渐减少的猜测越来越多,从《纽约时报》到《福布斯》等报纸和杂志的头版文章都在疑惑他是否处于破产的边缘。除此之外,作为20世纪80年代炫耀性消费的标志,特朗普在失势时成为媒体的目标,甚至戴维·莱特曼(David Letterman)贡献出他著名的"十大"名单,在他的晚间节目中做了一期"特朗普深陷困境的十大理由"。与此同时,特朗普的妻子伊凡娜(Ivana)提出离婚申请更是让他雪上加霜,但是比起残忍的宣传更加损害他的自尊和形象的,是来自银行家的提出解决债务方案的压力。

第十章

正如特朗普的崛起建立在财务谈判能力之上一样,他从这次失败中东山再起也有很大一部分基于他的谈判能力,他协商重组债务,允许时间过去,等待整体经济复苏,换句话说,等待他的房地产恢复资产价值,等待他的赌场产生更多的现金。特朗普把各路银行家聚集在一起,设法与他们达成协议,为他的债务再次融资,延期五年偿还利息和本金,获得了另外 6,500 万美元的信用额度作为现金流,并让他们达成一致意见,任何一家银行不得在五年内对他提出权利要求。银行家们甚至调查他的个人财务和花费,竟然给他制定了个人开支预算,虽然每个月的预算有 45 万美元。数月后,特朗普被迫将赌场的一些所有权转让给债券持有人,将债券转为股权,但是这次重组让他的利息债务每年减少了一亿多美元,在开始重新崛起之时,他甚至在纽约股票交易所将赌场业务以特朗普国际酒店及赌场的名义上市,借此筹集了 20 亿美元的资金。这些财务操作和赌场业务带来的持续现金流为特朗普争取了足够的时间安然度过衰退期,他没有被迫以低价清算资产,并且能够在好的时机,剥离一些次要持股。

到 1993 年时,对于特朗普来说,情况正在好转。他卖掉了他的游艇、他的航空公司(特朗普梭运航空(Trump Shuttle))以及其他一些资产,但是保留了他主要的房地产股份。他的个人债务已经从 9.75 亿美元下降到 1.15 亿美元。凭借精明的财务交易转危为安,并为市场转向赢得时间,特朗普看到了反弹中的市场机会,继续掠夺纽约房地产业。他最善用机会的一次交易是购买了华尔街 40 号,该产业由一家香港集团持有了三年,他们发现自己难以应付与纽约承包人和承租人打交道,因此急于摆脱这座大厦。特朗普得到了华尔街 40 号,以不到 100 万美元的价格买下了纽约证券交易所对面的这座 130 万平方英尺的优质办公大楼——数年前这座大楼在繁荣期曾以一亿美元的价格转手。特朗普花了 3,500 万美元让大楼恢复从前的辉煌,重新命名为特朗普大楼的华尔街40号,每年办公室的租金能够达到大约4,000万美元。他重新回到房地产开发才能的鼎盛时期。

特朗普能够再次证明他作为精明的商人和房地产开发商的价值,并成功地继续他的东山再起之路,在曼哈顿建起更多的特朗普建筑群,包括特朗普国际和特朗普世界大厦,并开发西区场地(West Side Yards)——他已经开始对此处不动产进行交易。他的东山再起源于我们迄今为止已经谈论过的许多方面——他能够勇敢面对诋毁者,他能够使用他的人际网,他能够重建重于生命的英雄角色和声誉——所有这一切给予银行家们足够的信心,相信他能够战胜挫折。但是在特朗普协商第二次机会之后的成功反弹同样也是因为他能够继续看到机会,并通过他的交易和房地产开发才能证明他仍然有能力继续规划纽约的天际线。

与德雷克斯勒一样,特朗普能够让别人相信他拥有兴旺发达的才能并改变对其境况不佳的担心。当领导者拥有过去成功的可观记录时,像德雷克斯勒和特朗普一样,即使最近出现了挫折,他们通常能够说服关键把关人给予他们第二次机会。然而,即使在同一领域,重新证明你的勇气并成功东山再起,不仅对于成功进行第二幕演出,并且对于确保青史留名都是必要的。

找到更绿的新牧场

虽然德雷克斯勒和特朗普重新证明了自己,并因此各自在零售和房地产领域成为享有盛名的传奇人物,但是有时候证明自己的机会蕴藏于在一个完全不同的领域中获得新成功的更大挑战之中。另一位纽约客,不止一次地证明自己的勇气,展示出从事业挫折中反弹的能力,并且天衣无缝地转入了不同领域,他就是纽约的现任市长迈克尔·布隆伯格。

在每天工作12个小时、每周工作六天,一直工作了15年之后,迈克

第十章

尔·布隆伯格已经获得美国最著名的华尔街贸易行,所罗门兄弟公司的一般合伙人这个受人尊敬并且似乎牢靠的位置。1981年8月的一个星期六,布隆伯格和62位合伙人受到召集,并被告知,执行委员会已经决定将所罗门卖给一家公开上市的商品交易公司,实际上将让所罗门上市。尽管没要求合伙人就该决定投票,他们并不感到失望。晚餐会上在他们面前的文件夹里,有一张纸告诉他们,卖掉公司支付给他们的金额。布隆伯格的纸上写着1,000万美元。周六晚上的庆功宴之后的第二天,合伙人们被请来单独会见执行董事会的两名成员,大多数人得到提议在合并后的公司里担任新职务。布隆伯格没有。他和其他少数几位合伙人被解雇了,离开了从商学院毕业后一直为之工作的唯一一家公司。

39岁,拿着从所罗门得到的1,000万补偿,布隆伯格,人生中的第一次,失业了。但他不是对过去钻牛角尖、回忆本该如何的人。相反,他考虑自己的选择,并迅速决定他的性格不允许他从容地以所罗门的补偿为生,他也不想成为另一家华尔街公司的雇员。相反,自己出发探险令人心驰神往。但是做什么呢?

> 我将做什么?因为没有开钢厂的资源,我排除了那种可能性;换句话说,我不会进入制造业。不具备音乐才能阻碍了我开创写歌业务,娱乐业也排除在外。缺乏对零售业的兴趣排除了与沃尔玛竞争的可能性,萨姆·沃尔顿(Sam Walton)的投资还很安全。我对政府没有耐心让我远离政治,所有当选的官员不必再担心了。我是否应该开办另一家证券交易公司,与我的前同事竞争?到过那儿了,经历过了。也许我能够成为一位全职顾问,就像许多被迫出局的经理人一样。不,我不是一个旁观者,除了看我的女儿埃玛(Emma)和乔治娜(Georgina)骑马之外。亲自参与而不是建议他人更适合我。

证明你的勇气

> 我拥有这些资源、能力、兴趣和社会关系要做些什么？这个问题让我回到了华尔街。很明显，经济状况正在变化，服务业在国内生产总值所占份额变得更大。我的才能、我的经历、我的财力、美国经济所提供的动力——一切都很适合。我将开办一家帮助金融机构的公司。有更好的交易人和销售人员，有更好的经理和计算机专家。但是没人更了解证券和投资行业以及技术能如何帮助他们。[13]

像许多企业家一样，布隆伯格从他每天遇到却没有现成解决方案的问题开始。已经离开了证券业，他知道以挑选或买卖股票为生的每个人所面临的最大挑战，就是得到可以获得的最好、最准确的信息，并使用工具分析数据产生信息，以此为基础做出决策。尽管信息需求非常复杂，布隆伯格用简单的语言描述出他的想法：

> 我设想了一项业务，围绕着很多证券数据而建，让人们能够选择每个人认为最有用的部分，然后提供电脑软件能够让并非数学家们的一般人根据该信息做出分析。市场上正缺乏这种能力。一些大型保险公司有试图满足这种需要的内部系统，但是每个系统使用时都需要一位博士，不适用于一般人。[14]

开始于一家小型的、面对胡同的单间办公室——与豪华舒适的所罗门办公室有着天壤之别——企业经常账户里有30万美元的所罗门解雇金，布隆伯格开始创办他的事业——公司命名为布隆伯格。他招聘了四位前所罗门雇员加入，评估和计划该系统的功能性，数个月后，雇佣了一些程序员开发第一个布隆伯格系统。大约两年后，1983年6月，已经花掉了布隆伯格的所罗门解雇金中的400万美元，而不仅仅是最初30万美元的保证金，公司把它的第一个计算机系统交付给美林证券。虽然系

第十章

统中还有瑕疵,美林证券的交易人对它潜在的功能性和布隆伯格的准时交付感到欣喜。布隆伯格已经向他自己、他的团队和他的第一位顾客证明了他能够履行他的愿景。很快,布隆伯格在美林证券有了22个终端,那是一个伟大的试验场,因为公司能够和客户一起工作,修复系统中的瑕疵。通过坚持不懈、注重细节,以及妄想别人会更努力开拓市场的偏执症驱使的工作观念,布隆伯格为它的客户名册加上了新的名字。很快,关于布隆伯格机器的兴奋谈话开始流传开来,订单开始出现;很快到处都能找到布隆伯格终端,从英格兰银行(Bank of England)到世界银行(The World Bank),到每一家联邦储备银行(Federal Reserve Bank)、甚至梵蒂冈(Vatican)。现今,布隆伯格仍是一家私人公司,拥有126个国家的好几万客户以及8,000名员工,而迈克尔·布隆伯格自己成为了亿万富翁,在2006年福布斯富豪榜上名列第112位,净资产高达51亿美元。公司不仅向金融服务业的专业人士提供必要的信息服务,而且其媒体部拥有自己的电视频道、电台、网站和杂志。

2001年,迈克尔·布隆伯格从公司的日常经营中退了下来,再次转换职业和领域——这一次不是以东山再起的方式,而是在政治这个完全不同的领域证明他的勇气。他成功当选纽约市长,该职位可以被认为是这个国家第二重要的选举职位,尤其考虑到他的竞选是在恐怖分子袭击这座城市仅仅两个月之后。在成功征服了又一个领域之后,四年后他赢得竞选连任。

布隆伯格的故事证明,不仅在另一个领域成功东山再起是可能的,而且有些时候,为了证明你能重振旗鼓,你必须自成一格,证明你能够在组织的保护和孕育壁垒之外做到这一点。但是,最终,还是需要证明你的勇气。只不过观众也许不同而已,不论它是公司职位的把关人、市场以及那些关键而谨慎的顾客,还是无情且反复无常的全体选民。尤其是在一个新领域,你在其他地方的成功记录也许无足轻重,关键是你在这个新的竞技场能够成功、更快成功的证明。

39岁离开所罗门时口袋里装着1,000万美元,对于处在布隆伯格境地的人而言,如果决定退休去度假,轻松享受生活,或者仍然为华尔街的动态而激动,在另一家公司找一个高薪工作,本来是件很简单的事。然而布隆伯格走了一条不同的路,发现了为华尔街提供更好的信息和分析的英雄使命,开拓了之前并不存在的市场。最初,建立市场并说服潜在客户让布隆伯格为他们开发一套系统而不再依赖自有系统,是一件很费力的事。在与美林证券的关键销售会议上,这就是反对理由。美林证券的软件开发主管想要开发一个内部系统,但是他说,即使没有日常需要让开发者分心,也至少要用六个月的时间,无论如何,没有另外六个月的时间他们无法开始。布隆伯格许诺它将在六个月内开发出该系统,并且如果美林证券不喜欢,就不必付钱。对于美林证券的经理而言,这是个零风险提议,它给了布隆伯格机会证明他的勇气,看看他的英雄使命能否变成现实,而不是白日梦。布隆伯格从无到有创造了他的英雄使命,但是不必为此放弃自己坚持的人生梦想。与此相反,在之前的职位上,虽然是公司的合伙人,他所起到的作用是参与已确立的公司使命,而不是自己创造的使命。

为了讨论成功东山再起的最后一块基石,我们在下一章转向首要问题——尤其是在事业进入全新领域时——重获或重新定义英雄使命感。通常,无论在他们自己的头脑中还是在别人的感觉中,成功的领导者已经被紧紧地绑在了他们之前的使命或组织上。当出现灾难性的挫折,迫使他们与使命分离时,也许最大的挑战在于重新定义他们的使命,如此一来必须重新定义他们自己的存在意义,寻找什么将成为他们下一个不顾一切的感召,也就是东山再起的基础。

第十一章　重新发现英雄使命

在上一章,我们研究了重建他人信心的重要性,让他们相信失败的当事人仍然能够胜任工作。关于这一点,我们使用了职业拳击手乔治·福尔曼的例子,他45岁时,在失去世界重量级冠军头衔20年之后,重新赢得了这一头衔。本章,我们研究重新发现使命,而更能体现福尔曼事业复活的一面是他成功地在各式各样的消费者品牌上发动了他的签名标记,从男装到家用厨具。同样地,唐纳德·特朗普和玛莎·斯图尔特找到了媒体与消费品载体,在挫折之后,重新发现自己并延伸他们的品牌。然而,对于许多人而言,进行英雄追求的概念围绕着更加不朽的使命,而不是消费品和名气。

著名剧作家阿瑟·米勒曾经指出:"人生的一个中心要素就是人们定义自身的强劲需求,不仅作为个体,而且还有他们能够代表的职责。"[1]对于领导者而言,通常他们能代表的唯一功能就是在历史上占据一席之位,赋予他们一种不朽的感觉——在创造超越他们现实生活的遗产的过程中获得一种成就感。这个遗产不在于将他们的名字铭刻在被常春藤覆盖的大学建筑物上,而通常在于通过建立并领导一个组织完成他们的英雄使命,以此影响社会变迁。

麻省理工大学教授彼得·圣吉(Peter Senge)将英雄使命的本质称

第十一章

为领导者的"使命故事"。他这样描述:

> 领导者的使命故事既是个人的也是世界的。它定义了她或他的毕生工作。它让他的努力变得崇高,并留下了持久的谦恭心,这使他避免过于在意自己的成功和失败。它赋予他的愿景独一无二的深度含义,更大的前景展望,在此基础之上,他的个人梦想和目标就像更远旅途上的里程碑一样突出。但最重要的是,这个故事对他的领导能力是必不可少的。它将组织的目的、其存在意义置于"我们从何而来,往何处去"的语境之中,此处的"我们"超出了组织本身,涉及广义的人类。在这个意义上,他们自然把他们的组织视为将学识和变化带入社会的媒介。这是使命故事的力量——它提供了一整套的观念,为领导者工作的各个方面赋予意义。
>
> 从这个深奥的故事和目的感或命运之中,领导者发展出与他或她自己的个人愿景之间的独特关系。他或她成为该愿景的管理员。[2]

我们在本书中介绍的大多数领导者在遭遇灾难性事业挫折之前,已经通过他们对英雄使命的追求,参与了对不朽的探索。正如我们在第六章讨论过的那样,正是使命的丧失使得挫折在领导者的头脑中形成灾难性后果,因为它将他们的毕生成就置于危险之中。那些已经经历过这种灾难性挫折或者有熟人经历过的人,知道这种丧失会具有怎样的毁灭性。1985年史蒂夫·乔布斯被从苹果解雇的当天,他打电话给几位好友,其中包括迈克·默里(Mike Murray),告诉他们这个消息。默里的妻子正在打电话,这时接通了一个紧急电话。她告诉接线员,最好这个电话真的很紧急,然后就听见乔布斯的声音简洁地说:"是的。"默里一接电话,史蒂夫简单地说:"一切都结束了。约翰和董事会投票把我赶出了苹果。再见,迈克。"然后挂断了电话。[3] 默里,知道这件事对乔布斯的重要性,担心乔布斯会对自己做些什么,并且没办法在电话上找到他,马上赶到他的住处,和他一起坐了好几个小时,直到他确信乔布斯当晚不会自杀。后来,在描述与他创造的组织分离时的感受时,乔布斯说:"可能有人狠狠地打过你的肚子。它让你喘不过气来,你无法呼吸。如果你放松,你能再次开始呼吸。这就是我的感受。我必须要做的事就是尽量放松,这很难。但是我在林间散步了很久,实际上没同几个人说过话。"[4]

反思过去,重新思考使命

一旦与他们的组织分离——他们通往不朽之路的媒介——领导者发现事业恢复的最大障碍通常是在不会有益于他们的组织的情况下,重新思考或改变实现他们英雄使命的方向。正如我们之前描述的那样,虽然例如朋友和家人等支持系统在帮助受害者度过此类艰难时刻上起到了重要作用,但是当事人本人需要能够想通他们未来的目标。

从苹果被免职一周后,乔布斯飞往欧洲,在巴黎待了几天之后,前往意大利北部的托斯卡纳(Tuscan)山,在那儿他买了一辆自行车和一个睡袋,在星空下露营,通盘考虑导致他离职的事件,思考下一步要做什么。离开意大利,在回家之前,他去了瑞典,然后是俄罗斯。

他仔细考虑了一些事,包括聘请一家政治咨询公司来判断他作为政治家是否有前途,但是被说服这不适合他。他甚至试图竞选为第一个乘宇宙飞船飞行的平民,但是被小学教师克丽斯塔·麦考利夫(Christa McAuliffe)所淘汰,她前往执行这一任务,并以悲剧性的哥伦比亚号(Columbia)灾难告终。

但是,在数月之后,乔布斯开始明白他在苹果的英雄使命是什么,以及他如何再次带着这个使命与一家新组织继续前行。他花了大量时间

第十一章

徘徊于斯坦福大学(Standford University)校园,在图书馆看书,让自己沉浸于新的主题,例如生物化学、海湾地区其他大型增长性行业,还包括与诺贝尔奖金得主生物化学家保罗·伯格(Paul Berg)的一次关键会面。这段时间让他能够完成英雄使命重要部分的拼图。他讲述了将他的核心使命具体化的想法:

> 我认为我最擅长的是创造新的、有革新精神的产品。那是我喜欢做的事。我喜欢,并且最擅长与一个天才小团队一起工作。我对苹果Ⅱ是那么做的,对麦金托什机(Macintosh)也是那么做的。
>
> 一天我拿着一张纸,把我最关心的事、我在苹果的十年感到最骄傲的事写了下来。显然包括创造苹果Ⅱ和麦金托什机。但是除此之外我真正在意的是帮助建立苹果教育基金会(Apple Education Foundation)。是我想到这个疯狂的主意,它最终成为被称作"孩子们不能等"的项目,我们设法赠送给美洲的每所学校一台电脑,结果赠送给加利福尼亚每所学校一台电脑,共计约一万台电脑。
>
> 我把这两个合在一起,就是与天才小组一起工作,创造突破性的产品和教育。[5]

结果,乔布斯召集了在苹果的麦金托什机项目上和他一起工作的一些人,让他们相信他的新愿景,回到比喻意义上的车库,创造下一台伟大的电脑,一台专门为高等教育市场设计的电脑。他将公司命名为NeXT,以新的激情出发去创造一个新产品,并重获他在计算机行业的梦想家地位。

作为成果的NeXT电脑是典型的史蒂夫·乔布斯风格。它设计精致,技术领先,就性能而言,超前于任何竞争者——但与行业标准不相容,并且价格高昂。因此虽然它在一些大学实验室里找到了少量适合的位置，但对于大多数学生而言遥不可及，是个商业失败。但是，乔布斯被证明是正确的，一次讽刺性转折将他带回原点，1996年苹果以超过四亿美元收购了NeXT，在建立该公司20年之后，乔布斯回到了苹果，数月后再次成为CEO，又能够自由地在原来的组织中追寻原来的英雄使命。一回到苹果，他就用重大突破和典型的乔布斯顶尖设计产品，例如iMac、iBook和iPod，让公司复活并重新焕发活力，并带领公司进入新兴行业，例如创造世界最大的音乐下载商店，iTunes。

  史蒂夫·乔布斯的新使命诞生，因为他有机会后退并反思原来的使命对他而言什么事是重要的——创造"疯狂伟大的"创新产品，与小团队一起工作，并酷爱教育。通常，后退一步并反思过去的成就和贡献的基本要素能创造出新生使命。制药巨头默克公司（Merck）的前CEO雷·吉尔马丁（Ray Gilmartin），在他的职位上就有这样一次在组织外脱胎换骨的机会。在掌权十年之后，为了回应召回药物万络（Vioxx）和随之而来的诉讼，吉尔马丁被迫离开CEO职位。在他离开CEO职位的过渡阶段，因为董事会仍然想利用他的经验，吉尔马丁成为"董事会执行委员会的特别顾问"，一个复杂的头衔，但是这使他能够以更广阔的视角看待默克通过药物让世界变成一个更加美好的地方所做出的贡献，并亲身经历默克在救死扶伤的前线做出的一些贡献。这个经历让他对自己在默克的职责有了更深刻的认识，并重新设定他的新英雄使命。正如他向我们诉说的那样：

  我以董事会执行委员会特别顾问的头衔而告终。从个人立场来讲，我没有期望这会是一个非常有价值的岗位，在这个岗位上我在一些对外情景中代表公司。几周前我有机会前往博茨瓦纳（Botswana），花三四天时间视察我们在当地为了处理该国的HIV/AIDS问题，与盖茨基金会、默克以及博茨瓦纳政府进行的一个项

第十一章

目。三年前我到那儿的时候,人们真的正在我参观的医院走廊上死去,当时我们处在让人们得到药物治疗的早期阶段。这次我到那儿的时候,有超过五万人在服药,我们的目标正在实现的途中。我们每个月增加1,500—2,000人,人们不再死在走廊上,有些人康复了,正在等待再次配药。

对我而言,这是个亲眼目睹默克作为公司影响世界的好机会,从字面上讲,真的在拯救人们的生命。并且他们服用的药物是默克在20世纪90年代中期发明的药物(在吉尔马丁担任CEO期间)。[6]

虽然在本书写作期间,吉尔马丁还有几周时间担任特别顾问职位,但是很明显,这一经历已经成为吉尔马丁设计新的人生目的的踏板,因为他更加充分地理解了他之前成就的震撼性影响。即使新角色不具备曾经享有的公司资源,找到新目的的机会对于继续前行,而不是沉溺于对过去成就和原本会如何的绝望之中,十分重要。

当巅峰已经过去

许多领导者,例如史蒂夫·乔布斯和伯尼·马库斯,能够重新定义他们的英雄使命,并达到比失势前更高的成就高度——并且还是在同一领域取得成功。然而,一些人必须真正重新开始,因为出于一些原因,通往他们熟悉领域的大门被紧紧关上了,他们必须寻找新的牧场,发展一个全新的英雄使命。在已经达到这个职业的巅峰,并意识到在该领域的成就巅峰已成过去的时候,会发生这种事。为了摆脱过去成功的纠缠和没有未来可以期待的状态,此类领导者为了改变这种委靡不振的状态,必须开拓新领域。临床心理学家及哈佛教授史蒂文·贝格拉斯在奥林匹克金牌得主以及其他达到此类成就顶点之后的人身上,识别出这种现象。[7]他用1992年奥林匹克跳水金牌得主马克·莱兹(Mark Lenzi)来说明这一现象。在数年的专心训练之后,莱兹迎来了奥运会这一天,以完美10分的一记跳水动作决定了他的胜利。当他回到美国时,他的成就和一夜成名带来了担任各种脱口秀嘉宾的邀请,从《杰伊·雷诺的今夜秀》(The Tonight Show with Jay Leno)到《里吉斯和凯茜·李脱口秀》(Live with Regis and Kathie Lee),但是他很快对脱口秀巡演感到沮丧,因为他突然意识到所有的评论和问题都与他过去的成就有关。他们全都告诉他,他"很伟大",过去时。没有任何关于未来目标和下一次征服的话题。既然已经实现,他的一生目标已经完成,接下来没有要追逐的英雄使命了。尽管奥运冠军从他们的位置上下来的方式与领导者被扔出组织的方式不同,但是离开他们的人生目的——他们的英雄使命——的失落感是相同的。不仅奥运冠军会在成功的奥运会之后感到失落,奥运会组织者们也会感到同样的痛苦。比利·佩恩(Billy Payne),他不仅梦想把奥运会带到他的家乡,乔治亚州的亚特兰大,而且通过担任亚特兰大奥运会组委会主席实现了这个英雄使命,他在奥运会之后认识到,既然他已经实现了他的梦想,剩下没有什么成就能够超越这一盛事,他说:"我将做的任何事都不会有同等级别的公众影响,像我刚经历过的同等压力,同样紧急的截止期,同样庞大。但是如果我下一步的尝试不是一样大,因为不可能一样大,我会尽力平静接受。"[8]

这让很多人都感到惊讶,尤其是那些没有达到或仍在攀登事业成就顶点的人,当意识到这些成就都属于过去时,伟大的成功通常伴随着巨大的空虚感。在奥斯卡得奖电影《烈火战车》(Chariots of Fire)——埃里克·利德尔(Eric Liddell)、哈罗德·亚伯拉罕斯(Harold Abrahams)以及他们在1924年奥运会上取得难以置信的成功的不同寻常的故事——的结尾出现了深深打动人心的一幕,抓住了成功之后有时出现的瞬间空虚感。在他历史性地赢得100米胜利之后,队友们在休息室了爆

第十一章

发出阵阵庆祝声，而亚伯拉罕斯在角落里静悄悄地收拾行囊。队友奥布里·蒙塔古(Aubrey Montague)冲着亚伯拉罕斯欢呼，不料被队友安德鲁·林赛勋爵(Lord Andrew Lindsay)拦了下来。蒙塔古向林赛抗议说："但是他赢了！"他期望看到亚伯拉罕斯的喜悦。但是林赛责备他说："千真万确。现在，总有一天，蒙蒂(Monty)，你自己也会赢。而它很难忍受。"对成就的追求是很强的驱动力，但是一旦目标得以实现，压力消失了，除非被新的英雄使命取而代之。亚伯拉罕斯从一位运动员转向以帮助他人取得类似成就为中心，成为英国田径运动受人尊敬的前辈，直到他 1978 年去世。这就是与过去那些成就和平相处的能力，无论过去成就的级别，重新设定人生目标，为人生的第二幕演出创造条件。奥林匹克运动员在结束运动生涯后面对的同样失落感，在也许是最大组织的领导职位——美国总统——上被放大。

作为总统尽管任期内喧嚣而饱受批评，但是期望赢得连任，却在突然之间震惊地成为前总统，以 489 张选票对仅仅 49 张选票的一面倒的结果从办公室被扫地出门，而位于这个国家首都的白宫的魅力和乔治亚州大平原上的小农舍之间的对比，与作为美国总统和前总统之间分水岭的描绘非常接近。

1980 年总统选举之后，在 11 月初的选举和来年 1 月末新总统就职典礼之间的任期将满期间，有一种继续总统职责的竞争情绪，完成未完事务的新的紧迫感——对于总统吉米·卡特而言，因伊朗人质危机而加重——令人毛骨悚然地意识到执政时间的非自愿终结，并在做好离职准备时梦幻般地经历礼仪职责。在白宫的最后期间，卡特夫妇不得不忍受没完没了的告别宴会、午宴以及为不同团体举办的招待会，如卡特所说："有时善意的朋友提醒我们(即将来临的后白宫生活)：'你们不必担心选举。你们马上就要开始人生最令人兴奋的部分。'那不是真的，永远不可能是真的，我们宁愿没听到人们提到它。有时微笑需要很大的毅力。"[9]

重新发现英雄使命

与此同时,他的时间期限突然从"连任四年"转变成"再干两个月",需要立即调整英雄使命,作为总统他已经将他的努力贡献给这个使命:

>就在竞选失败之后,我试图考虑在白宫剩下这几个月里我们能够实现的每一件事,并根据可行性准备了一份清单,为自己和周围人设定了一个雄心勃勃的时间表。缩减我的愿望清单并不容易,从伟大且具有挑战性的梦想——例如给中东带去和平,让世界摆脱核武器,确保世界各地所有人的人权——到在剩余的时间里可能做到的事。我们的立法议事日程很重,解救人质回家是迫切优先考虑的事。[10]

在他的总统任期正式结束15分钟之后,被伊朗扣留了14个月的美国人质,最终被释放,这件事当初差不多决定了他选举的失败,第二天,卡特飞往德国欢迎他们重获自由。但是在返回时,他不是前往白宫,而是去乔治亚州大平原,在那儿后总统生活的现实最终击中了他:"尽管在人质最后谈判期间,我已经三天没有上床休息了,但是我在去德国的长途旅行期间甚至不觉得疲劳。然而我回到大平原时筋疲力尽,睡了几乎24个小时,然后醒来面对全新的、不想要的、可能空虚的生活。"[11]

生活现实的打击很快来临。他们的房子,他们拥有的唯一一座房子,在卡特担任总统和乔治亚州州长期间已经十年没人居住了,已经因为忽略而荒废。他们的小房子,以前看起来那么宽敞,现在从地板到天花板都堆满了他执政时期的文件和纪念品,他们再也不能只是对仆人或官员提及一个需要然后一切都被照顾得好好的——他们得靠自己了,他们也感觉到了。

更糟糕的是,在卡特上任之前,他们把全部财务事务交给了保密信托,把自己与所有财务问题隔离开来,避免任何人指控他们在总统任期

第十一章

为自己的利益服务。然而,在卸任时,卡特发现他们的主要资产,大平原的农场和花生仓库生意,经营不善,遇到了财务困难,以至于卡特夫妇现在深陷债务之中,有破产的危险。正如卡特悲叹的那样:"就在几乎20年的政治生涯将要结束时,我们发现前面23年的努力工作,节俭和储蓄,再把一切投资到生意当中,现在都不见了。没人能够指责我们在白宫变成富人。我们也没期望,但是我们希望至少能够带着我们来时的东西离开。那也办不到。"[12]

在接下来的几个月里,卡特将货仓生意卖给阿彻·丹尼尔斯·米德兰公司(Archer Daniels Midland Company),总价足以还清债务,离任后的那个夏天,吉米·卡特和罗莎琳·卡特都签约出书。撰写他在白宫的回忆录不仅是一个报酬丰厚的过程,而且在卡特考虑卸任后的人生要做些什么时,对他也是一个对身心有益的经历。这个重要的回忆时间使他能够重新部署并改变卸任后的人生方向,重新指引他的英雄使命,尽管相对缺少他留在总统办公室(Oval Office)的资源和地位。花这样一段时间进行反思通常对于重建非常重要,并且我们从成功东山再起的无数领导者那里听到,这是个共同的主题。

在写回忆录的同时,他觉得作为一位前总统的义务之一就是建立一座总统图书馆来收藏他执政时的记录。卡特从未喜欢过筹款的职责,并且非常不情愿像他所说的四处"求人帮忙",为他的图书馆请求捐款。卡特也很坚定,他不想让这座总统图书馆成为对他或他的总统任期的纪念物。在数个月的时间里,卡特夫妇在写作过程中为忍受他们的政治失败,并重新考虑过去的事而在内心苦苦挣扎。他们同样挣扎于通过图书馆留下他们的遗产,以及关于他们未来的生活将如何,他们看了一份又一份建筑图。最终,虽然图书馆项目的挫折还在不断发展中,卡特也有他的"啊哈"时刻。如罗莎琳·卡特讲述的那样:

重新发现英雄使命

一天晚上我醒来,吉米正直直地坐在床上。他一向睡觉很香,我想他一定是不舒服。"怎么了?"我问。"我知道我们能在图书馆做什么了,"他说,"我们可以开拓一个地方帮助人们解决争端。现在还没有这种地方。如果两个国家真的想要解决什么问题,他们不想去联合国让其他150个国家参与争论。我知道他们公开接近彼此是多么困难,并且他们得冒对方粗暴拒绝、陷入尴尬境地的风险。我们可以找到双方都信任的好调停人,他们可以不受公众注意地会面,没有浮夸,也许有时完全保密。如果有这样一个地方,我就不必带贝让(Begin)和萨达特(Sadat)去戴维营(Camp David)了。从那时起也已经发展了许多关于解决冲突的新理论,我们可以将其中一些投入使用。"他热烈地谈到谈判能够帮助的其他领域——在内部争端以及涉及民事法方面。一个解决争端的中心。自从我们回到大平原,我第一次看见吉米真正对未来的可能计划感到兴奋。[13]

吉米·卡特的新英雄使命诞生了。在未来的几个月和几年里,对总统图书馆的这一愿景逐渐演变并与亚特兰大的埃默里大学(Emory University)结合起来,卡特已经接受了该大学的名誉教授职位,图书馆成为埃默里大学的卡特中心,由卡特与该大学合资修建,建立于源自卡特午夜愿景的原理之上。在接下来的几年里,除了帮助解决冲突,卡特中心成为一股消除疾病的力量,例如麦地那龙线虫(Guinea worm)、盘尾丝虫病以及脊髓灰质炎,并且在第一个十年中监督世界范围的儿童对例如脊髓灰质炎和麻疹的免疫比例从20%增长到80%。卡特中心也成为一家呼吁全世界监督并担保公平选举的机构,毫不畏惧地说出它遇到的操纵选举的地方,例如巴拿马(Panama)。

卡特获得了无数的人道主义奖项,例如联合国在人权领域的奖项以及美国最高平民荣誉,总统自由勋章(Presidential Medal of Free-

第十一章

dom）——最终他在 2002 年，"因为他几十年不懈努力为国际冲突寻找和平解决的方法，推进了民主和人权，并促进了经济和社会发展"被授予诺贝尔奖。[14]

罗莎琳·卡特清楚表达了他们离开华盛顿时失去英雄使命的感觉，说："我必须哀悼我们的损失，在我能够面对未来之前。我们的生活在哪里能像在白宫一样有意义呢？"[15]尽管经历了这样的损失，卡特夫妇发现即使在被从世界上最强大的领导职位上公开驱逐的羞辱之后，他们的"第二幕演出"能带来甚至更高的成就。尽管卡特的任期仍然被许多人视为一个失败，他被普遍称赞为美国历史上最成功和最有影响的前总统。

新英雄使命的生死考验

改变领导者英雄使命的方向是我们从东山再起的领导者那里学到的最后一个，但通常是最关键的一课。这一课通常最困难，因为它是领导者必须进行的内心和心理的战斗，当需要对过去的事业进行彻底改变时，挑战极大地加剧了。一些人避免了为了新的英雄使命进行这种撕心裂肺的挣扎，像伯尼·马库斯，他在巧手丹时就已经有了他为家得宝设想的仓储式家装商店类型的愿景，因此免职使他摆脱束缚追求这一愿景。对于其他人而言，例如吉米·卡特，不仅被迫离开他们的职位，而且被迫变换领域，将他们的整体想法从对旧愿景专心致志的专注转变为新愿景的挣扎，是所有东山再起障碍中最艰难的一个。正是对英雄使命专一、热切追求到排斥其他一切，才使得杰出领导者不同于一般人群，这也是吸引并激发追随者们加入他们的英雄追寻的原因。剥夺并禁止他们进一步追求那个人生目的，会带来压倒性的失落感，并使他们质疑自己的存在理由。找到一个新的英雄使命，用对当事人同等的意义来取代那个毕生的目的,会是一个巨大的挣扎,但是为了从挫折中恢复,必须克服这种挣扎。对于 20 世纪 80 年代成为偶像的金融家迈克尔·米尔肯,这真的变成了一个生死挣扎,在它被战胜之前。

许多人已经将米尔肯的人生视为美国神话的精华。米尔肯 1946 年 7 月 4 日出生于一个普通的加利福尼亚家庭,到 20 世纪 80 年代中期时,他成为一个亿万富翁以及世界上最具影响力的投资银行家。他和他的公司,德崇证券公司,实际上彻底改造了高收益、低于投资等级的债券,并且他在华尔街以"垃圾债券之王"而著称,为新企业提供资金,例如 MCI 和特纳广播电视公司,并通过 20 世纪 80 年代出现的企业狙击手激发了收购市场,在这个过程中他为自己赚取了 5.5 亿美元。但是,最终,他的演出被证券交易委员会提出的 98 项刑事控告和大量民事案件所破坏,例如内部交易、股票假脱手、操纵价格、敲诈勒索和欺骗顾客。米尔肯最终对六项相对较小的罪状认罪,1990 年 11 月被判入狱十年,支付超过十亿美元的罚金和赔偿,并被终生禁止进入证券业。

米尔肯可能很难相信他的人生这么快就土崩瓦解了,物质上,从奢侈的生活进入监狱,心理上,从受人赞美的资本偶像到因为同一项工作受尽辱骂。在判决前,他写信给法官,解释他如何感受这次失败:

> 我做梦也没有想到,我会做出什么事让我成为重罪犯。我很难写出也很难接受这些话……我无法接受的事,也是过去四年最痛苦的事,已经袭击了我的信仰、我的道德体系和我基本的内在自我的真挚。这让我难以应付。我被迫面对这个挑战,不仅我被描绘成一个骗子,而且我一生为之奋斗的一切被称作欺诈,我一生谈到的所有原则都是空洞的。有时,这几乎太让人难以承受了。
>
> 在过去四年中面临对我毕生工作的持续攻击,除了不断的人格损毁之外,看老照片和回忆过去的经历帮助我想起我是谁并且我相

第十一章

信什么。我开始感觉,报纸上写的是其他人,不是我。似乎我已经走出了自己的身体。倾听花言巧语。解释一个人的动机。定义一个人如何生活。变得好像是两个人生。一个人生是我认为自己度过的,而另一个人生是报纸描述的。[16]

被排除在他的行业之外,有时间仔细思考他的未来,米尔肯仍然将精力集中在展望未来上,他回到还是伯克利(Berkeley)的19岁大学生时发展的一个公式,那个公式成为他在银行业事业的基础。他的公式是"繁荣等于金融科技的总和乘以人力资本加上社会资本加上不动产的总和",或者如他用符号表示的那样,$P = EFT(DHC + ESC + ERA)$。[17]他迄今为止的人生都集中在这个乘数,金融科技上;现在他把注意力转移到公式的人力资本部分,瞄准了教育。在监狱里,他把注意力放在狱友身上,辅导那些没有接受过高等教育的人,并说服监狱当局,它们应该有一个教育项目,这个项目开始设立,由他担任导师。在九个月之内,他负责的参加了普通教育水平(GED)考试的人有90%获得了高中文凭。他花时间开发教育智力玩具,狱友可以送给他们的孩子。除了在狱中关注教育之外,米尔肯同样也在考虑出狱之后他如何影响外面的世界。正如他在囚室里告诉一位传记作家的那样:"我想进行的第一个项目是教育娱乐频道。几年前我就开始与来自娱乐业的几个人一起致力于这个概念,包括时代华纳的鲍勃·皮特曼(Bob Pittman)和史蒂夫·罗斯。但是我开始服刑,那些计划没能完全展开,暂时停了下来。我所设想的是教育工作者在有线电视上一周教七天,一天24小时。可能性是无限的。"[18]

在服刑22个月之后,米尔肯因为配合其他政府调查被提前释放。但是在获释仅一周之后,他被确诊患上晚期前列腺癌,并被告知只有12到18个月的生存时间。米尔肯立即将他的狂热转向战胜这一疾病,不仅仅是他自身的疾病,而是着手于更大的问题。米尔肯投身于获取有关该疾病的知识——在被确诊的一周内,他与他的肿瘤科医生,斯图尔特·霍尔登(Stuart Holden),乘坐他的私人飞机参加一个关于该疾病的医学研讨会。他成立了前列腺癌治疗学会,由霍尔登主管,资助前列腺癌的研究,他自己在此项研究上花费了数百万美元,并使用他的关系筹集了更多的钱并提高人们对此的认识。在研究者需要寻找多人患有这种疾病的家庭时,米尔肯决定,最好的方法是与前列腺癌症病友及海湾战争英雄诺曼·施瓦茨科普夫(Norman Schwarzkopf)一起参加 CNN 的《拉里·金访谈》,向人们进行呼吁。当拉里·金犹豫时,米尔肯打电话给 CNN 创办人泰德·透纳,节目播出了,研究者们找到了他们需要的家庭。

就个人而言,米尔肯彻底改变他的饮食,成为严格的素食主义者,开始练习瑜伽和冥想来减轻压力,尽一切可能与疾病作战,甚至写了一本食谱《生存之味食谱》(*The Taste for Living Cookbook*),专为与癌症作战的其他人而设计。18 个月后,他没像医生预计的那样死去,米尔肯完全康复了。但是,米尔肯没有松气,甚至比以前更专注,觉得给了他更多时间,他要有效地利用它。如他所说:"在 20 世纪 80 年代,我有一个庞大的想法。现在我有两个庞大的想法。"[19]

除了不断与前列腺癌战斗之外,米尔肯决心在教育领域留下深远影响。为了那个目的,他成立了一家教育服务公司,知识宇宙公司(Knowledge Universe);他和他的兄弟洛厄尔(Lowell)投资了 2.5 亿美元,另外 2.5 亿美元来自他的朋友,甲骨文公司的创始人拉里·埃里森。作为曾经的交易人,米尔肯很快通过并购将知识宇宙公司发展壮大,并购从教育玩具制造商跳蛙(LeapFrog),到学龄前供应商儿童探索中心(Children's Discovery Centers),到一家英国信息技术培训与招募公司 CRT 集团(CRT Group)。使命是组成一家综合公司,为处于人生各阶

第十一章

段的人提供教育服务。在四年内,米尔肯已经收购了超过 30 家公司,知识宇宙的收入超过 15 亿美元。

米尔肯重新发现并改变英雄使命是不同寻常的。他不愿意沉溺在悲痛之中或者接受任何外部强加于他、对他渴望创造和重获杰出的限制,无论是法庭加诸于他的还是危及生命的疾病。米尔肯对生活的激情,以及对做出积极贡献的关注,对于确保人们记住他的成就大有帮助,这些成就使他著名而具有争议的金融生涯黯然失色。

第五课的重要性

领导者们提供给我们的从灾难性事业挫折中恢复过来的五个主要课程中,重新发现英雄使命与其他四个不同。正如我们在本书一开始讨论过的那样,声誉是领导者最重要的财产,因此保护并恢复声誉在领导者能否从挫折中恢复最为重要。以一种形式或另一种形式,保护并恢复声誉遍及另外四课,通过不同的方法,面向不同的受众。

《战斗,而不是逃避》的告诫适用于领导者的核心声誉受到攻击并需要引人注目的行动的情况,通常通过在法庭上证实指控背后的真相。《招募他人参与战斗》不仅在寻找探索的新领域时提供了真正朋友的支持和熟人网络的好处,而且——正如史蒂文·斯皮尔伯格和其他人在杰弗里·卡曾伯格离开迪斯尼时公开表示支持他一样——增加了被驱逐领导者的合理性,并帮助他保持声誉完整无损。《重建英雄地位》是最明显能够保护并重建声誉的方法,因为领导者传播挫折的真正性质,让更广大的公众保持对他们能够继续工作的信心,其他人之前对他们的工作能力持有这种信心。除了语言的使用能够重建声誉和英雄地位之外,《证明你的勇气》关注行动,行动,正如老话所说,"胜于雄辩"。通过再次证明他们在第二幕演出中表现的能力,重建信用,比起通过话语,领导者能够更可靠地恢复他们的声誉,如果只是单独使用语言的话,证明是空洞的。

但是,第五课《重新发现英雄使命》与涉及声誉的外部选民无关,而是关于内在驱动力和重新定向的焦点,这对于领导者重新检查他们毕生的工作和贡献是十分必要的。无论它超越了在同一领域的过去成就,重新定义在该竞技场内的成功含义,例如伯尼·马库斯在创立家得宝时所做的,还是它为了建立一些新东西寻找新牧场或者征服未知领域,如吉米·卡特和迈克尔·米尔肯能够做的那样,寻找新目的的需要是使得领导者不仅重建过去的声誉,而且超越过去的成就并创造更为崇高的遗产的必要因素。

在重新定义英雄使命超越过去成就的过程中,领导者从这个反思的机会获得了许多成功的反弹,并且回到了原来使命的核心,这也许在一路上演变,提供了重新回去寻找早期演化丢失的东西。事实上,这里的关键一课在于即使在被迫完全重新发现自己并重新聚焦于新的英雄使命时,大多数时候,新的使命源自回到之前人生使命的核心。本章我们以史蒂夫·乔布斯开头,他在被从苹果驱逐时,反思了就小团队创造新的创新产品而言,苹果对他意味的核心因素,连同对教育的热爱,这导致了 NeXT 使命的诞生。对于总统卡特而言,它在于他如何将总统职位的预期遗产,总统图书馆,转变为积极而充满生气的促成因素,推动他在担任总统期间为之奋斗的和平事业,而不是一个对过去成就的纪念物。对于米尔肯而言,它是回到他以此为基础奠定过去成功的最初公式,但是关注点是公式中不同的变量。他们每一个人都回过头去研究对他们最重要的是什么,这在人生的旅途中可靠地指引着他们,使他们的失败成为人生路上的小小里程碑。

第十二章　从悲剧中创造成功
——得自传奇和失败者的经验教训

曾经是傀儡，乞丐，海盗，
诗人，人质，国王。
起伏起伏，跌跌宕宕，
我总铭记一事：
每次摔打得灰头土脸，
振作自己，重回赛场。

——迪安·凯和凯利·戈登作词作曲，
弗兰克·西纳特拉录制，《人生之歌》

本书以弗兰克·西纳特拉的经典歌曲《人生之歌》的副歌开始，强调了对我们所有人而言，破灭的梦想是多么的普遍。现在我们在本书的结尾，回到那首歌的副歌，它提醒我们，恢复力的核心精神对于东山再起是多么的重要。30年后，查巴旺巴乐团（Chumbawamba）有一首名为《大浴盆》（Tubthumping，著名的"足球流氓"进行曲）的祝酒歌，在青年人当中非常流行，它有这样一段副歌"我被击倒，但又站起来了。你绝不

第十二章

能让我一直趴着"。尽管它很明显似乎激起了这种个人信心,但并不总是很容易的。有时障碍是内在的,而有时它们是外在的。

虽然杰出领导者的悲剧和成功的东山再起可能看起来是遥不可及的故事,近乎神话,但是对大多数人而言——尤其是那些正面临着他们自己的悲惨挫折的人——这些事件使我们能够为所有面临事业灾难的人吸取重要的经验教训。虽然在处理更为人们所熟悉的失败案例时,我们考虑的实例大半涉及著名人士,但是这些经验教训不仅适用于公众人物。很容易认为,拥有更多财富、更多具有影响力的朋友网络、更多认可的那些人可能容易重获立足点。我们选取了传奇性人物,以表明为什么甚至一些真正有名的领导者能够克服挫折,而具有同等资源和声望的其他人从来没有重新赢回他们公开的领导地位。杰米·戴蒙再度掌权,领导美一银行和摩根大通,杰克·伯格创立了先锋,而约翰·麦克重新执掌摩根士丹利,尽管他们每个人之前都被重要的金融机构解雇过。与此同时,IBM 的约翰·埃克斯、柯达的乔治·费希尔、美国联合航空公司的理查德·费里斯、苹果的约翰·斯卡利、惠普的卡莉·菲奥里纳,他们尽管拥有相当的声望、正直诚恳的声誉和财富,却没能重获失去的领导地位。

对于被解雇的领导者与处于其他事业节点和组织层级的那些人而言,当然所处环境不同,并且,正如我们早先讨论过的那样,压力源有所不同。但是,在许多方面,对领导者加重的关注,以及他们对自己前职责的强烈认同使得重回东山再起轨迹的两个关键因素——要克服的内在心理障碍和声誉的外部恢复——甚至更难以逾越。从这些障碍产生了重要的经验教训,为成功的东山再起提供了结构化的路线图。实际上,对于许多人而言,无法东山再起是由于过度专注应付失势带来的直接问题引起的——通常是消耗了当事人精力和意志力的实际及财务限制。

虽然这些是非常重要的限制,并且需要予以关注,但是他们专注于适应失势,而不是准备反弹,并且对这些问题的过度专注会导致螺旋式下降,因此当事人永远不会完全恢复。即使身处困境之中——并且这里介绍的几位领导者,从伯尼·马库斯到唐纳德·特朗普,再到吉米·卡特,在失势后都面临可能的破产境地——帮助他们东山再起的是一个明智的选择,不把全部注意力放在损失和适应他们的落魄上,而是关注未来和东山再起的可能性。无论现况显得如何不利,超越现有环境并构建一次反弹的能力,是东山再起的第一步,也是我们从这些杰出领导浴火重生的故事中汲取的第一课。

第一课: 失败是开始, 不是结局——新成功的来源

从事新职介绍的一位伟大先驱,弗兰克·洛凯姆,赖特联合公司(Right Associates)的创始人,过去经常在他的客户被免职后鼓舞他们说:"我们不是送葬者,我们是产科医生!"类似地,家得宝的资助人肯·兰格恩在共同创始人伯尼·马库斯和阿瑟·布兰克被巧手丹家装中心解雇时,就告诉他们:"你们刚被金马蹄踢中屁股。"他后来与他们的后来者罗伯特·纳德利分享了相同的意见,就在他在通用电气杰克·韦尔奇的继任提名中败给了杰夫·伊梅尔特之后。

在人类学家约瑟夫·坎贝尔鼓舞人心的《千面英雄》一书中,他展现了英雄的单一神话——或者说跨越世纪、国家、种族和宗教的民间英雄的事业轨迹。英雄事业的核心阶段显示,关键阶段包括,与社会分离、冒险的召唤、通过诱惑不断考验、早期胜利屠龙的成功螺旋线,以及之后从决定性的事业中期失败中必不可少的恢复。只有通过战胜失败,他们才能抗击人生逆境,并真正证明他们超越了击垮他人的力量。真正的英雄超越个人和历史的局限性奋斗不息,为了探索一个有充分根据的富有人

第十二章

性的解决社会问题和冲突的方案,显示出超凡的品质。[1]

第二课: 无视朋友让你独自疗伤的建议

  我们经常听到这个建议,并且不幸的是,一些朋友,例如天才的尼克·尼古拉斯或者家庭影院频道(HBO)的迈克尔·富克斯,接受了这个建议——精明地投资,但是等待那个 CEO 职位回来。这些人,至少,成功地投身于董事职位和企业投资的主流中去了。当金融家肯·兰格恩觉得自己被全美证券交易商协会错误地指控攫取了应付给客户的 IPO 收益时,他与这些指控战斗——他的客户站在他这一边——并获胜。不是"乖乖挨训",他告诉我们:"我拼命战斗,因为声誉太重要了。"[2] 金融评论员吉姆·克拉默在大约十年前,被错误地指控在单独一篇《财智》故事中写的一些股票没有透露他的立场,尽管他在之前成千上万篇文章中表明了自己相关的持股情况,他奋起抗争,向当局和所有评论家证明《财智》的编辑们那一次独自、无意中漏掉了他的书面公示。其他一些人的确退缩了,"乖乖挨训",并且甚至退入到一个由他们过去的辉煌彻底定义的世界中。

  考虑一下比利·怀尔德(Billy Wilder)的黑色电影经典故事《日落大道》(Sunset Boulevard),是关于"幕后的"好莱坞,自欺、虚荣、成名的代价和失败。格洛丽亚·斯旺森(Gloria Swanson)扮演角色诺尔玛·德斯蒙德(Norma Desmond),一位前默片皇后,到 50 岁时,被残忍地抛弃,被更年轻的面孔和"有声电影"技术所取代。当时她不再是一位名人,陷入了消沉之中,在陵墓般的公寓中隐居,在那里她埋头于对早已失去的公众崇拜的回忆之中。经纪人和制片人的电话已经不再响起。她的日子充满了重回银幕的渴望,同时她为虚构的粉丝签名照片,观看老电影并尖叫:"那些白痴!他们已经忘记了明星是什么吗?我会演示给他们看,总有一天我会回来!"一位抛锚的汽车驾驶员,由威廉·霍尔登(William Holden)扮演,来借她的电话,注意到她正在观看自己的老电影,他评论说:"她仍在失去的事业的令人眩晕的高度梦游!当提及那个主题时简直是疯了——她的电影自我,'伟大的'诺尔玛·德斯蒙德。她怎么能在被诺尔玛·德斯蒙德们包围的房子里呼吸呢?"

第三课:不论情况看起来多么可怕,成功东山再起是可能的——只要你没杀人

虽然对许多人而言,对财务和其他限制的现实考量可能会树立起似乎无法跨越的障碍,但是我们介绍过的一些领导者发现自己处于甚至更为可怕的境地之中。考虑一下玛莎·斯图尔特或迈克尔·米尔肯,他们相信自己没有做错任何事,却发现自己身处无法想象的境地之中,从各自领域的著名领导者到在狱中服刑。仅仅看到这种情况,任何人都会预感他们的事业结束了——被定罪并被送入监狱对他们的声誉造成了损害,媒体的大肆宣扬让他们无处躲藏,甚至在法庭宣判前舆论就判定他们有罪给他们带来了沉重的压力,米尔肯还有额外的限制,他被终身禁止从事他所了解的唯一职业,最后,除了这一切之外,他被告知患有晚期癌症,只有不到 18 个月的时间可活。很难想象比这更可怕的处境,但是两人在生活强加于他们的运气突然转变之时,仍将注意力集中于未来和他们如何才能东山再起,而不是沉溺于自怜之中。

现在,米尔肯除了许多成功的私人企业、教育投资和公共卫生使命之外,他的米尔肯研究所吸引了全世界重要的科学家、经济学家、新闻工作者、公共政策领袖、CEO 以及牧师致力于迫切的全球问题。与他同时被定罪的金融家同伴伊凡·博斯基(Ivan Boesky),从那之后不再为公众所闻。类似地,玛莎·斯图尔特的传媒王国在她回来时兴旺发达,而

第十二章

另一位被关押了大约半年的著名女企业家利昂娜·赫尔姆斯利,从公众的视线中销声匿迹了。

正如奥地利心理学家及大屠杀幸存者维克托·弗兰克详细讲述了集中营的恐怖,以及生命意义与目的感的丧失是如何快速导致衰退与死亡的,他得以幸存,是通过想象集中营之后的生活以及他如何将集中营的恐怖传递给更广阔的世界,以确保它再也不会发生。通过赋予自己一个目的,以此为生活的目的和期望,弗兰克让自己保持积极的态度,成功战胜了困难,从人类历史上最残暴的暴行中幸存了下来。

第四课:即使看起来整个世界都在反对你,如果你愿意,仍有人支持并渴望帮助你

失去工作这种事可能会引发一系列反应,往往将受害者孤立起来。我们的一大部分身份认知通常由我们所从事的工作来定义。通常当你第一次见到某人时,被问的第二个问题是:"你是做什么的?"通过我们有益的职业生涯,社会定义我们,而我们定义自己。当工作被拿走时,我们觉得失去了身份认知,不知道如何定义自己。这会导致回避行为,因为我们想要避免出现被问到那个不再有答案的令人畏惧的问题的情况。因为在我们的社会中普遍将职业作为定义我们自己的一种方法,没有工作会导致尴尬和有缺陷的感觉,并且躲避我们可能会面临这种令人不愉快的现实的场合。

因为失败在我们的社会中是如此禁忌的话题,人们通常不知道如何面对它,尤其当失败发生在我们倾向于对之友好的其他人身上时。因此,其他人,尤其是顺境朋友,也会避开受害者,因为不知道说什么以及如何应付这种情况,这导致了当事人的进一步孤立。然而,通常处于这种情况中的人们发现,他们真正的"逆境"朋友在等待有所帮助。一些人

也许不会直接提出帮助,因为他们不知道他们能如何帮助,或者甚至如何理解受害者所处的环境,但他们在等待被解雇的当事人提示,他们准备好了接受帮助,以及什么形式的帮助可能最有用。因此,当事人能够最佳使用他们的密友和较疏远的熟人网络的地方,正在于此。

回忆一下在第八章我们发现与大多数人想的正好相反,比起亲密的朋友,熟人网络实际更可能提供有用的工作机会,因为疏远的熟人关系涉及的范围要大得多。许多人忽视了这一事实,不去接触这些熟人网络,假定这些人没有义务也没有兴趣提供帮助。与此相反,存在一种普遍互惠的行为准则,由此人们试图"爱心预支"帮助,他们过去曾从其他人那里得到过帮助,并在寻找机会以同样的方式为人际网中的其他人提供帮助,他们希望并期待一旦有需要产生,他们的人际网也会投桃报李。

与亲密朋友的密切联系同样非常宝贵,不仅因为能够挖掘他们和他们的人际网作为一种资源,而且他们能够提供的有力社交支持和鼓励尤为宝贵。因为面临挫折的当事人周围的世界坍塌了,他们通常全神贯注于自身,因此很容易忽视对自己的密友和家人的附带影响。帮助某人度过例如事业挫折的创伤事件,可能会耗尽提供帮助的那些人的精力和情感。有时这会导致他们逐渐撤回所提供的帮助,不是因为他们对受害者的同情无法持久,而是因为提供帮助使他们情绪枯竭。失业导致了分居和离婚的可能性四倍增长,这对我们提出了警告,遭遇这种损失的当事人也需要注意到它引发的周围人的情绪消耗。在收到这些支持来源的理解和帮助的同时,受害者应该将其他人带入通往恢复的积极步骤。

第五课:明确你的使命

我们从本书中复述的东山再起故事中,学到的重要一课是在失势后,花时间重新部署的好处。即使,像伯尼·马库斯一样,当事人已经知

第十二章

道决战将会是什么样子，花时间计划东山再起并明确将要追求的英雄使命，是开始进行下一步之前采取的必不可少的步骤。从史蒂夫·乔布斯在欧洲闲逛、睡在星空下的思考，到吉米·卡特的内心争论和午夜启示，到杰弗里·卡曾伯格与斯皮尔伯格和格芬的讨论，所有人都花时间考虑并讨论他们下一个冒险将是什么，并进行精心策划。

明确使命涉及以下几个方面：

- 标出你新的生活兴趣和职业目标。
- 列出多重优先顺序：详细列出你必须同时予以关注的所有事——次序关注是不够的。
- 确定你需要什么财务资源？谁能提供帮助？你能牺牲什么奢侈品？
- 记得要考虑你受到伤害、精神创伤、羞辱和损耗的心理健康程度。
- 注重声誉很重要，持久印象形成的很快；牢记公众对你所处情况进行的诠释，并立即处理。
- 确保你因代理人意见和法律咨询所需要的职业声誉。
- 识别出谁会伤害你，以及他们抓住这一时机的动机可能是什么。你如何能用准备好的事实减弱他们的怨恨？
- 考虑一下你最想要保护谁？他们需要知道什么才能感觉舒服？你如何能帮助处于困境中的他们？

当情况看起来暗淡无光，尤其因为财务和社会压力要尽快重振旗鼓时，通常结果最好是不理想的反弹，而最坏则是遭遇二次灾难。虽然我们不建议独自疗伤并退缩，注意到这种情况并得出这样的事实，并不意味着必须接受出现的第一份工作。许多人可能在你潦倒时，试图以优惠价得到你，或者提供给你一个不恰当的职位。"我会让他们明白"的这种态度通常导致人们"刚出油锅，又入火炉"。杰米·戴蒙告诉我们，他从花旗银行被免职后不久，淹没在各种工作提议之中——但是他花了一年多的时间选择了美一银行,当时它经历了麻烦的芝加哥第一国民银行并购,这个选择最终证明是一个英明的选择。

虽然第二次失败增加了恢复的障碍,从长期来讲也许更糟的是习惯于其他某种令人满意的事,而不是进行最佳反弹——陷入一个很难离开的职位,因为它安全并支付你的账单,但却无法满足心中涌动的英雄驱动力。在为本书调研期间我们与之谈话的许多被免职的CEO有同样的忠告——利用没有工作的时间处理并重新评估你想要最终成就的东西,不要太快受到诱惑重回跌倒处。正如一位被驱逐的CEO在仍处于反省期时所说的那样:

> 这里有很多事情要处理。正如我说过的那样,我有些受挫和焦虑,以及一些不愉快,我感觉好像被弃之不顾了,但我会好好度过那一关。我想,目前我将致力于一些与工作完全无关的事。我刚准备好开始修建一栋湖边小屋。我一直想取得飞行执照,我打算那么做。我打算整个夏天都和孩子们一起玩耍。基本上放几个月的假,就像全部理清并重新部署。
>
> 不用说,机会很多,自从一个月前(我的离职)见报开始,我收到的来自猎头、私人财务顾问和有魄力的创业者的消息多得超出你的想象。但是我还没对任何一条消息采取行动。
>
> 我认为这么说很安全,迄今为止我还没有开展接下来要做什么的计划——迄今我还没有进入哪个程序,像也许大多数人在从一家公司下台时立即会做得那样,但是我想我还是相当强烈地关注其他机会。但就其他公司而言,我想要什么样的开始或者我想购入什么样的生意,现在说还为时过早。
>
> 我接到的大多数猎头电话,CEO或COO职位的,通常都是较大型的公司。基本上,我告诉他们大多数人,我现在不急于跳入那

第十二章

样一个职位。我接到一位非常有说服力的猎头的电话,担任一家相当大的公司的 CEO,一家广为认可的公司,并且它有一定的吸引力,但是当我深入此提议,并更加深入地考虑时,它不是我认为我会感到高兴的事。它不是我此时此刻想要做的事。我想,当我告诉妻子,在我们谈论此事时,那个特殊的情景可归结于一点,它可能非常满足我的自尊,但是可能不会有很多乐趣。有趣的工作不是最终标准。当然我想做令人满足的工作——我早晨起床就向往并去做的事。

我一个好友是一家被出售的公司的 CEO,与大多数被出售的公司 CEO 的情节一样,作为交易的一部分对他没有进行安排,而他对我强烈建议"不要着急,慢慢来,不要仓促行动"。并且我所处的情况,非常幸运不必仓促行动,因此我打算暂时重新了解我的孩子们,花些时间做我想做的事,然后再一猛子扎回去。

时常地,从之前执掌的领导地位带来的压力中恢复可能会花一定的时间,尤其是导致失败及失败之后的事件造成的心灵创伤。花时间重新估计并重新规划英雄使命非常重要,这样它不只是对刚刚透露的事件的被动回应,而且是精心规划且牢固坚持的使命,可以以此为基础进行一次可持续的东山再起。

第六课:了解你的故事

正如我们所见,对组织所有层级的人而言,保持并重建声誉是东山再起一个十分必要的部分,对于领导者尤其如此。在许多情况下,东山再起之路由把关人看守,例如猎头公司或其他人,他们能够帮助或阻挠反弹的尝试。在这种情况下,当事人在这些把关人中的声誉对于赢得事业恢复之路的第一步非常重要。我们已经看到领导者能如何采取措施重建声誉，如何通过团结朋友们和熟人来支持他们的事业，以及如何在更广大的公众中重建英雄地位。所有这一切需要了解、讲述并坚持不懈地重述领导者的故事，以便让往事的真实一面为人们所知，并为失败提供一个解释，这样做让人们对领导者的反弹能力有信心。乔治·沙欣是我们研究过的一个案例，他在网络热潮的全盛时期离开安达信咨询公司（现在的埃森哲）的 CEO 职位，改而领导威普旺。天意弄人，骄傲的沙欣多年的顾问经验没能转化成新 CEO 职位的成功，他试图运营一家刚复自用的网络公司，而这家公司最终破产。尽管威普旺存在的时间非常短暂，其失败又轰动一时，但是沙欣保住了他在猎头公司中非常重要的声誉，因为他的经历被视为绝无成功的可能，失败是必然的。尽管这么说是马后炮——虽然沙欣离开了一家杰出的咨询公司前往一家不确定的初创公司，却很少有人为此挑剔他——机会这么好，又有可能获得庞大的报酬，使得能够对此事进行合理化解释，并且使得沙欣能够继续受到猎头公司的推崇，后来他作为西伯尔系统公司的 CEO 东山再起。

　　这个故事具有的一个共同潜在特征，解释了遭遇挫折但能够保证未来东山再起的，是控制的观念。即使领导者感觉是外部事件导致了失败，他们的故事和领导者自身都没有受害者心态，而是加强了他们掌控自己命运的信心，这一点很重要。用心理学术语表述的话，领导者们通常拥有高内控点，相信他们能够控制自己的命运，这与拥有高外控点的人正好相反，他们将自己视为无法控制的事件与环境的产物，而这些事件与环境是由其他人的决定、偶然事件或结构性情景因素所引发的。除了这一心理差别外，人们总体倾向于将理想的结果归功于内在因素，而将失败归咎于外部环境。类似地，并且符合这种倾向的是，以前的心理学研究已经表明人们无法区分可控与不可控事件，更喜欢将结果作为是否具有可控性的指示剂——正面的结果被视为可控的，而负面的结果则

第十二章

归咎于当事人无法控制的环境。

类似的现象是在第三章中讨论过的、最初被心理学家梅尔文·勒纳定义为"公正世界"的假说。该假说是一种个人信仰,相信世界实际上是公正的,并且一般而言,好人有好报,恶人有恶报。运气的作用被从这种生活态度中严重地贬低了,如果不是完全被忽略掉了的话,除非坏事发生在自己身上时,外部因素才再次承担责任。然而,在这种观点下,甚至不好的情况或事件通常以一种"一切都对好人有好处"的方式从正面的角度得到解释。

但是,对领导者而言能够用这样一种方式解释他们的故事是非常重要的,即使责任归咎于外部环境,对反弹的控制力——并避免再次遭遇类似的命运——握在他们自己手中。莫里斯·萨奇(Maurice Saatchi)的例子说明了被废黜的领导者可以如何以保护声誉的方式解释自己的失败并定位他们的故事,他被从广告公司萨奇(Saatchi & Saatchi)驱逐,该公司是他与他的兄弟查尔斯一起创立的。在写信向他的员工解释时,萨奇将他的离开归因于为了抓住不懂广告艺术的新股东,以及这样一个事实,因为他们新获得的股权控制,他无法控制迫使他革职的事件以及对他的人身攻击:

> 你们有权知道(我离开的)原因:萨奇公司已经被接管。没有宣布对公司进行投标,没有出价,没有支付奖金,没有进行股东投票。但是,没错,萨奇公司处于新的控制之下。
>
> 这些新"所有人"——一群拥有大约30%股份的股东——已经找到了一个简单而拙劣的方法来控制公司。通过威胁董事们召开非常股东大会——他们能够在会上投票击败其他人——他们已经向董事们下达了他们的命令:"把你们的董事长带到角落里,然后快速将他枪决——我们不想小题大做地进行公审。"

在我们一些长期客户关系受到损害,关键客户的愿望被忽视,并且失去他们业务的损失被评估为"值得付出的代价"时,我只能沮丧地旁观。

在公司最重要的管理层的看法被认为"让人不愉快"且"不相关"而被摒弃之时,我绝望地听着。

并且,25年来第一次,发现我自己所在的广告公司里,"广告人"这个词被当作一种侮辱使用。

我已经注意到,在看到他们的股票价值自从春天上升了17%,而伦敦金融时报100指数(FT-SE 100 Index)下跌了2%之后,这个股东集团是如何继续让公司陷入不确定和不稳定之中的。

此间,董事局现在因为违反信托义务面临来自其他股东的诉讼,在这期间所有的股东在仅仅五天之内失去了我们自从春天辛苦赢得的股票价格的一半。

在我们的新"所有人"荒谬的逻辑下,忠诚的客户关系不被认为是公司的最大资产,这时我怎样才能帮助加强我们与客户的关系呢?

在你们中许多最受尊敬的人的看法被无情漠视时,我怎样才能让你们再次相信你们对公司非常重要呢?

这次被迫分离让我非常伤心。[3]

在此我们看到萨奇强调了他的价值观和他赖以建立萨奇公司的英雄使命——客户关系和成为"广告人",受人尊重并尊重广告行业的人,并说了外部力量如何毁掉那些价值观并将他踢出自己创造的公司。这之中隐含着他继续珍视他的员工以及他感受到并期望从他们那里得到忠诚,以及在新"所有人"因为不能重视客户和员工而失败时,他将得到洗刷。随后,选择控制自己的命运而不是直接对抗革职事件,他成立了

第十二章

一家新公司,新萨奇公司(The New Saatchi Agency)(由新成立且恰如其名的彩排有限公司(Dress Rehearsal Ltd.)控股),并开始从原来的公司赢得客户。数月之内,莫里斯·萨奇和新萨奇公司已经成功地从原来的公司夺取了许多关键的绩优客户,而原来的公司为了撇清自身与创始人之间的关系,已经将公司名称从萨奇公司改为科迪安特(Cordiant)。

最后一课:东山再起不是运气问题,而是走选择的道路

路易斯·巴斯德的许多最伟大的科学发现来自于在该领域的偶然尝试,而不是精心控制的实验室研究。他明智地说:"机会偏爱有准备的头脑。"我们在本书中描述的内容不仅是遥不可及的领导者们一系列随机的鼓舞人心的传奇,他们通过幸运地认识正确的人、拥有正确的资源,或者只是在正确的时间处于正确的地点才东山再起。也不是因为这些人在遭遇挫折之前已经获得了伟大的成功,他们通过某种金色降落伞或安全网得到保护,不受失败的影响。他们面临的牢狱之灾、破产、疾病、公开嘲弄、诉讼以及其他各种灾难将他们从成功的巅峰击落,并阻碍他们的东山再起之路。在一定程度上,使这些领导者与众不同的是,拒绝被这些事件和障碍压制,并有意识地选择东山再起。他们马上就看到了他们的回归之路了吗?不,通常没有。有些时候这些障碍看起来无法逾越吗?是的,它们相当令人畏惧。他们的反弹之路选择起来不比其他任何人的容易。因此虽然事后对这些东山再起的伟大故事的描述看起来似乎他们的路明显且路标清晰,事实上他们在每一个十字路口都面临着走哪一条路的艰难决定。从决定逃避破坏声誉的指控或与之战斗,到在新岗位上再次考验一个人的勇气,有时决定走常走的路,有时候选择较少有人走过的道路,但总是由他们的最终目的为中心指引。使得这些人与众不同的是,他们是我们之前描述过的"能工巧匠",在压力之下保持

创造力的人,因为他们能够从混沌中找到秩序。这种找到解决方法的创造力不是产生绝妙主意的随机过程,而是处理手上问题、从整体角度看待问题、允许通过致力于寻找而非依靠随机的灵光一现(灵机一动)找到创造性解决方案的理性的系统化过程。

  从这些各不相同的东山再起故事之中能够清晰剥离的东西是它们的共通性,这为面临灾难性挫折并需要仔细考虑反弹之路的那些人提供了决策的基础。实际上,我们从研究东山再起的障碍开始,这些障碍分为两个主要来源:外部限制——别人如何看待你,尤其是掌握着未来反弹钥匙的那些人,以及内部限制——你自己树立起来的阻止重振旗鼓的尝试的心理障碍。这些东山再起的障碍通过为声誉而战以及重建声誉得以克服,通过言辞、行为,并使用人际网,以及通过抛开过往战胜内心的魔鬼,重新发现或重新定义你的英雄使命,并且向你自己证明这个新需求是有意义且可以实现的。我们有五章集中研究战斗、不要逃避、招募他人参与战斗、重建英雄地位、证明你的勇气以及重新发现你的英雄使命,这为从事业灾难的深渊中开始东山再起的旅程提供了经过考验的路径。

  罗德·塞林的《拳王挽歌》对我们失败后的命运抉择如何展现有两个版本。在最初的《90剧场》(*Playhouse 90*)电视连续剧版本和后来好莱坞的大银幕改编版本中,都是一位拳王被迫在年轻时离开拳坛。这位拳击手鼻青脸肿,甚至在自己的经纪人已经打赌他无法支持下去时仍然留在拳坛上。收受贿赂的经纪人想哄骗他接受一份低贱的工作,在"职业"搏击联赛中充当打假拳的拳击手,但是受到了驳斥,说他有欺诈的暗示、不再具有任何可销售的技巧。在路过一家向重温过去多年伟大战斗的退休拳击手们开放的酒吧之后,他爆发了,跑到大街上,大喊:"那不可能——那绝对不可能。"后来拳击手前往一家职业介绍所,在那儿面试官无知地把他等同于寻找工作的残疾退伍军人,而他大声呼喊:"我不是瘸

第十二章

子,我几乎是世界重量级冠军,我是大山麦克林托克(Mountain McClintock)。我把它写在你的表格的什么地方?"然后他一拳打在桌上,招聘人员问他是否受伤了。拳击手回答:"当然会疼。你在向上爬的路上经受的每一拳重击,你当时都不会感受到痛苦……但是现在它们全都回来伤害你,而且真的很疼!"

两个版本的不同之处在于最后一幕。在《90剧场》电视版本中,拳击手由脆弱敏感的杰克·帕兰斯(Jack Palance)出演,在火车上,他向一个年轻男孩兴奋地谈论他如何成为一家运动夏令营的辅导老师并教授拳击。在电影版本中,拳击手由愤怒、消沉的安东尼·奎恩(Anthony Quinn)出演,他抛弃了自己的骄傲和尊严,正穿着一件廉价的印第安服装,机械地与身穿廉价牛仔服装的另一位前拳击手做出虚假的摔跤姿势。

看过这个传奇故事两个版本的幸运观众从中受益,认识到即使在失败的人生中我们仍有选择。是的,我们可能失去我们的工作、我们的健康、我们所爱的人,以及物质享受。但是很多东西都能得到挽救。没人能真正为我们定义成功和失败——只有我们能为自己定义。没人能够拿走我们的尊严,除非我们抛弃尊严。没人能够拿走我们的希望和骄傲,除非我们放弃。没人能够拿走我们对周围信任我们的那些人的爱,除非我们选择忽略他们。没人能够拿走我们对我们团体的关注,除非我们逃避它。没人能够偷走我们的创造力、想象力和技能,除非我们停止思考。没人能够拿走我们的幽默,除非我们忘记了微笑。没人能够拿走我们明天的希望和机会,除非我们闭上了自己的眼睛。

注　释

第一章

1. Howard Gardner, *Extraordinary Minds: Portraits of Exceptional Individuals and an Examination of Our Extraordinariness* (New York: Basic Books, 1997).

2. Joseph Campell, *The Hero with a Thousand Faces* (New York: Pantheon Books, 1949).

3. Jeffrey Sonnenfeld, *The Hero's Farewell: What Happens When CEOs Retire* (New York: Oxford University Press, 1988).

4. Leo Braudy, *The Frenzy of Renown: Fame and Its History* (New York: Oxford University Press, 1986).

5. David Leonhardt, "The Afterlife of a Powerful Chief," *New York Times*, March 15, 2000.

6. Felicity Barringer, "A General Whose Time Ran Out," *New York Times*, March 15, 2000.

7. T. H. Holmes and R. N. Rahe, "The Social Adjustment Rating Scale," *Journal of Psychosomatic Research* 11(1967): 213–218.

8. Cary L. Cooper, *Stress Research: Issues for the Eighties* (New

注释

York: John Wiley & Sons,1983).

9. Suzanne C. Kobasa,"Stressfull Life Events, Personality, and Health: An Inquiry into Hardiness," *Journal of Personality and Social Psychology* 37(1979): 1 – 11.

10. Ammy Barrett,"The Comeback of Henry Silverman," *Business Week*, March 13,2000,128 – 150.

11. 同上。

12. Saul Hansell,"Cendant's Shares Slide on News of Breakup Plan," *New York Times*, October 25,2005.

13. Gardner, Extraordinary Minds.

14. Bernie Marcus and Arthur Blank, *Built from Scratch: How a Couple of Regular Guys Grew The Home Depot from Nothing to $30 Billion* (New York: Times Business,1999),32 – 33.

15. 同上,34。

16. 同上,37。

17. 同上,39。

18. 同上,40。

19. Charles J. Fombrun, *Reputation: Realizing Value from the Corporate Image* (Boston: Harvard Business School Press, 1996); Charles Fombrum and M. Shanley,"What's in a Name? Reputation Building and Corporate Strategy," *Academy of Management Journal* 33(1990): 233 – 258; Kimberly D. Elsbach and Robert Sutton,"Acquiring Organizational Legitimacy Through Illegitate Actions," *Academy of Management Journal* 35(1992): 699 – 738; and V. Rindove, I. O. Williamson, A. P. Petkova, and J. M. Sever,"being good or Being Known: An Empirical Examination of the Dimensions, Antecedents,

and Consequences of Organizational Reputation," *Academy of Management Journal* 48(2005):1033-1050.

20. Peter Romeo,"What really Happened at Shoney's?" *Restaurant Business*,May 1,1993,116-120.

21. Richard Tomkins, "Casinos Deal Trump a Fistful of Ace," *Financial Times*,June 31,1994,14.

22. Donald J. Trump with Kate Bohner, *Trump: The Art of the Comeback* (New York: Times Books,1997); and Donald J. Trump and Tony Schwartz, *Trump: The Art of the Deal* (New York: Random House,1987).

23. Christina Rouvalis,"A Wild Ride," *Pittsburgh Post Gazette*, July 2,1995.

24. Calmetta Coleman,"Kmart Lures Bozic away from Levitz to Be Vice Chairman,CEO Contender," *Wall Street Journal*,November 18,1998.

25. Michael Bloomberg, *Bloomberg by Bloomberg* (New York: John Wiley,1997),17.

26. Andrew Pollack, "Can Steve Jobs Do It Again?" *New York Times*,November 8,1997.

27. Samuel G. Freedman, "Alan Jay Lerner, the Lyricist and Playwright,Is Dead at 67," *New York Times*,June 15,1986.

28. Herbert J. Freudenberger,"Staff Burn-out," *Journal of Social Issues* 30(1974): 159-165; and James e. Rosenbaum,"Tournament Mobility: Career Patterns in a Corporation," *Administrative Science Quarterly* 22(1979): 220-241.

29. Barbara Gutek, Charles Nakamura, and Veronica Nieva,

注释

"The Interdependence of Work and Family Roles," *Journal of Occupational Behavior* 2(1981): 1–16; and Mary Dean Lee and Rabinara Kanungo, *The Management of Work and Personal Life* (New York: Prager, 1981).

第二章

1. Robert Marquand, "Kids Show Resilience in Tsunami Aftermath," *Christian Science Monitor*, January 7, 2005.

2. Robert Coles, *Children of Crisis: A Study of Courage and Fear* (Boston: Little, Brown, 1967).

3. 同上。

4. "Indonesia: Signs of Resilience in the Damage in Aceh," Refugees International home page, January 14, 2005, http://refugeeinternational.org.

5. Lance Armstrong with Sally Jenkins, *It's Not About the Bike: My Journey Back to Life* (New York: Putnam, 2000).

6. 同上。

7. "Former McDonald's CEO Charlie Bell Dies," Associated Press, January 17, 2005.

8. 哈罗德·布卢姆，与作者的私人谈话，2003年5月。

9. Bruce Dohrenwend, ed., *Adversity, Stress, and Psychopathology* (New York: Oxford University Press, 1998).

10. T. H. Holmes and R. N. Rahe, "The Social Adjustment Rating Scale," *Journal of Psychosomatic Research* 11(1967): 213–218.

11. Jeffrey Sonnenfeld,"Martha's Recipe for Recovery," *Wall Street Journal*,June 10,2003.

12. William Shakespeare,*The Winter's Tale*,Paulina,Act Ⅲ,ii.

13. Margalit Fox,"Philip Friedman,50,Strategist for Democratic Politicians,Dies," *New York Times*,January 29,2005.

14. Porter Bibb,*Ted Turner: It Ain't as Easy as It Looks*(Boulder,CO: Johnson Books,1997),48.

15. Thomas McCann,*An American Company: The Tragedy of United Fruit* (New York: Crown,1976),230.

16. Logan Broner,"Obtaining Nirvana at Last," *Cornell Daily Sun*,January 29,2005.

17. Sebby Jacobs,*Pathologic Grief: Maladaptation to Loss* (Washington,DC: American Psychiatric Press,1993).

18. Sigmund Freud,"Mourning and Melancholia," in *The Standard Edition of the Complete Psychological Works of Sigmund Freud*,Volume 14(London: Hogarth Press,1953),translated.

19. John Bowlby,*Attachment and Loss: Loss,Sadness and Depression*(New York: Basic Books,1980).

20. Patricia Leigh Brown,"Silicon Valley Wealth Brings New Stresses," *New York Times*,March 10,2000.

21. Emile Durkheim,*Suicide: A Study in Sociology*(New York: Free Press,1951),translated.

22. Edward E. Jones and Robert E. Nesbitt,"The Actor and the Observer: Divergent Perceptions of Cause and Behavior," in *Attribution: Perceiving the Causes of Behavior*,eds. E. E. Jones,D. E. Kanouse,H. H. Kelly,R. E. Nesbitt,S. Valines,and B. Weiner(Mor-

ristown, NJ: General Learning Press, 1971).

23. Melvin J. Lerner, "Evaluation of Performance as a Function of Performer's Rewards and Attractiveness," *Journal of Personality and Social Psychology* 1(1965): 355–360; and Melvin J. Lerner, *The Belief in a Just World: A Fundamental Delusion* (New York: Plenum Press, 1980).

24. Isabel Correia, Jorge Vala, and Patricia Aguiar, "The Effect of Belief in a Just World and Victim Innocence on Secondary Victimization, Judgments of Justice and Deservedness," *Social Justice Research* 14, no. 3(2001): 327–342.

25. Zick Rubin and Letitia Anne Peplau, "Who Believes in a Just World?" *Journal of Social Issues* 3, no. 3(1975): 65–89.

26. Gustav Niebuhr, "A Nation Challenged: Placing the Blame; Falwell Apologized for Saying an Angry God Allowed Attacks," *New York Times*, September 18, 2001; and E. J. Dionne Jr., "The Question of Faith," *Washington Post*, September 18, 2001.

27. Morton Beiser, "Extreme Situations," in Dohrenwend, *Adversity, Stress, and Psychopathology*, 9–12.

28. Abraham Maslow, *Toward a Psychology of Being* (New York: John Wiley, 1968).

29. Gershen Kaufman, *The Psychology of Shame: Theory and Treatment of Shame-Based Syndromes* (New York: Springer Publishing, 1989).

30. 米基·德雷克斯勒，与作者们的访谈，2006年8月。

31. Andrew E. Skodol, "Personality and Coping as Stress-Attenuating or Amplifying Factors," in Dohrenwend, *Adversity, Stress, and*

Psychopathology, 385.

32. Stanislav V. Kasl, Eunice Rodriguez, and Kathryn E. Lasch, "The Impact of Unemployment on Health and Well-Being," in Dohrenwend, *Adversity, Stress, and Psychopathology*, 111–131.

33. Neil Cavuto, *More Than Money: True Stories of People Who Learned Life's Ultimate Lesson* (New York: ReganBooks, 2004), 4.

34. 尼尔·卡夫托,与作者的私人谈话,2005年10月。

35. Cavuto, *More Than Money*, 11.

36. Kaufman, *The Psychology of Shame*.

37. Henry A. Murray, *Explorations in Personality* (New York: Oxford University Press, 1938); and David C. McClelland, *The Achieving Society* (Princeton, NJ: D. Van Nostrand Company, 1961).

38. Kaufman, *The Psychology of Shame*.

39. Solomon E. Asch, "Forming Impressions of Personality," *Journal of Abnormal and Social Psychology*, 41(1846): 258–290.

40. 1996年7月30日安德鲁·扬在佐治亚州亚特兰大市世纪奥林匹克公园发表的演讲。

41. Harold S. Kushner, *When Bad Things Happen to Good People* (New York: Schocken Books, 1981).

42. Robert W. White, "Motivation Reconsidered: The Concept of Competence," *Psychological Review* 66(1959): 27–333.

43. Susan Chandler, "Privacy Concerns Can Limit Disclosure," *Chicago Tribune*, March 31, 2004.

44. 同上。

45. G. Pascal Zachary, "The Survivor: She Fought Off Cancer, Then Turned a Struggling Maker of Design Software into an Industry

注释

Giant," *Business 2.0*, November 10, 2004.

46. "To Autodesk——and Beyond," *BusinessWeek*, May 12, 2004.

47. Lisa Belkin, "The Line Between Mettle and Martydom," *New York Times*, January 16, 2005.

48. Albert Camus, *The Myth of Sisyphus, and Other Essays* (New York: Knopf, 1955).

49. Viktor E. Frankl, *Man's Search for Meaning: An Introduction to Logotherapy* (New York: Washington Square Press, 1963).

50. 同上。

51. Warren Bennis and Robert Thomas, *Geeks and Geezers* (Boston: Harvard Business School Press, 2002).

52. 彼得·贝尔，与作者们的访谈，2004 年 12 月。

53. 同上。

54. 同上。

55. 同上。

56. Peter Bell, "Our Ultimate Business Goal: Irrelevance," *Wall Street Journal*, January 11, 2005.

57. 1932 年 3 月 14 日乔治·伊士曼的自杀遗书。

58. 吉米·邓恩，与作者们的访谈，2003 年 12 月。

59. Steve Crofts, "Survivors," *60 Minutes*, September 10, 2002.

60. 邓恩访谈。

61. 同上。

62. Katrina Brooker, "Starting Over," *Fortune*, January 21, 2002.

63. 邓恩访谈。

第三章

1. Donald J. Trump and Tony Schwartz, *Trump: The Art of the Deal* (New York: Random House, 1987); Donald J. Trump, *Surviving at the Top* (New York: Random House, 1990); Donald J. Trump with Kate Bohner, *Trump: The Art of the Comeback* (New York: Times Books, 1997); Donald Trump with Meredith McIver, *Trump: How to Get Rich* (New York: Random House, 2004); and Donald J. Trump with Meredith McIver, *Trump: Think Like a Billionaire: Everything You Need to Know About Success, Real Estate, and Life* (New York: Random House, 2004).

2. Frank Rich, "He's Firing as Fast as He Can," *New York Times*, March 14, 2004.

3. Jeffrey Sonnenfeld, "Last Emperor Trump," *Wall Street Journal*, March 2, 2004.

4. Matthew Krantz, "Casinos Deal Chapter 11 Filing," *USA Today*, August 10, 2004.

5. Donald Trump, 与作者们的谈话, 2006 年 8 月。

6. 同上。

7. Walter Isaacson, *Benjamin Franklin: An American Life* (New York: Simon & Schuster, 2003), 98.

8. Groucho Marx, *Groucho and Me* (New York: Random House, 1959), 6, quoted in Isaacson, *Benjamin Franklin*, 98.

9. Thorsten Veblen, *The Theory of the Leisure Class: An Economic Study of Institutions* (New York: The Macmillan Company,

注释

1899).

10. Stephen R. Covey, *The 7 Habits of Highly Effective People* (New York: Simon & Schuster, 1988).

11. Dale Carnegie, *How to Win Friends and Influence People* (New York: Simon & Schuster, 1936).

12. Norman Vincent Peale, *The Power of Positive Thinking* (Englewood Cliff, NJ: Prentice Hall, 1952).

13. Edmund S. Morgan, *Benjamin Franklin* (New Haven, CT: Yale University Press, 2002); and Gordon S. Wood, *The Americanization of Benjamin Franklin* (New York: Penguin, 2004).

14. Gary Scharnhorst and Jack Bales, *The Lost Life of Horatio Alger, Jr.* (Bloomington: Indiana University Press, 1985).

15. Albert J. Dunlap with Bob Andelman, *Mean Business: How I Save Bad Companies and Make Good Companies Great* (New York: Times Books, 1998); and John Sculley with John A. Byrne, *Odyssey: Pepsi to Apple* (New York: Harper & Row, 1997).

16. Dana Wechsler Linden, "Cancel that Cover Shoot," *Forbes*, January 6, 2005.

17. Ulrike Malmendier and Geoffrey Tate, "Celebrity CEOs" (working paper, Stanford University, November 2004).

18. 本章中所有唐·伯尔的引言来自于2005年4月和2006年1月与作者们的访谈。

19. Justin Martin, "Will Air Taxis Fly?" *CEO Magazine*, March 2005, 42–45.

20. Barbara Peterson, *Blue Streak: Inside JetBlue, the Unstart That Rocked an Industry* (New York: Portfolio, 2004); and James

Wynbrandt, *Flying High: How JetBlue Founder and CEO David Neeleman Beats the Competition—Even in the World's Most Turbulent Industry* (New York: John Wiley, 2004).

21. Douglas W. Bray, Richard J. Campbell, and Donald L. Grant, *Formative Years in Business: A Long-term AT&T Study of Managerial Lives* (New York: Wiley, 1974).

22. Morgan W. McCall Jr., Michael M. Lombardo, and Ann M. Morrison, *The Lessons of Experience: How Successful Executives Develop on the Job* (New York: Free Press, 1988).

23. Sydney Finkelstein, *Why Smart Executives Fail: And What You Can Learn from Their Mistakes* (New York: Penguin, 2003).

24. Richard Reeves, *President Nixon: Alone in the White House* (New York: Simon & Schuster, 2002); Garry Wills, *Nixon Agonistes: The Crisis of the Self-Made Man* (New York: Mariner, 1969); and David Maraniss, *First in His Class: A Biography of Bill Clinton* (New York: Simon & Schuster, 1996).

25. Robert Gandossy and Jeffrey Sonnenfeld, eds., *Leadership and Governance from the Inside Out* (New York: John Wiley & Sons, 2005).

26. Erving Goffman, *Stigma: Notes on the Management of Spoiled Identity* (Englewood Cliffs, NJ: Prentice Hall, 1963); and Erving Goffman, *The Presentation of Self in Everyday Life* (Garden City, NY: Doubleday, 1959).

27. K. H. Matheny and P. Cupp, "Control, Desirability, and Anticipation as Moderating Variables Between Life Changes and Illness," *Journal of Human Stress* (1983): 14–23.

注释

28. Nina Munk, *Fools Rush In: Steve Case, Jerry Levin, and the Unmaking of AOL Time Warner* (New York: HarperBusiness, 2004), 292.

29. 同上。

30. 同上。

31. 同上, 293。

32. Monica Langley, "Palace Coup: After a 37-year Reign at AIG, Chief's Last Tumultuous Days," *Wall Street Journal*, April 1, 2005.

33. 同上。

34. Peter Burrows and Ben Elgin, "The Surprise Player Behind the Coup at HP," *Business Week*, March 14, 2005.

35. Neil Cavuto, *More Than Money: True Stories of People Who Learned Life's Ultimate Lesson* (New York: ReganBooks, 2004), 5.

36. Quotes from Fiorina are from Don Clark, "Fiorina Memoir Details H-P Board Conflicts Preceding Her Ouster," *Wall Street Journal*, October 6, 2006, B-2.

37. "Pretext in context: What has gone wrong in Hewlett-Packard's boardroom?" *The Economist*, September 14, 2006, 1.

38. 同上, 7-8。

39. 同上, 9。

40. Carol Hymowitz, "Should Top CEOs Disclose Their Troubles to the Public?" *Wall Street Journal*, February, 15, 2005.

41. Diane M. Tice, "The Social Motivations of People with Low Self-Esteem," in *Self-Esteem: The Puzzle of Low Self-Regard*, ed. Roy F. Baumeister (New York: Plenum Press, 1993), 37-53; and Bruce

Blaine and Jennifer Crocker,"Self-Esteem and Self-Serving Biases in Reactions to Positive and Negative Events," in *Self-Esteem: The Puzzle of Low Self-Regard*, ed. Roy F. Baumeister(New York: Plenum Press,1993),55–83.

42. Herbert J. Freudenberger,"Staff Burn-out," *Journal of Social Issues* 30(1974): 159–165.

43. Goffman, *The Presentation of Self in Everyday Life*.

44. Munk, *Fools Rush In*, 41.

45. 罗伯特·皮特曼,与作者们的访谈,2004年3月。

46. Munk, *Fools Rush In*, 91–92.

47. Malmendier and Tate,"Celebrity CEOs."

48. Leo Braudy, *The Frenzy of Renown: Fame and Its History*. (New York: Oxford University Press,1986).

49. Edward P. Hollander, *Leaders, Groups, and Influence* (New York: Oxford University Press,1964).

50. Jeffrey Sonnenfeld,"Martha's Recipe for Recovery," *Wall Street Journal*,June 10,2003.

51. Christopher Byron, *Martha Inc.: The Incredible Story of Martha Stewart Living Omnimedia* (New York: John Wiley & Sons, 2002).

52. Keith Naughton,"Martha's Last Laugh: After Prison,She's Thinner,Wealthier and Ready for Prime Time," *Newsweek*,February 28,2005.

53. James J. Cramer, *Confessions of a Street Addict* (New York: Simon & Schuster,2002); and James J. Cramer,"A Message to My Enemies," *Slate*,March 17,2000,http://www.slate.com.

注释

54. Nicholas W. Maier, *Trading with the Enemy: Seduction and Betrayal on Jim Cramer's Wall Street* (New York: HarperBusiness, 2002).

55. Robert Lenzner and Victoria Murphy, "Talking Up His Own Book," *Forbes*, March 1, 2002, http://www.forbes.com; and Paul Maidmen, "Cramer Book to Be Reissued," *Forbes*, March 18, 2002, http://www.forbes.com.

56. John P. Kotter, *A Force for Change: How Leadership Differs from Management* (New York: Free Press, 1990).

57. Warren Bennis and Patricia Ward Biederman, *Organizing Genius: The Secrets of Creative Collaboration* (Reading, MA: Addison-Wesley, 1997).

58. 同上。

59. 本章中所有 Anne Mulcahy 的引言来自于 2005 年 1 月于作者们的私人谈话。

60. John M. T. Balmer and Stephan A. Greyser, *Revealing the Corporation: Perspectives on Identity, Image, Reputation, Corporate Branding, and Corporate-level Marketing* (London: Routledge, 2003).

61. Joseph Campbell, *The Hero with a Thousand Faces* (New York: Pantheon Books, 1949).

62. Howard Gardner, *Extraordinary Minds: Portraits of Exceptional Individuals and an Examination of Our Extraordinariness* (New York: Basic Books, 1997).

63. Ron Morris, *Wallenda: A Biography of Karl Wallenda* (Chatham, NY: Sagarin Press, 1976), 170.

第四章

1. Robert Hurwitt,"Arthur Miller: 1915 – 2005, Playwright Defined a Nation's Conscience," *San Francisco Chronicle*, February 12, 2005.

2. Marilyn Berger, "Arthur Miller, Legendary American Playwright, Is Dead," *New York Times*, February 12, 2005.

3. Samuel G. Freedman, "Alan Jay Lerner, the Lyricist and Playwright, Is Dead at 67," *New York Times*, June 15, 1986.

4. Jeffrey Sonnenfeld and Maury Peiperl, "Staffing Policy as a Strategy Response: A Typology of Career Systems," *Academy of Management Review* 12(1988): 588 – 620.

5. James E. Rosenbaum, "Tournament Mobility: Career Patterns in a Corporation," *Administrative Science Quarterly* 24(1979): 220 – 241; and Harrison C. White, *Chains of Opportunity: System Models of Mobility in Organizations* (Cambridge, MA: Harvard University Press, 1970).

6. Jeffrey A. Sonnenfeld, Maury A. Peiperl, and John Pl Kotter, "Strategic Determinants of Managerial Labor Markets," *Human Resource Management* 27, no. 4(Winter 1988): 369 – 388.

7. 比尔·盖茨,与作者们的访谈,2005年4月。

8. Raymond E. Miles and Charles C. Snow, *Organizational Strategy, Structure, and Process* (New York: McGraw-Hill, 1978).

9. Sonnenfeld, Peiperl, and Kotter, "Strategic Determinants."

10. 同上。

注释

11. 同上。

12. 戴维·萨尔兹曼,与作者们的访谈,1990年4月。

13. 乔治·霍宁,与作者的访谈,1988年6月。

14. 乔治·霍宁,与作者们的访谈,2006年3月。

15. Robert Weisman, "Outsider Steps In at Microsoft," *Boston Globe*, March 20, 2005.

16. 同上。

17. Patrick McGeehan, "Moving West: An Investment Banker Abandons Wall Street and Only Gets Richer," *Wall Street Journal*, May 4, 1999.

18. John C. Bogle, *Character Counts: The Creation and Building of the Vanguard Group* (New York: McGraw-Hill, 2002), 8-9.

19. 杰克·伯格,与作者们的访谈,2005年12月。

20. Randall Smith, "Old Macky's Back at Morgan," *Wall Street Journal*, June 28, 2006.

21. Monica Langley, *Tearing Down the Walls: How Sandy Weill Fought His Way to the Top of the Financial World——and Then Nearly Lost It All* (New York: Wall Street Journal Books, 2003).

22. Harvey MacKay, *We Got Fired! ... And It's the Best Thing That Ever Happened to Us* (New York: Ballantine Books, 2004), 304-306.

23. 同上。

24. Shawn Tully, "In This Corner: Jamie Dimon, Contender. The New CEO of JPMorgan Chase Taking a Shot at World's Most Important Banker," *Fortune*, April 3, 2006.

25. Langley, *Tearing Down the Walls*, 373-374.

26. Bill George, *Authentic Leadership: Rediscovering the Secrets to Creating Lasing Value* (San Francisco: Jossey-Bass, 2003).

27. 同上, 94–95。

28. 同上, 76。

29. Patricia Sellers, "Home Depot: Something to Prove," *Fortune*, June 9, 2002.

30. 同上。

31. Aixa Pascual and Robert Berner, "Can Home Depot Get Its House in Order?" *BusinessWeek*, November 27, 2000; and Dean Foust, "The GE Way Isn't Working at Home Depot," *BusinessWeek*, January 17, 2003.

32. 吉姆·麦克纳尼, 与作者们的访谈, 2004年11月。

33. Jerry Useem, "Can McNerney Reinvent GE? 3M + GE + ?" *Fortune*, August 21, 2002; and Lynne Lunsford, Joann Lublin, and Michael McCarthy, "Boeing Names 3M's Mcnerney as Its New Chief," *Wall Street Journal*, June 30, 2005.

34. Useem, "Can McNerney Reinvent GE?"

35. R. B. Gibson, "Personal Chemistry Abruptly Ended Rise of Kellogg President," *Wall Street Journal*, November 28, 1989.

36. "The Crisis at Ford as Jacques Nasser Is Ousted," *Economist*, November 1, 2001.

37. "Charitable Seductions," *Time*, October 3, 1994; C. E. Shepard, "United Way Head Resigns over Spending Habits," *Washington Post*, February 28, 1992; and M. Sinclair, "William Aramony Is Back on the Streets," *NonProfit Times*, March 1, 2002.

38. Herbert Kelleher, "A Culture of Commitment," *Leader to*

注释

Leader 4(Spring 1997).

39. 同上。

40. 戴维·尼尔曼,与作者们的访谈,2006年4月。

41. 比尔·罗伯蒂,与作者们的访谈,2006年4月。

42. Michael Dobbs, "Corporate Model Proves an Imperfect Fit for School System: In St. Louis, Some Question Whether Bankruptcy Firm's Fix Is Working," *Washington Post*, December 5, 2004.

43. 罗伯蒂访谈,2006年。

44. Dobbs, "Corporate Model Proves an Imperfect Fit for School System."

45. Bill Vlasic, Mark Truby, and David Shepardson, "Nests Feathered s Kmart Failed," *Detroit News*, August 11, 2002; and Lara Mossa, "Ex—Kmart Executives to Ask for Arbitration," *Daily Oakland Press*, May 12, 2004.

46. 迈克·博齐克,与作者们的访谈,1999年10月。

47. 约翰·艾勒,与作者们的访谈,2005年12月。

48. 亨利·西尔弗曼,与作者们的访谈,2004年10月。

49. "Former Cendant Vice Chairman Gets Ten Years in Prison," Reuters, August 3, 2005.

50. 迈克·利文,与作者们的访谈,2006年2月。

51. 约翰·汉考克,与作者的访谈,2005年12月。

52. Michel Foucault, *The Archeology of Knowledge* (New York: Harper & Row, 1972).

53. A. L. Kroeber and Clyde Kluckhohn, *Culture: A Critical Review of Concepts and Definitions* (New York: Vintage, 1953).

54. Clifford Geertz, *The Interpretation of Cultures* (New York:

Basic Books,1973).

55. Richard M. Dorson, *America in Legend: Folklore from the Colonial Period to the Present* (New York: Pantheon,1972); and Dixon Wecter, *The Hero in America: A Chronicle of Hero-Worship* (New York: Scribner,1972).

第五章

1. Dave Kehr,"It's Not Over for the Fat Man," *New York Times*,April 16,2006.

2. Stephanie Kang,"How Nike Prepped the Kobe Bryant Relaunch," *Wall Street Journal*,November 11,2005.

3. Charles Elmore,"Bryant Fell Hard, but Still May Land on Feet," Palm *Beach Post*,February 19,2006.

4. *The Oxford Desk Dictionary: American Edition* (New York: Oxford University Press,1995).

5. Amanda Bennett and Joanna Lublin,"Teflon Big Shots: Failure Doesn't Always Damage the Careers of Top Executives," *Wall Street Journal*,March 31,1995.

6. Burson-Marsteller, *Maximizing CEO Reputation*,1999.

7. Rakesh Khurana, *Searching for a Corporate Savior: The Irrational Quest for Charismatic CEOs* (Princeton,NJ: Princeton University Press,2002).

8. John A. Byrne, *The Headhunters* (New York: Macmillan,1986),2.

9. 此处出现的数据来自于高端经理人猎头公司的高管的45份完

注释

整问卷,他们专门从事 CEO 和董事会级别的猎头工作。我们总共寄出了 101 份原始问卷,回复率为 44.55%。

10. Sydney Finkelstein, *Why Smart Executives Fail:And What You Can Learn from Their Mistakes* (New York:Portfolio,2003).

11. Mary Anne Ostrom, "New CEO Joins San Jose, Calif.—Area Search Engine at Right Time," *California*, August 12, 2001.

12. 同上。

13. 同上。

14. Bryan Burrough and John Helyar, *Barbarians at the Gate:The Fall of PJP Nabisco* (New York:Harper & Row,1990).

15. Booz Allen Hamilton, *Strategy + Business*, Summer 2003.

第六章

1. 内尔·米诺,与作者的访谈。

2. Economic Policy Institute study, 2002.

3. 本章中未署名的引言来自于作者们的个人访谈。

4. Harold G. Kaufman, *Professionals in Search of Work:Coping with the Stress of Job Loss and Underemployment* (New York:Wiley Interscience,1982); M. Podgursky and P. Swaim, "Job Displacement and Earnings Loss:Evidence from the Displaced Worker Survey," *Industrial and Labor Relations Review* 41(1987):17-29; and J. Latack, A. Kinicki, and G. Prussia, "An Integrative Process Model of Coping with Job Loss", *Academy of Management Review* 20, no. 2 (1995):311-342.

5. Leo Braudy, *The Frenzy of Renown:Fame and Its History*

(New York: Oxford University Press,1986).

6. David Giles, *Illusions of Immortality: A Psychology of Fame and Celebrity* (New York: Palgrave Macmillan,2000).

7. Braudy, *The Frenzy of Renown*, 5 – 6.

8. Jib Fowles, *Starstruck: Celebrity Performers and the American Public* (Washington,DC: Smithsonian Institution Press,1992),44.

9. Paula E. Stephan and Sharon G. Levin, *Striking the Mother Lode in Science: The Importance of Age, Place and Time* (New York: Oxford University Pres,1992).

10. 汤姆·巴雷特,与作者们的访谈,1993 年 3 月。

11. Steven Berglas, *The Success Syndrome: Hitting Bottom When You Reach the Top* (New York: Plenum Press,1986).

12. 巴雷特访谈。

13. Ralph Waldo Emerson,"Self-Reliance," in *Essays: First Series* (Boston: James Munroe,1841),35 – 73.

14. Deuteronomy 33: 46 – 47.

15. Gerald C. Lubenow and Michael Rogers,"Jobs Takls About His Rise and Fall," *Newsweek*, September 30,1985.

16. Daniel J. Levinson with Charlotte N. Darrow, Edward B. Klein, Maria H. Levinson, and Braxton Mckee, *The Seasons of a Man's Life* (New York: Ballantine Books,1978).

17. Gordon A. Donaldson and Jay W. Lorsch, *Decision Making at the Top: The Shaping of Strategic Direction* (New York: Basic Books,1983).

18. *Bulfinch's Mythology* (New York: Random House,1979).

19. Katherine S. Newman, *Falling from Grace: The Experience*

注释

of Downward Mobility in the American Middle Class (New York: Free Press, 1983).

20. Oscar Grusky, "Managerial Succession and Organizational Effectiveness," *American Journal of Sociology* 69(1963): 21–31; W. Gamson and N. Scotch, "Scapegoating in Baseball," *American Journal of Sociology* 70(1964): 69–76.

21. Erving Goffman, *The Presentation of Self in Everyday Life* (Garden City, NY: Doubleday, 1959).

22. Carrie R. Leana and Daniel C. Feldman, *Coping with Job Loss: How Individuals, Organizations, and Communities Respond to Layoffs* (New York: Lexington Books, 1992).

23. Stephan Fineman, *White Collar Unemployment: Impact and Stress* (Chichester, UK: John Wiley & Sons, 1983), 108.

24. 同上, 115。

25. Elisabeth Kubler-Ross, *On Death and Dying* (New York: Macmillan, 1969), 2.

26. Leana and Feldman, *Coping with Job Loss*.

27. T. H. Holmes and R. H. Rahe, "The Social Readjustment Rating Scale," *Journal of Psychosomatic Research* 11(1967): 213–218.

28. Andrew Ward, Jeffrey Sonnenfeld, and John Kimberly, "In Search of a Kingdom: Determinants of Subsequent Career Outcomes for Chief Executives Who Are Fired," *Human Resource Management Journal* 34(1995): 117–139.

29. Diane L. Coutu, "How Resilience Works," *Harvard Business Review*, May 2002.

30. J. Averill,"Personal Control over Adversive Stimuli and Its Relationship to Stress," *Psychological Bulletin* 80(1973): 286-303.

31. Coutu,"How Resilience Works."

32. Karl E. Weick,"The Collapse of Sensemaking in Organizations: The Mann Gulch Disaster," *Administrative Science Quarterly* 38(1993): 628-652; Claude Levi-Strauss, *The Savage Mind* (Chicago: University of Chicago Press,1966).

33. Weick,"The Collapse of Sensemaking in Organizations," 639-640.

34. Suzanne C. Kobasa,"Stressful Life Events, Personality, and Health: An Inquiry into Hardiness," *Journal of Personality and Social Psychology* 37(1979):1-11.

35. Viktor E. Frankl, *Man's Search for Meaning: An Introduction to Logotherapy* (Boston: Beacon Press,1959).

36. 同上,99。

第七章

1. George Lardner, Jr., "Bronx Jury Acquits Donovan." *The Washington Post*, May 26,1987.

2. Kathy Sawyer and Peter Perl,"Much of Term Spent Rebutting Allegations," *The Washington Post*, October 2,1984.

3. Kathy Sawyer and Lou Cannon,"Donovan Is 'Pleased,'" *The Washington Post*, June 29,1982.

4. George Lardner Jr., "FBI Withheld Facts It Had on Donovan," *The Washington Post*, June 6,1982.

注释

5. George Lardner Jr., "No Intention of Resigning, Donovan Says," *The Washington Post*, June 22, 1982.

6. George Lardner Jr., "No Basis Found for Prosecution of Donovan," *The Washington Post*, June 29, 1982.

7. Lois Romano, "Ray Donovan Gets a Fair Sheik; 900 Pay Tribute to the Labor Secretary," *The Washington Post*, October 14, 1982.

8. Lou Cannon and Kathy Sawyer, "James Baker Says Donovan Should Quit," *The Washington Post*, January 11, 1983.

9. Sawyer and Perl, "Much of Term Spent Rebutting Allegations."

10. Lou Cannon and George Lardner Jr., "Donovan Resigns to Stand Trial," *The Washington Post*, March 16, 1985.

11. George Lardner Jr., "Bronx Jury Acquits Donovan; Ex—Labor Secrectary, Codefendants Cleared of Larceny Charges," *The Washington Post*, May 26, 1987.

12. 沃伦·巴菲特，与作者的访谈，2005 年 5 月。

13. Suzanne C. Kobasa, "Stressful Life Events, Personality, and Health: An Inquiry into Hardiness," *Journal of Personality and Social Psychology* 37(1979): 1–11.

14. Randall Schuler, "Organizational and Occupational Stress and Coping: A Model and Overview," in *The Management of Work and Persoanl Life: Problems and Opportunities*, eds. Mary Dean Lee and Rabindra N. Kanungo(New York: Praeger, 1981).

15. Kathryn Harris and Claudia Eller, "Studio Chief Katzenberg to Leave Disney," *Los Angeles Times*, August 25, 1994.

16. Kim Masters, *The Keys to the Kingdom: How Michael Eisner*

Lost His Grip (New York: HarperCollins, 2000), 326.

17. Claudia Eller and Elaine Dutka, "Joe Roth Grapples with Katzenberg Legacy," *Los Angeles Times*, August 29, 1994.

18. Masters, *The Keys to the Kingdom*, 327–328.

19. 同上, 326。

20. 同上, 436。

21. Fred Barbash, "Britain's Major Says He Was Target of a Political Blackmail Schemel Harrods's Owner Allegedly Engineered Plan Through Intermediary," *Washington Post*, October 26, 1994.

22. Frances Gibb, Andrew Pierce, and Philip Webster, "Libel Battle Abandoned by Hamilton," *Times* (London), October 1, 1996.

23. Kevin Brown, "Man in the News: Grilling for Toast of the Tories——Jonathan Aitken," *Financial Times* (London), April 1, 1995.

24. Nicholas Wood, "Aitken Issues Libel Writ over 'Wicked Lies,'" *Times* (London), April 11, 1995.

25. Rachel Donnelly, "Aitken Falls on 'Sword of Truth,'" *Irish Times*, June 21, 1997.

26. Stephan Castle, Paul Routledge, Dominic Prince, Brian Cathcart, and Peter Victor, "Why Cuddles and Tiny Hate the Tories," *Independent* (London), October 23, 1994.

27. Kim Sengupta, "Fayed Accused Michael Howard of Taking 1.5 Million Punds in Bribes from Tiny Rowland," *Independent* (London), November 23, 1999.

28. Peter Preston, "Buried in Lies" *The Guardian* (London), June 21, 1997, 23.

注释

第八章

1. Rakesh Khurana, *Searching for a Corporate Savior: The Irrational Quest for Charismatic CEOs* (Princeton, NJ: Princeton University Press, 2002).

2. Joel M. Podolny and James N. Baron, "Resources and Relationships: Social Networks and Mobility in the Workplace," *American Sociological Review* 62(1997): 673–693; Ronald S. Burt, *Structural Holes: The Social Structure of Competition* (Cambridge, MA: Harvard University Press, 1992); and Mark Granovetter, "The Strength of Weak Ties," *American Journal of Sociology* 78(1973): 1360–1380.

3. A. Rapoport and W. Horvath, "A Study of a Large Sociogram," *Behavioral Science* 6(1961): 279–291.

4. 详见 http://oracleofbacon.org.

5. Jeffrey Travers and Stanley Milgram, "An Experimental Study of the 'Small-World' Problem," *Sociometry* 32(1969): 425–428.

6. Herbert Parnes, *Research on Labor Mobility* (New York: Social Science Research Council, 1954).

7. Granovotter, "The Strength of Weak Ties," 1360–1380.

8. 同上, 1372。

9. Michael Useem, *The Inner Circle* (New York: Oxford University Press, 1984).

10. G. F. Davis, M. Yoo, and W. E. Baker, "The Small World of the American Corporate Elite, 1982–2001," *Strategic Organization*

1(2003): 301–326.

11. Useem, *The Inner Circle*, 50.

12. Khurana, *Searching for a Corporate Savior*.

13. Harold G. Kaufman, *Professionals in Search of Work: Coping with the Stress of Job Loss and Underemployment* (New York: Wiley Interscience, 1982); and Stephen Fineman, *White Collar Unemployment: Impact and Stress* (Chichester, UK: John Wiley & Sons, 1983).

14. E. Langer, "The Illusion of Control," *Journal of Personality and Social Psychology* 32, no. 2(1975): 311–328.

15. Amy Barrett with Stephanie Anderson Forest and Tom Lowry, "Henry Silverman's Long Road Back," *BusinessWeek*, February 28, 2000.

16. 同上。

17. 同上。

18. 亨利·西尔弗曼,与作者的私人访谈,2005年10月。

19. 同上。

20. 同上。

21. Barrett, et al. "Henry Silverman's Long Road Back."

22. Claudia Eller and Elaine Dutka, "Joe Roth Grapples with Katzenberg Legacy," *Los Angeles Times*, August 29, 1994.

23. Michael Meyer with Stryker McGuire, Charles Fleming, Mark Miller, Andrew Murr, and Daniel McGinn, "Of Mice and Men." *Newsweek*, September 5, 1994, 40.

24. Claudia Eller and Alan Citron, "Angst at Disney's World," *Los Angeles Times*, July 24, 1994.

注释

25. 同上。

26. 同上。

27. Eller and Dutka,"Joe Roth Grapples with Katzenberg Legacy."

28. 同上。

29. Kim Masters, *The Keys to the Kingdom: How Michael Eisner Lost His Grip* (New York: HarperCollins, 2000), 322.

30. 同上, 333。

31. 同上, 334。

32. 同上, 335。

33. M. A. Dew, E. J. Bromet, and H. C Schulberg, "A Comparative Analysis of Two Community Stressors' Long Term Mental Health Effects," *American Journal of Community Psychology* 15 (1987): 167–184.

34. R. Liem and J. H. Liem, "Social Support and Stress: Some General Issures and Their Application to the Problem of Unemployment," in *Mental Health and the Economy*, eds. L. Ferman and J. Pl Gordus (Kalamazoo, MI: W. F. Upjohn Institue for Employment Research, 1979), 347–378.

35. Blair Justice and Rita Justice, *The Abusing Family* (New York: Human Sciences Press, 1976).

36. Carrie R. Leana and Daniel C. Feldman, *Coping with Job Loss: How Individuals, Organizations, and Communities Respond to Layoffs* (New York: Lexington Books, 1992).

第九章

1. Fenton Bailey, *Fall from Grace：The Untold Story of Michael Milken*（New York：Birch Lane Press, 1992）, ix.

2. www.marthatalks.com, 2003 年 6 月访问。

3. 同上。

4. http://transcripts.cnn.com/TRANSCRIPTS/0407/16/lol.05.html, 2006 年 7 月访问。

5. 同上。

6. 同上。

7. 玛莎·斯图尔特, 2004 年 7 月 19 日 CNN《拉里·金访谈》节目中与拉里·金的访谈。

8. 沙伦·帕特里克, 与作者们的访谈, 2004 年 12 月。

9. 同上。

第十章

1. Donald J. Trump with Tony Schwartz, *Trump：The Art of the Deal*（New York：Random House, 1987）, 60.

2. Julia Boorstin, "Mickey Drexler's Second Coming," *Fortune*, May 2, 2005.

3. Meryl Gordon, "Mickey Drexler's Redemption," *New York Magazine*, November 29, 2004.

4. 同上。

5. 同上。

注释

6. 同上。

7. 同上。

8. Boorstin,"Mickey Drexler's Second Coming."

9. 同上。

10. Gordon,"Mickey Drexler's Redemption."

11. Boorstin,"Mickey Drexler's Second Coming."

12. Donald J. Trump with Kate Bohner, *Trump: The Art of the Comeback* (New York: Times Books,1997),4-6.

13. Michael Bloomberg, *Bloomberg by Bloomberg* (New York: John Wiley,1997),41-42.

14. 同上,42。

第十一章

1. Steven Berglas, *Reclaiming the Fire: How Successful People Overcome Burnout* (New York: Random House,2001).

2. Peter M. Senge, *The Fifth Discipline: The Art and Practice of the Learning Organization* (New York: Doubleday/Currency,1990).

3. Jeffrey S. Young. *Steve Jobs: The Journey Is the Reward* (Southampton,UK: Glentop Press,1988),412.

4. 同上,420。

5. 同上,420-421。

6. 雷·吉尔马丁,与作者们的访谈,2005年12月。

7. Berglas, *Reclaiming the Fire*.

8. Tom Barry,"Gold Medal Visionary," *Georgia Trend*,January 1,1997.

9. Jimmy Carter and Rosalynn Carter, *Everything to Gain：Making the Most of the Rest of Your Life*（New York：Random House, 1987）, 13.

10. 同上, 7。

11. 同上, 3-4。

12. 同上, 11。

13. 同上, 31。

14. 诺贝尔和平奖通告, 2002 年 10 月 11 日。

15. Carter and Carter, *Everything to Gain*, 9.

16. Fenton Bailey, *Fall from Grace：The Untold Story of Michael Milken*（New York：Birch Lane Press, 1992）, 290.

17. Kathleen Morris and John Carey, "The Reincarnation of Mike Milken," *BusinessWeek*, May 10, 1999.

18. Bailey, *Fall from Grace*, 310-311.

19. Morris and Carey, "The Reincarnation of Mike Milken."

第十二章

1. Joseph Campbell, *The Hero with a Thousand Faces*（New York：Pantheon Books, 1949）.

2. 肯·兰格恩, 与作者们的个人访谈, 2005 年 12 月。

3. Maurice Saatchi, "To Everyone at Saatchi," *The Guardian*（London）, January 4, 1995.

作者简介

本书作者杰弗里·索南费尔德是耶鲁管理学院的教授和资深副院长。他担任管理实务的莱斯特·克朗（Lester Crown）教授职位，并且是耶鲁高管领导力学院（Yale Chief Executive Leadership Institute）的创建者及院长。他的文学士、工商管理硕士和博士学位都得自哈佛大学，并在哈佛担任了十年的商业教授。他因"在社会问题上的杰出研究"多次获得管理学会（Academy of Management）（AOM）的奖项，并在AOM委员会任职，同时担任AOM职业生涯部的第一总裁。他还担任许多管理方面的重要学术期刊的编辑。

索南费尔德在CEO领导力、CEO继任、公司治理及董事会特征、领导力提高以及社会问题上已经发表了数百篇文章。他的咨询经验和公开演讲集中在CEO领导力、公司治理和提高领导力方面。在他的六本书中有获奖研究《英雄的谢幕：CEO退休后发生了什么》（牛津大学出版社）。索南费尔德对企业领导力的评论定期出现在媒体上，并经常出现在《纽约时报》、《华尔街日报》、《福布斯》、《财富》、《商业周刊》、美联社（Associated Press）、彭博社（Bloomberg），以及CNBC、福克斯新闻、CNN、PBS、MSNBC、NBC、CBS和ABC的电视节目上。

作者简介

本书的另一位作者安德鲁·沃德(Andrew Ward)是乔治亚大学泰瑞商学院(Terry College of Business)管理系的一员,是《领导力的生命周期:让领导者适应进化的组织》(*The Leadership Lifecycle：Matching Leaders to Evolving Organizations*)(帕尔格雷夫·麦克米伦出版社(Palgrave Macmillan))一书的作者。沃德的研究以领导力、公司治理和CEO的挑战为中心。他的工作成果出现在许多出版物的专栏中,包括《商业周刊》、《金融时报》、《华盛顿邮报》、《董事》(*Directorship*)、《董事与董事会》(*Directors and Boards*)、《企业董事》(*Corporate Board Member*)和《投资者商业日报》(*Investor's Business Daily*)。媒体经常援引他在领导力、治理和CEO继任问题上发表的看法。